Ripley's
Believe It or Not!®

Le Big Livre de l'Incroyable

Ce livre a été publié aux États-Unis sous le titre
Ripley's Believe it or Not !®
Prepare to be shocked !
par Ripley Entertainment Inc.

Conception graphique Miles Kelly Publishing
Composition Studio Flageul
Traduction Emmanuel Dazin
Vincent Le Leurch
Sandrine Robinet
Émilie Rofas
Philippine Voltarino

ISBN 978-2-8098-0214-6
Imprimé en Chine

www.editionsarchipel.com

Ripley's
Believe It or Not!®

Le Big Livre de l'Incroyable

l'Archipel

Y a quoi ?

AMAZING!

WOW!

CRAZY!

242

NE LOUPEZ PAS

...L'homme bourré de piercings

Les photos d'archive...

...Les chats fluorescents

Le litchi qui valait 67 000 $...

...Le chien le plus laid de l'univers

146

215

71

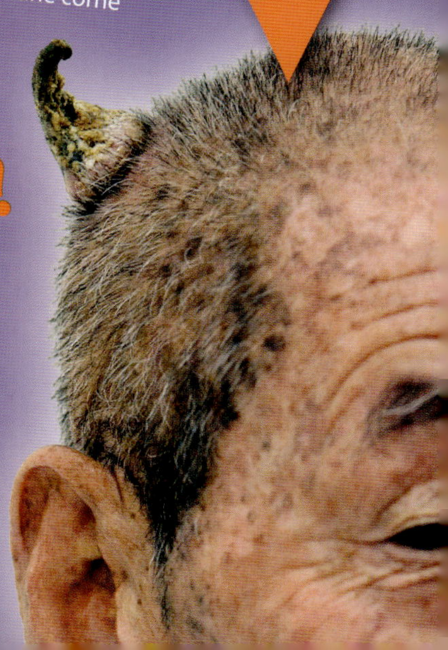

Robert Ripley

Robert Ripley, créateur américain de la célèbre rubrique « Incroyable, mais vrai ! », n'aura cessé sa vie durant de sillonner le globe, dans une quête éperdue d'objets et d'êtres hors du commun. En décembre 1918, chroniqueur sportif pour le *New York Globe,* Ripley répertorie ses premiers faits et exploits étranges.

Robert Ripley examine une tête en noix de coco à Porto Rico, en 1940.

S'inspirant de prouesses athlétiques inhabituelles, il commence par dessiner des planches qu'il intitule « Champions et zinzins ». Mais son éditeur n'est pas de cet avis et préfèrerait un titre qui traduise mieux leur contenu extraordinaire : après bien des palabres, ils choisissent « Incroyable, mais vrai ! » Les dessins de Ripley connaissent un succès immédiat et l'expression « incroyable mais vrai » se popularise comme une traînée de poudre.

Ripley adorait voyager. En 1940, il avait déjà visité pas moins de 201 pays. Partout, il était à l'affût de faits bizarres, sujets de ses prochains « cartoons ». Traduits en 17 langues, ceux-ci ont touché environ 80 millions de lecteurs dans le monde. Son plus long voyage, plus de 39 000 km à travers deux continents, a conduit de New York au Caire, aller et retour, cet affamé du bizarre !

Le 27 mai 1949, âgé de 59 ans, Robert Ripley succombe à une attaque lors de son émission télévisée hebdomadaire. Après sa mort, la rubrique « Incroyable, mais vrai ! » continue de paraître quotidiennement et sans interruption, comme toujours depuis 1918. Un exploit sans équivalent !

L'ami Ripley en compagnie de jeunes Siamoises, à Bangkok, en 1932.

Aujourd'hui encore, des chercheurs intrépides parcourent le monde sur les pas de Robert Ripley, afin que son nom demeure à jamais le synonyme de l'étrange et de l'incroyable.

Une immense base de données remplie de faits, de personnes et d'événements insolites, d'imposantes archives photographiques, un entrepôt contenant des milliers d'objets aussi uniques que fascinants : tels sont les ingrédients de base du *Big Livre de l'Incroyable*, véritable monument à la gloire de notre monde si divers, sur lequel il se garde d'émettre le moindre jugement.

Dès l'origine, Ripley a voulu encourager ses lecteurs à lui adresser photos et documents. Il lui arriva de recevoir plus de 170 000 lettres par semaine ! C'est dans l'église de sa ville natale, Santa Maria, en Californie, qu'est encore honoré le souvenir du génial pionnier de l'étrange – une église en bois de séquoia, réalisée à partir d'un seul et même arbre géant ! Aujourd'hui comme hier, une équipe Ripley n'attend que vos témoignages pour enrichir sa collection de faits inouïs...

Cette carte postale à la gloire du contorsionniste Charly Romano était en vente au « bizarrorium » de New York en 1940.

Romano faisait partie de la « troupe » Ripley, qui se produisait dans les « bizarroriums », d'un bout à l'autre des États-Unis.

LES MUSÉES

Aujourd'hui, pas moins de 29 musées abritent la fabuleuse collection Ripley, et ce dans neuf pays. Ripley les appelait ses « bizarroriums » ! Le premier vit le jour à Chicago en 1933. On pouvait y voir aussi bien une authentique tête réduite par les Jivaros d'Amazonie qu'une Cène peinte sur une pièce de monnaie. Le musée eut sur le public un effet stupéfiant : Ripley lui-même a raconté qu'à Chicago il fallut installer six lits dans le musée, car pas moins de cent personnes s'évanouissaient chaque jour ! Lorsque New York fut enfin dotée de son « bizarrorium », en 1940, le public avait appris à connaître Ripley, et seuls trois lits furent nécessaires, qui servirent très peu…

ATTENTION : VOITURE FRAGILE !

À voir d'urgence au « bizarrorium » de Londres !

Cette pétulante Mini Cooper, en parfait état de marche, est décorée à l'effigie des principales icônes de la culture américaine. Cette fresque automobile, entièrement réalisée en cristal Swarovski, est l'une des principales attractions du « bizarrorium » de Piccadilly Circus, en plein cœur de Londres !

Le « bizarrorium » du Golden Gate à San Francisco : une attraction dès l'ouverture de l'Exposition internationale de 1940 !

Le « bizarrorium » de Times Square, à New York. Le dernier a ouvert ses portes à Londres, en 2008.

N'hésitez pas à nous signaler un fait étrange, nous envoyer vos photos ou documents bizarroïdes…

Vous avez dit bizarre ? Ayez le réflexe…

www.ripleys.com

www.big-livre-de-lincroyable.com

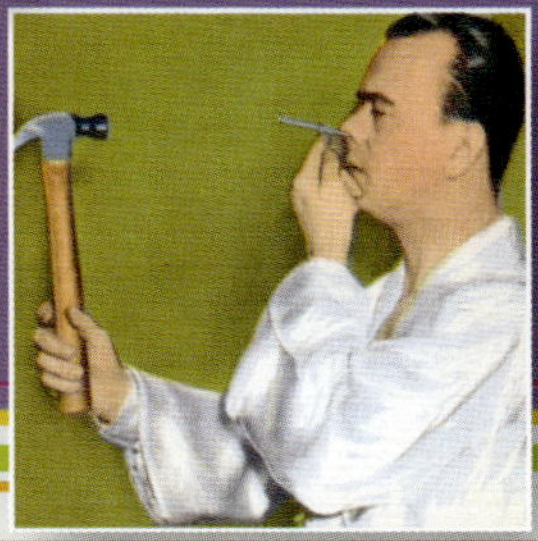

ÉLECTRI-ZHANG !

Zhang Deke possède d'incroyables pouvoirs : il peut par exemple allumer six ampoules de 13 watts en les plaçant simplement sur sa tête.

Il est même capable de contrôler la luminosité des ampoules qu'il allume. Le courant qui circule à travers son corps lui permet également de faire cuire un poisson, juste en le tenant dans la main, en deux minutes !

Zhang s'entraîne souvent en « se branchant » sur l'alimentation électrique : il tient dans ses deux mains des câbles sous tension et laisse un courant de 220 volts lui traverser le corps sans ressentir le moindre désagrément. Pourtant, avec une décharge similaire, une anguille peut tuer un être humain !

Ce retraité de 71 ans, qui travaillait à la maintenance des autoroutes à Altay, en Chine, a découvert son extraordinaire pouvoir à 47 ans. En changeant une ampoule, il toucha accidentellement un fil dénudé. Mais au lieu de recevoir une décharge ou de s'électrocuter, il ne ressentit presque rien. Il retenta l'expérience et prit conscience que son corps conduisait l'électricité. En 1994, des experts de l'Académie des sciences lui firent passer des examens et conclurent que Zhang souffrait d'un dysfonctionnement physique indéterminé.

Zhang utilise ses facultés pour soulager ses proches qui souffrent de rhumatismes, d'arthrite ou de lumbagos. Un de ses amis, longtemps cloué au lit par une hyperplasie lombaire, était de nouveau sur sa bicyclette neuf mois après avoir reçu le traitement électrique de Zhang.

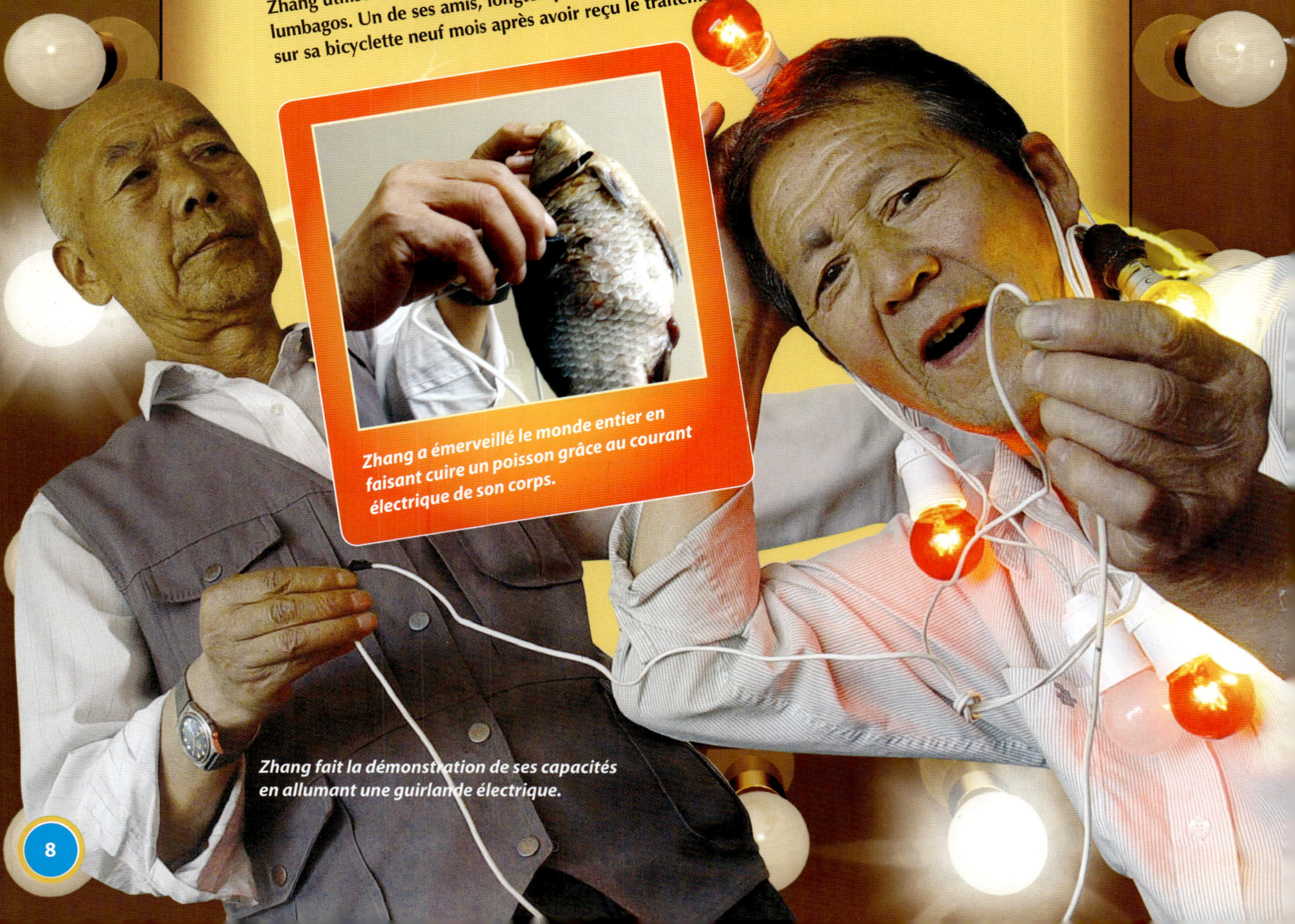

Zhang a émerveillé le monde entier en faisant cuire un poisson grâce au courant électrique de son corps.

Zhang fait la démonstration de ses capacités en allumant une guirlande électrique.

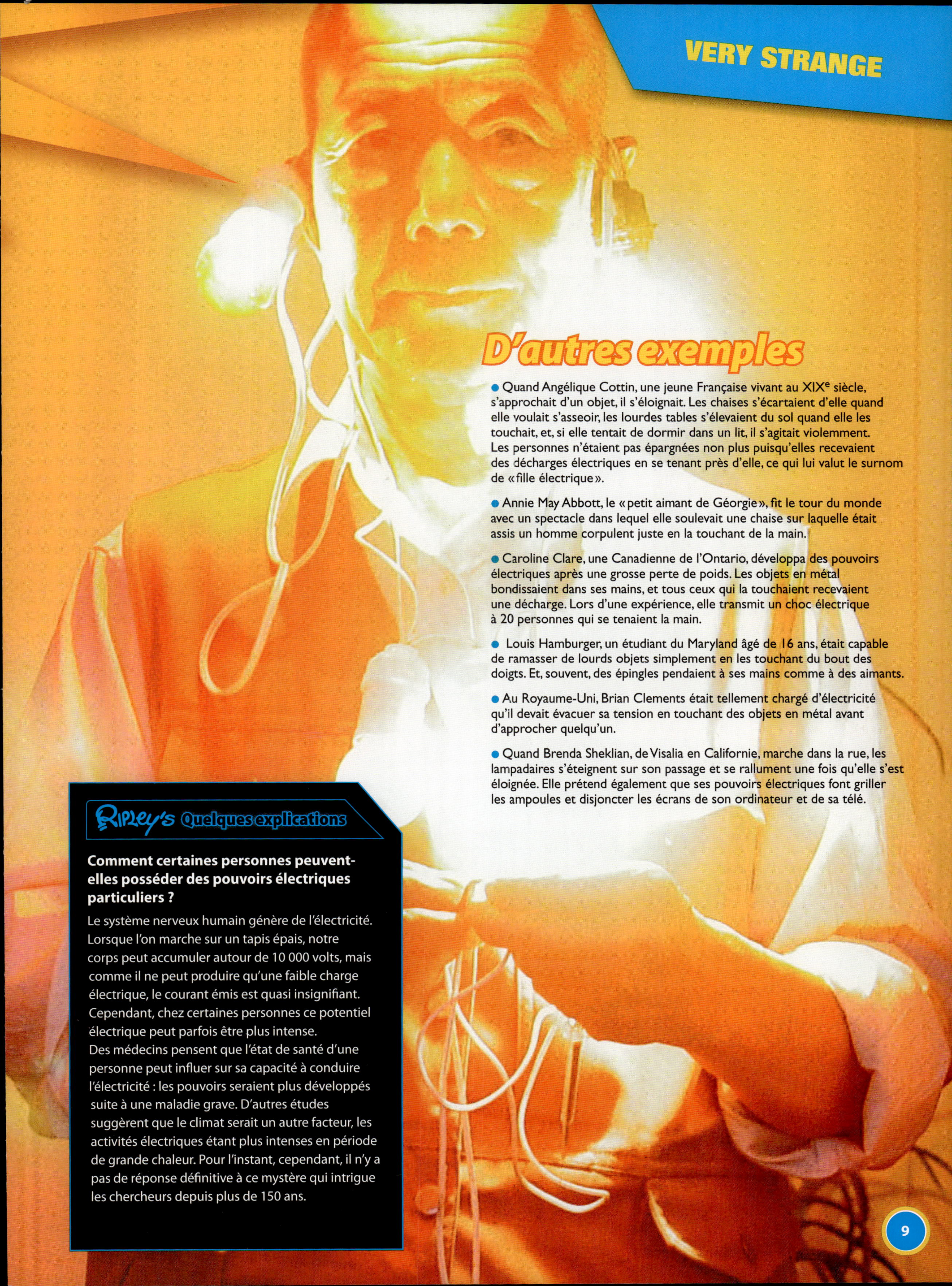

D'autres exemples

- Quand Angélique Cottin, une jeune Française vivant au XIXe siècle, s'approchait d'un objet, il s'éloignait. Les chaises s'écartaient d'elle quand elle voulait s'asseoir, les lourdes tables s'élevaient du sol quand elle les touchait, et, si elle tentait de dormir dans un lit, il s'agitait violemment. Les personnes n'étaient pas épargnées non plus puisqu'elles recevaient des décharges électriques en se tenant près d'elle, ce qui lui valut le surnom de «fille électrique».
- Annie May Abbott, le «petit aimant de Géorgie», fit le tour du monde avec un spectacle dans lequel elle soulevait une chaise sur laquelle était assis un homme corpulent juste en la touchant de la main.
- Caroline Clare, une Canadienne de l'Ontario, développa des pouvoirs électriques après une grosse perte de poids. Les objets en métal bondissaient dans ses mains, et tous ceux qui la touchaient recevaient une décharge. Lors d'une expérience, elle transmit un choc électrique à 20 personnes qui se tenaient la main.
- Louis Hamburger, un étudiant du Maryland âgé de 16 ans, était capable de ramasser de lourds objets simplement en les touchant du bout des doigts. Et, souvent, des épingles pendaient à ses mains comme à des aimants.
- Au Royaume-Uni, Brian Clements était tellement chargé d'électricité qu'il devait évacuer sa tension en touchant des objets en métal avant d'approcher quelqu'un.
- Quand Brenda Sheklian, de Visalia en Californie, marche dans la rue, les lampadaires s'éteignent sur son passage et se rallument une fois qu'elle s'est éloignée. Elle prétend également que ses pouvoirs électriques font griller les ampoules et disjoncter les écrans de son ordinateur et de sa télé.

Ripley's Quelques explications

Comment certaines personnes peuvent-elles posséder des pouvoirs électriques particuliers ?

Le système nerveux humain génère de l'électricité. Lorsque l'on marche sur un tapis épais, notre corps peut accumuler autour de 10 000 volts, mais comme il ne peut produire qu'une faible charge électrique, le courant émis est quasi insignifiant. Cependant, chez certaines personnes ce potentiel électrique peut parfois être plus intense.
Des médecins pensent que l'état de santé d'une personne peut influer sur sa capacité à conduire l'électricité : les pouvoirs seraient plus développés suite à une maladie grave. D'autres études suggèrent que le climat serait un autre facteur, les activités électriques étant plus intenses en période de grande chaleur. Pour l'instant, cependant, il n'y a pas de réponse définitive à ce mystère qui intrigue les chercheurs depuis plus de 150 ans.

L'ODYSSÉE DES CANARDS

En janvier 1992, lors d'un terrible orage, trois conteneurs d'un bateau qui reliait Hong Kong à Tacoma, Washington, furent projetés à la mer. Se répandit alors dans l'océan le chargement de l'un d'entre eux : plus de 29 000 jouets de bain !

Les deux tiers des jouets voguèrent vers le sud, s'échouant des mois plus tard sur les rivages d'Indonésie, d'Australie et d'Amérique du Sud. Le reste de la cargaison – 10 000 canards, tortues, grenouilles et castors en plastique – se dirigea vers le nord, atteignit bientôt les côtes de l'Alaska et fit demi-tour pour aller vers l'ouest. Quelques canards prirent la direction du sud et furent vus en 1995 flottant au large du Japon. Mais la plupart furent piégés dans le grand vortex du Pacifique nord. Cette spirale d'eau gigantesque qui tourne dans le sens des aiguilles d'une montre rassemble et broie progressivement les déchets en plastique jetés dans l'océan. Mais ce phénomène n'a pu arrêter les courageux canards qui se sont finalement libérés et ont continué leur route. Intrépides, ils ont mis le cap vers l'Arctique où certains sont restés piégés plusieurs années dans les glaces.

Ils ont finalement rejoint l'Atlantique nord en 2000 et, durant l'été 2007, plus de 15 ans et près de 27 500 km après leur départ, la flottille de canards, décolorés par le soleil et le sel, a atteint les côtes de Grande-Bretagne et d'Amérique du Nord.

En 2007, Penny Harris, un professeur à la retraite, trouva sur une plage du Devon le premier canard arrivé en Angleterre après un long périple de 15 ans à travers le monde.

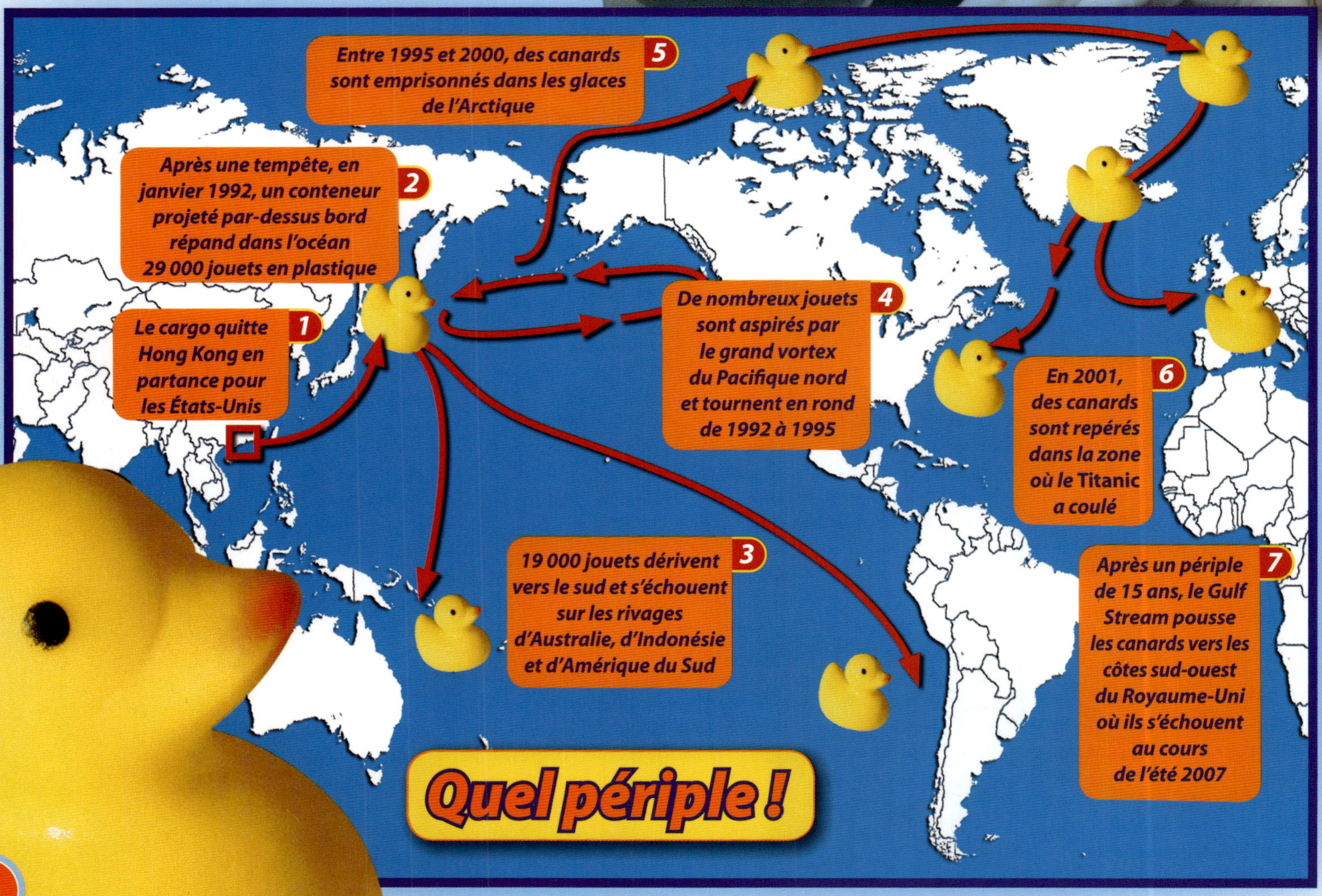

PONCTUELS
Lila Debry-Martin du Nouveau-Brunswick, au Canada, a donné naissance à des triplés le 20 août 2000. À la même date, trois ans plus tôt, elle avait accouché de jumeaux.

DE PÈRE EN FILS
Michele Rosciano, son fils Giovanni et son petit-fils Miguel sont les cadets de leur fratrie. Et ils sont nés tous les trois le même jour du même mois, à la même heure… mais pas la même année.

BAGUE À PART
Une bague disparue depuis 30 ans a été repêchée dans le Golfe du Mexique. Elle appartenait à l'ancien joueur des Maple Leafs de Toronto, Jim Pappin, qui l'avait donnée à son beau-père il était passé chez les Chicago Blackhawks. La bague, perdue près de Vero Beach, en Floride, dans les années 1970, a été retrouvée en 2007 par un chasseur de trésor grâce à son détecteur de métaux. Le nom de Pappin était gravé dessus.

CHAMPIGNON HISTORIQUE
Des scientifiques américains affirment qu'un champignon trouvé dans un morceau d'ambre à Myanmar est vieux de 100 millions d'années. Il a donc 20 millions d'années de plus que les autres fossiles champignons connus jusque-là.

COUP DOUBLE
Dans un club de golf du New Jersey, en 2007, deux joueurs ont réussi l'un après l'autre des trous en un coup, alors que les chances de réaliser un tel exploit sont très faibles. Thomas Brady – handicap 9 – a d'abord réalisé un ace à 164 mètres au septième trou. Juste après lui, Dennis Gerhart, un « joueur du dimanche », qui ne joue que 15 fois par an, a fait le même coup.

CHAUDE LA PATATE
En février 2007, Olga Mauriello, une grand-mère de San Giorgio a Cremano, en Italie, a trouvé une grenade dégoupillée datant de la Seconde Guerre mondiale dans son sac de pommes de terre.

VIEILLE BALEINE
En 2007, des paléontologues ont découvert en Toscane le squelette intact d'une baleine de cinq millions d'années.

PARENTS PROCHES
Dorothy Caudle a vécu une année entière à quelques mètres de sa sœur Gladys sans que l'une et l'autre ne le sachent. Les sœurs, qui ne s'étaient pas vues depuis 38 ans, habitaient dans la même maison de retraite, à Tempe, Arizona. Elles s'en sont rendu compte lors de la fête organisée pour les 100 ans de Gladys, en 2007.

DRÔLE D'HÉRITAGE
En refaisant la plomberie de la maison de Mike Sutton à Bridport, en Angleterre, des ouvriers ont trouvé sous le plancher de la cave des centaines de jambes artificielles.

FORÊT PÉTRIFIÉE
Une forêt d'environ 200 arbres pétrifiés a été découverte près de Yakima, dans l'état de Washington. Les arbres – hickorys, érables, ormes et liquidambar – avaient été recouverts de lave plus de 15 millions d'années auparavant.

VIEUX FRUITS FRAIS
Au Japon, des archéologues ont trouvé un melon de 2100 ans. La couche de terre humide dans laquelle il a séjourné pendant des siècles l'aurait conservé à l'abri des microorganismes, comme sous vide, préservant sa peau et sa chair.

LE RETOUR DE L'ŒUF
En 2006, l'œuf d'un oiseau rare a été rendu au musée de la ville de Salcombe, dans le Devon, en Angleterre, 43 ans après son vol. L'œuf d'outarde a réapparu en parfait état, accompagné d'un simple mot d'excuse signé « John ».

LE ROCK DU BAGNE

Des centaines de prisonniers du centre de détention de Cebu, aux Philippines, ont recréé la fameuse scène du clip de Michael Jackson « Thriller ». Leur version s'est révélée si populaire que, fin 2007, elle avait été visionnée plus de 10 millions de fois sur YouTube, soit deux fois plus que la vidéo originale ! Ce numéro faisait partie d'un programme d'exercices conçu par le consultant en sécurité Byron Garcia. Danser est obligatoire pour les 1 600 détenus de Cebu – exceptés les plus vieux et les infirmes. Deux anciens prisonniers sont sur le point de passer professionnels.

LE CHAPEAU D'HARRY

Charlie Thomas, un petit garçon de 3 ans originaire de Cullompton, en Angleterre, s'est mis en guise de chapeau un cône de circulation sur la tête : il voulait ressembler à son héros Harry Potter… Mais il a fallu l'intervention de 6 pompiers pour le lui enlever. Après avoir tiré de toute leur force et utilisé du savon, ils ont dû faire usage de ciseaux et de pinces pendant une demi-heure.

TOMBÉ DE HAUT
En 2007, Joshua Hanson, du Wisconsin, a fait une chute du 16e étage d'un hôtel de Minneapolis. Il a survécu en atterrissant sur l'auvent de l'entrée.

VIOLON SAUVEUR
En 2007, à Lancaster, en Pennsylvanie, un garçon de 10 ans a été percuté par une voiture en allant à l'école. Il s'en est tiré avec quelques égratignures et ecchymoses grâce à son étui à violon qui a amorti le choc.

JOUR DE (MAL)CHANCE
En 1945, à New York, Betty Lou Oliver a échappé le même jour au crash d'un avion et à une chute d'ascenseur de 300 mètres.

DOUBLE STRIKE
Le 27 juillet 2007, à Hamlin, en Pennsylvanie, Don Frick participait à une fête quand la foudre tomba juste à côté de lui, faisant un trou dans son jean. 27 ans jour pour jour après son premier « coup de foudre », le 27 juillet 1980, son tracteur avait été foudroyé alors qu'il le conduisait !

COMME QUOI…
En 1912, à Staples, Texas, un taureau a arraché les intestins de Mamie Anderson, 49 ans. Un médecin a nettoyé la plaie et remis les entrailles en place. Et la brave femme a vécu jusqu'à 105 ans !

SENS DESSUS DESSOUS
Le pilote d'un avion léger a échappé au pire quand son engin a atterri sur le toit, à l'aéroport de Darwin, en Australie. Un violent vent latéral a retourné l'avion alors qu'il commençait à toucher le sol.

ATTENTION : BRICOLAGE
À Delta, Colorado, un bébé de trois mois a survécu à une blessure à la tête provoquée par un pistolet à clous. Le garçonnet était assis sur les genoux de sa mère, près d'un chantier, quand un clou tiré du pistolet ricocha sur des planches et atteignit l'enfant en pleine tête.

NE TIENT QU'À UN CLOU
Blessé en plein cœur par un clou de 7,6 cm, Matt Robinson, un jeune homme de 17 ans originaire de Dexter, Missouri, a survécu parce qu'il n'a pas saigné. Miraculeusement, le clou a maintenu la plaie fermée jusqu'à l'intervention du médecin.

LE CLOU DU SPECTACLE
En 2007, à Zhengzhiu, en Chine, un vieil homme de 85 ans tombé du cinquième étage a été sauvé par un clou. Les vêtements de Zhao Jinghzi se sont accrochés au clou planté entre deux étages, laissant aux secours le temps d'arriver.

GRAND POUCET
En juillet 2007, Norm Berg, 78 ans, s'est perdu dans la forêt canadienne. Il y est resté neuf jours et a survécu en mangeant des feuilles et de l'herbe.

DUEL EN CHAISE ROULANTE...

En 2007, un jeune homme en chaise roulante a effectué un terrifiant trajet de 6,4 km à 80 km/h sur une autoroute américaine. Les poignées de son fauteuil s'étaient encastrées dans la calandre d'un camion.

Ben Carpenter, 21 ans, souffre de dystrophie musculaire. Il traversait une rue de Paw Paw, Michigan, quand l'arrière de sa chaise roulante électrique a été heurté par un poids lourd qui quittait une station-service. Sous l'impact, le fauteuil s'est bloqué dans la grille du radiateur. Inconscient de la situation, le chauffeur s'est engouffré sur l'autoroute. Heureusement, des témoins de la scène alertèrent la police qui parvint finalement à arrêter le camion. Carpenter, maintenu sur son fauteuil grâce à sa ceinture, n'a pas été blessé. « Ce fut une sacrée balade », confessa-t-il après-coup.

« J'étais totalement effrayé », avoua Ben Carpenter. « J'essayais d'appeler à l'aide, mais personne ne m'entendait. »

Miraculeusement, Ben Carpenter est sorti indemne de son périple sur l'autoroute. Il a juste perdu sa casquette et renversé son soda.

Le chauffeur refusa de croire que quelqu'un était coincé à l'avant de son véhicule… jusqu'à ce qu'il le constate.

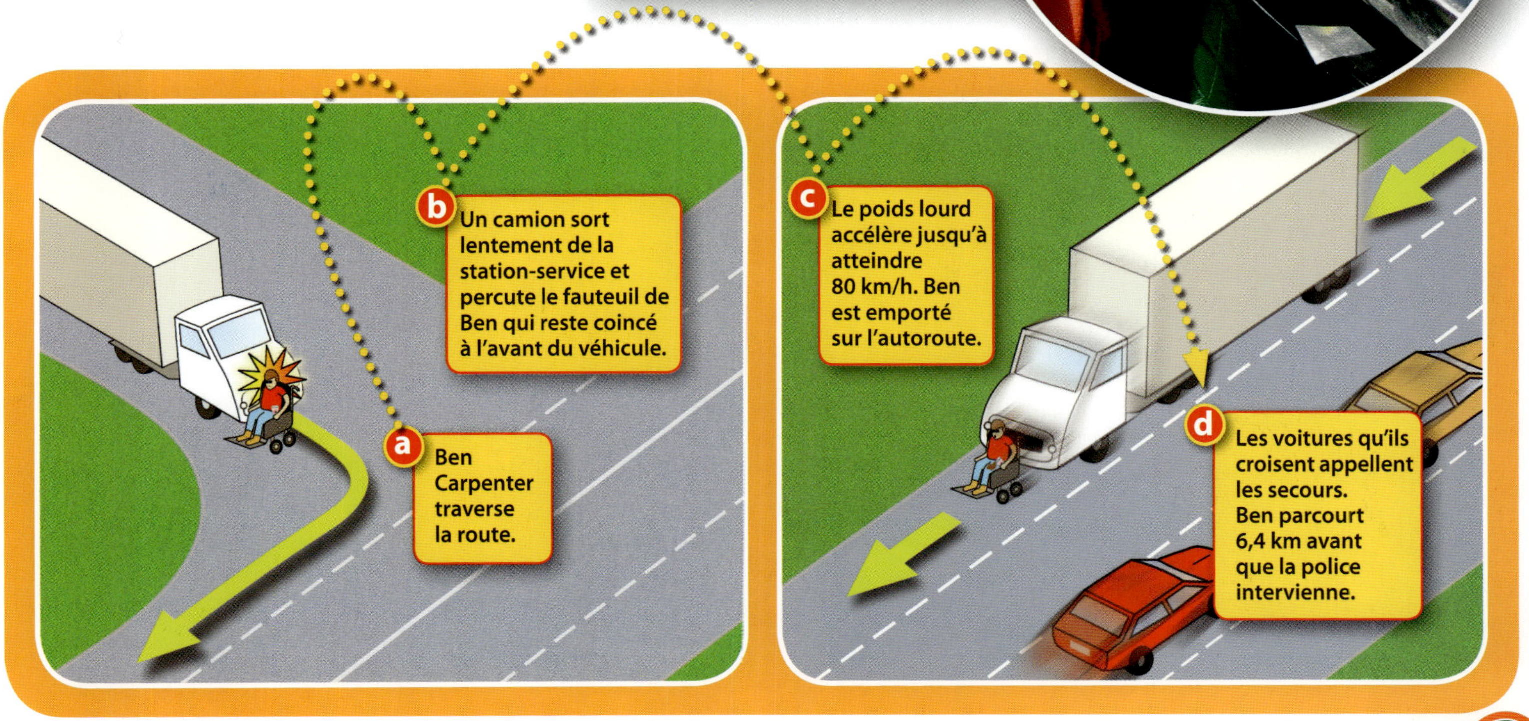

LOW COST HÔTEL

Quand il a fallu procéder à la désinsectisation de son appartement new-yorkais, le comédien et réalisateur Mark Malkoff a obtenu l'autorisation de s'installer dans un magasin Ikea pendant une semaine.

Comme l'hôtel était trop onéreux, Malkoff a vécu, dormi et mangé dans la boutique Ikea de Paramus, New Jersey. Malkoff tira plein d'avantages de ce logement gratuit et parfaitement équipé. Il expliqua que les seuls problèmes furent les sanitaires et la lumière. En effet, lavabos et toilettes n'étaient pas raccordés à l'eau ! Il dut donc se doucher dans le vestiaire des employés. Et la nuit, l'éclairage s'éteignait automatiquement à… 2 heures. Sa femme ne s'est pas jointe à lui pour ces vacances « low cost », mais Malkoff a reçu de nombreux invités dans son appartement provisoire. Il y a même organisé une petite fête !

Mark range ses sous-vêtements dans le tiroir de sa chambre.

Petit déjeuner détendu dans la maison Ikea.

La chambre…

La cuisine…

La salle de bains.

BEL APPÉTIT

Cette couleuvre à collier semble avoir les yeux plus gros que le ventre en s'attaquant à un poisson rouge qui mesure plus de dix fois la taille de sa tête. Mais à force d'obstination, elle parviendra à dévorer ce savoureux mets et complètera son repas dans un jardin du Kent, en Angleterre, par un autre poisson de 20 cm de long.

DENT DURE

En Espagne a été trouvée une dent humaine datant de plus d'un million d'années. Elle a été découverte près de Burgos et oblige à reconsidérer l'origine de l'espèce humaine en Europe de l'Ouest. La plus vieille dent trouvée avant cela dans cette région avait 800 000 ans.

COUP DE COM'

En septembre 2007, des habitants du nord de l'Angleterre eurent la surprise de trouver à leur réveil, sur le pas de leur porte, d'étranges visages en pierre accompagnés de devinettes. Sur chacune de ces 50 figurines était gravé le mot « paradoxe ». Le responsable n'était autre que l'excentrique artiste Billy Johnson, qui espérait que ces mystérieux indices mèneraient les gens sur son site Internet.

PAPA PINGOUIN

Des scientifiques ont trouvé les traces fossiles d'un pingouin géant qui vivait il y a plus de 36 millions d'années et qui, avec son mètre cinquante, était aussi grand qu'un adulte humain. Le squelette a été découvert sur la côte sud du Pérou. Notre pingouin préférait donc les tropiques aux contrées froides !

LE RETOUR DE L'ANNEAU

Clara Cavoli, de South Euclid, Ohio, a perdu sa bague de promo en faisant de la plongée sous-marine au large des côtes d'Afrique du Sud. Un plongeur a retrouvé le bijou en 2007, dans une grotte sous-marine de l'île Maurice, et la lui a renvoyée, plus de 20 ans après.

ERREUR DE DATATION

Des os supposés appartenir à Jeanne d'Arc se sont finalement révélés être ceux d'une femme d'Égypte ancienne.

CURE DE POISSON

Des scientifiques britanniques pensent qu'un petit poisson tropical pourrait les aider à trouver un remède contre la cécité. Le poisson zèbre a la faculté de réparer lui-même ses lésions aux yeux. Or, les chercheurs ont découvert que les cellules qui permettent ce miracle sont également présentes dans l'œil humain.

ÉPICÉ

Dans les Amériques, on mange des piments rouges depuis plus de 6 000 ans. Des microfossiles de graines de piments ont été récemment découverts sur des restes de maïs, de yucca, de courges et de haricots, des Bahamas au Pérou. Nos ancêtres relevaient donc les plats trop fades.

DÉCOUVERTES

Dans les montagnes du sud du Surinam, en 2005, des chercheurs ont découvert 24 nouvelles espèces d'animaux, dont la moitié étaient des bousiers.

LE CHIFFRE 8

En 2007, un bébé est né à Liverpool, Angleterre, à 8 h 08, le 8e jour du 8e mois, après 8 heures de travail. Il pesait 8 livres. Et la sage-femme qui a accouché sa mère a mis au monde 8 enfants ce jour-là.

TROUS DE BALLES

En 2007, les Mackensie, des passionnés de golf, ont réussi trois trous en un en trois jours, un exploit dont les probabilités de réussite sont infimes. Ray, Gill et Sam, leur fils de 14 ans, ont chacun réussi un ace au club de golf de Llanfairfechan, au pays de Galles.

VIEILLE PALOURDE

En 2006, une palourde d'environ 400 ans a été trouvée au large des côtes d'Islande. Quand elle était jeune, Shakespeare écrivait ses plus grandes pièces !

UN PEU LOURD

L'artiste conceptuel croate Zoran Todorovic a fait avaler aux visiteurs de son exposition à Zagreb de la graisse humaine provenant de liposuccions.

DRÔLE DE REMÈDE

En avril 2004, un Chinois a été arrêté pour avoir volé 30 corps dans des cimetières, avoir fait de la soupe avec la chair et broyé les os. Il espérait ainsi soigner sa femme malade.

CONSERVE DE GRENOUILLE

Une grenouille trouvée au Chiapas, Mexique, a été conservée dans un morceau d'ambre pendant plus de 25 millions d'années.

BELLE PRISE

En janvier 2007, des douaniers thaïlandais ont mis la main sur plus de 1 400 tortues de différentes espèces qu'on tentait de sortir frauduleusement du territoire dans une simple valise.

L'ANNIVERSAIRE !

Chaque année, pour son anniversaire, Luang Phoo Budda Thawaro se tient devant les fidèles d'un monastère de Thaïlande, vêtu de la traditionnelle robe orange, alors qu'il est mort depuis 1994.

Pour cette cérémonie, l'ancien abbé du monastère de Wat Krang Chu Si Charoensuk, près de Bangkok, est sorti de son cercueil de verre, nettoyé, habillé d'une nouvelle tenue et honoré par la communauté locale. Ce cérémonial est rendu possible, car le corps du religieux ne s'est pas putréfié : Luang Phoo se serait déshydraté sur son lit de mort et momifié. Et la coutume veut qu'un moine qui ne s'est pas décomposé après sa mort soit conservé et vénéré.

Une fois que Luang Phoo est habillé, la congrégation place de fines feuilles d'or sur son visage et les familles se font photographier à son côté. Quand la célébration est terminée, les moines remettent soigneusement le corps de Luang dans son cercueil. L'abbé regagne alors la salle de prière, où il reste en paix jusqu'à sa prochaine apparition, 12 mois plus tard.

Luang Phoo a été moine pendant plus de 70 ans. Au cours de sa vie, il a survécu à des conflits, des guerres civiles, des dictatures et des coups d'état militaires. Les fidèles viennent de loin pour rendre hommage à ce personnage charismatique.

Après les prières, les moines du monastère remettent délicatement le corps de Luang Phoo dans son cercueil de verre.

Soutenu par les moines, le corps momifié et nouvellement habillé de Luang Phoo Budda Thawaro est exposé devant les fidèles.

TORNADE ARTIFICIELLE

Un musée de Stuttgart, en Allemagne, a créé sa propre tornade de 34,4 mètres de haut. Pour évacuer les fumées du bâtiment en cas d'incendie, le musée Mercedes-Benz a conçu un système alimenté par 144 jets d'air. La puissante tornade ainsi formée est capable de déplacer 28 tonnes d'air.

EN RETARD

La montre d'un vétéran de la Première Guerre mondiale a été rendue à sa famille en 2007… presque 90 ans après que William B. Gill l'eut perdue en France, où il servait dans l'armée américaine. Il a fallu l'aide d'un généalogiste pour qu'elle soit renvoyée à ses petits-enfants, à Sioux City, Iowa.

FRÈRES DE SANG

En 2007, pendant le lâcher de taureaux de Pampelune, en Espagne, l'un d'eux a mis une pagaille monstre en encornant simultanément deux frères, Lawrence et Michael Lenahan, chacun sur une corne.

BOWLING ANTIQUE

Des archéologues italiens ont trouvé en Égypte un bowling vieux de près de 2 000 ans. Une large salle, avec un couloir peu profond conduisant à une fosse, et deux lourdes boules de pierre ont été découverts sur un site antique à 88 km au sud du Caire.

7e CIEL

Herbethe Elie, de Birmingham, Angleterre, a donné naissance à son 7e bébé à la 7e heure du 7e jour du 7e mois de l'année 2007 dans la salle d'accouchement numéro 7.

GRAND SURVIVANT

Une baleine boréale de 50 tonnes, capturée au large des côtes de l'Alaska en 2007, avait un fragment de flèche dans le cou. Elle avait survécu à une précédente attaque plus d'un siècle auparavant. Le projectile, d'une longueur de 9 cm et datant d'environ 1890, était enfoui dans la graisse de la baleine.

UN ACTE DE BON VOISINAGE

Après deux jours dans les eaux des Caraïbes, John Fildes a été secouru par un voilier barré par un voisin de sa ville natale de Warshaw, en Angleterre.

VOITURE CHÉRIE

En 2007, une Chinoise a gagné une voiture en l'embrassant pendant plus de 24 heures. Zhang Cunying était l'une des 120 personnes ayant pris part à un concours d'endurance dans un centre commercial de Pékin. Il fallait embrasser une Chevrolet le plus longtemps possible par l'intermédiaire d'un mamelon en plastique collé à la carrosserie, sans toucher la voiture elle-même. Les participants pouvaient faire une pause de 10 minutes toutes les 7 heures. Pour corser la chose, ils durent à la fin se tenir sur un pied, les mains dans le dos. Zhang tint bon grâce à ses entraînements de danse. Mais elle était si épuisée qu'elle ne tenait plus debout toute seule.

NAISSANCES PARALLÈLES

Des jumelles, Nicole Cramer et Naomi Sale, à Auburn, Indiana, ont toutes deux donné naissance à un fils dans le même hôpital, le même jour : le 23 janvier 2007.

BON PRÉSAGE

Après s'être mariés sur une plage du lac Michigan le 18 août 2007, Melody Kloska et Matt Behrs ont jeté à l'eau une bouteille contenant leurs vœux de mariage. Une semaine plus tard, la bouteille était ramassée par Fred et Lynnette Dubendorf, de Mears, Michigan, qui s'étaient aussi mariés sur une plage… 28 ans plus tôt.

PLUS DE GOÛT !

En 2007, Sarah Pickin, une étudiante en archéologie, a trouvé un morceau de chewing-gum vieux de 5 000 ans sur un site de fouilles, dans l'ouest de la Finlande.

POISSON EN BOÎTE

Au large de l'Islande, en 2007, des pêcheurs ont eu la surprise d'attraper un poisson « vêtu » d'une boîte de conserve ! Le poisson avait dû s'introduire dans la boîte et y rester en partie coincé. Quand les pêcheurs ont vu le flétan, ils ont d'abord cru qu'il portait un bijou tribal.

CURIEUX ÉCUREUILS

En Californie, des écureuils ont déterré, en juillet 2007, un objet préhistorique. Les animaux grattaient le sol autour du Centre d'interprétation des Indiens Maidus – où les archéologues n'ont pas le droit de fouiller – quand ils ont trouvé un instrument vieux de 10 000 ans.

JACKPOT

Après avoir gagné 10 000 $ à la loterie de l'Arizona, Barbara et Barry Salzman, de Henderson, Nevada, ont immédiatement acheté un autre ticket avec leurs gains. Et ils ont décroché la cagnotte de 15 millions !

PACTOLE

En 2007, au Sands Casino d'Atlantic City, New Jersey, des ouvriers en démolition sont tombés sur un butin de 17 193,34 $ constitué de jetons, pièces et billets qui avaient glissé sous les machines à sous.

DÉCAPITÉS

Sur Vanuatu, une île du Pacifique, des archéologues ont découvert un cimetière vieux de 3 000 ans dans lequel tous les corps avaient été décapités.

LESSIVÉ

Patrick Grieves, un petit garçon de 8 ans, originaire de l'Essex, Angleterre, releva le défi lancé par sa sœur : entrer dans la machine à laver ! Dix pompiers furent nécessaires pour le sortir de là.

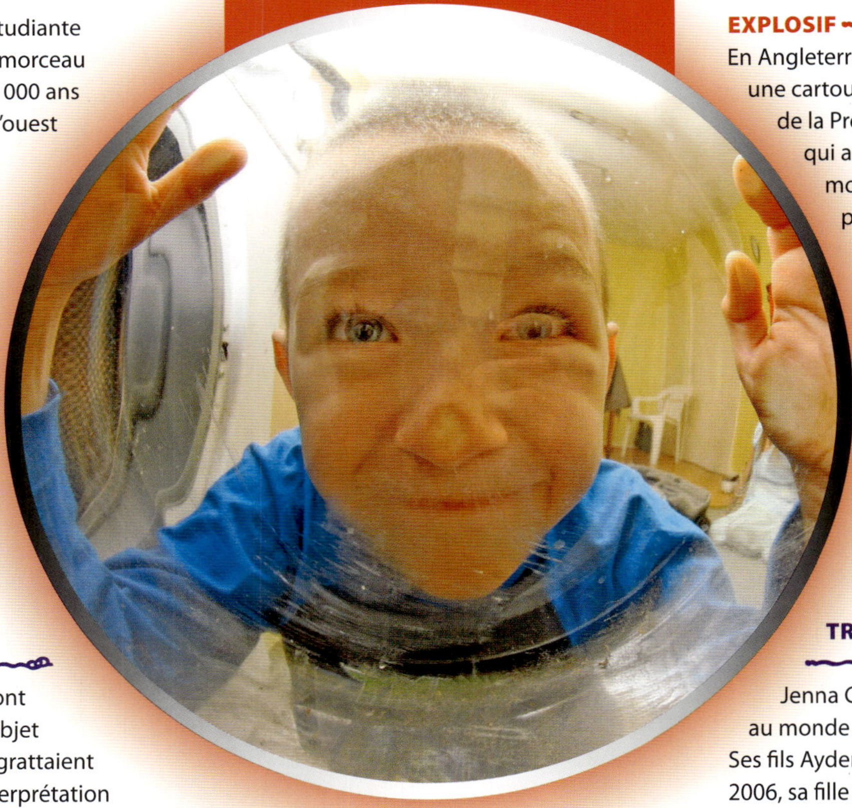

VIKING

Steven Harding, un professeur d'université anglais, a trouvé un navire viking vieux de 1 000 ans enterré sous le parking d'un pub à Merseyside.

LIT DE MORT

En octobre 2006, à Vienne, en Autriche, les autorités ont découvert le corps momifié de Franz Riedl. Il était resté étendu mort dans son lit pendant plus de 5 ans.

DÉROUTE

En mars 2007, des soldats suisses se sont perdus et ont envahi accidentellement le Liechtenstein, un pays sans armée.

FRÈRES ENNEMIS

Deux frères qui se haïssent, mais vivent sous le même toit, ont divisé leur maison avec des barbelés. Taso Hadjiev et son frère Asen, de Malka Arda, Bulgarie, ont fait appel plus de 200 fois à la justice en 40 ans, mais aucun n'a pu se permettre de quitter la maison familiale… tout leur argent ayant été dépensé en frais d'avocat.

BIEN COUVERT

En 2007, dans un avion, un Kenyan qui rentrait de Chine a été surpris avec plus de 100 vêtements d'homme et de femme sur lui. Il a expliqué qu'il avait peur d'avoir à payer un supplément pour excès de bagage.

EXPLOSIF

En Angleterre, une vieille dame a utilisé une cartouche d'artillerie allemande de la Première Guerre mondiale, qui aurait pu exploser à tout moment, comme cale-porte pendant 20 ans. Le grand-père de Thelma Bonnett, qui servait dans la marine marchande, avait rapporté l'engin de 18 cm en 1918. Thelma l'utilisait dans sa maison de Paignton, Devon, jusqu'à ce qu'un voisin la mette en garde et qu'elle appelle le déminage. La cartouche était remplie d'explosifs et son mécanisme prêt à faire feu.

TRIPLE ANNIVERSAIRE

Jenna Cotton, de Marysville, Ohio, a mis au monde ses trois enfants un 2 octobre. Ses fils Ayden et Logan sont nés en 2003 et 2006, sa fille Kayle en 2007. La probabilité pour qu'un tel événement se produise est d'une chance sur 130 000.

HOMMAGE

Le 25 novembre 2007, les corps de 223 soldats français de la Grande Armée de Napoléon, morts en 1812 près de Stoudienka, en Biélorussie, pendant la célèbre bataille de la Berezina, ont été réinhumés lors d'une cérémonie officielle en costumes d'époque.

BIEN CACHÉ

Le squelette d'un homme a été trouvé dans le grenier de sa maison familiale à Bergholz-Rehbrücke, en Allemagne, en 2007, soit 22 ans après sa disparition.

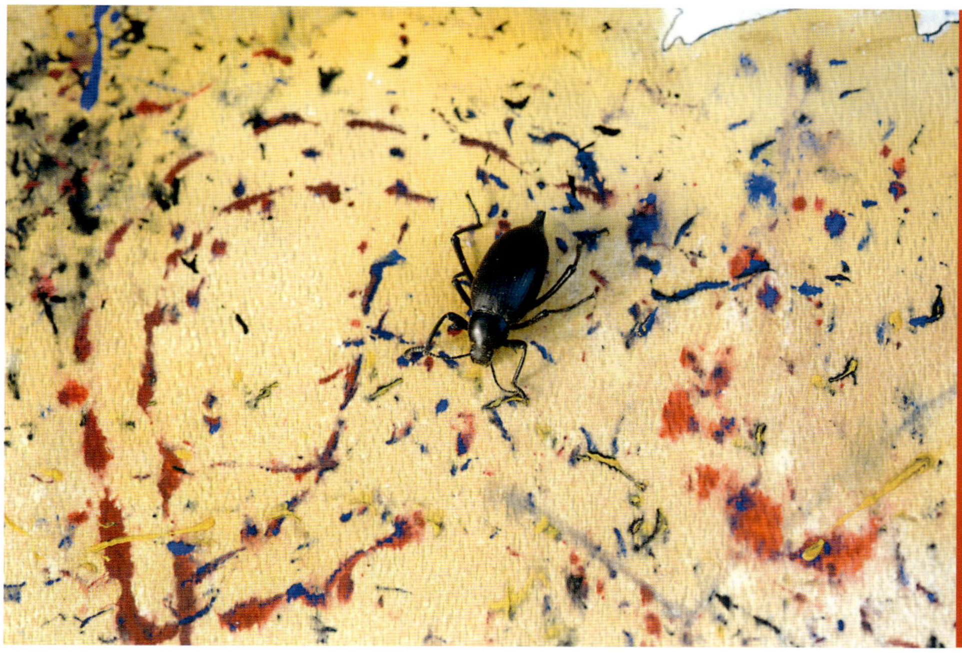

BESTIOLES

Steven Kutcher, un artiste de Los Angeles, utilise des insectes comme pinceaux vivants. Il attrape mouches, cafards et scarabées, leur met de la peinture sur chaque patte – une à une ! – et lâche les insectes sur une toile où ils dessinent des traînées de couleur. Pour être sûr de ne pas leur nuire, il se sert de peinture à l'eau non toxique.

MÉTALOMANE

Le Service de l'emploi suédois verse une allocation handicap à Roger Tullgren, de Hassleholm, parce qu'il est accro au heavy-metal. Fan de hard depuis qu'il a entendu les Black Sabbath à 6 ans, Tullgren a assisté à 300 concerts en 2006, délaissant son travail pour s'y rendre.

INSPIRATION

Alors qu'il cherchait un sujet de roman, l'écrivain Peter Stekel, installé à Seattle, a trouvé le corps congelé d'un aviateur de la Seconde Guerre mondiale sur un glacier californien.

BAIN D'ACIDE

Neuf villageois de Yangping, en Chine, sont morts en septembre 2007 quand le sol s'est effondré sous leurs pieds, les projetant dans une mare souterraine de cyanure dont personne ne soupçonnait l'existence.

PAS BIEN MALIN

En novembre 2007, à Reno, Nevada, la police n'a pas eu de difficulté à arrêter un voleur : il s'est englué dans du béton encore humide alors qu'il essayait de s'enfuir par un chantier.

UN PEU TARD !

Un homme a perdu son portefeuille au théâtre en 1964 et l'a récupéré 43 ans après. Des ouvriers qui restauraient le Crest Theater à El Centro, Californie, ont trouvé le portefeuille d'Epigmenio Sanchez coincé dans le coffrage d'un radiateur.

COUP DOUBLE

En Australie, un homme attaqué par un crocodile a été accidentellement blessé par son sauveteur. Jason Grant ramassait des œufs dans une ferme de reptiles, près de Darwin, quand un crocodile l'a mordu. Son collègue tira à deux reprises sur l'animal, mais un des coups toucha Grant au bras.

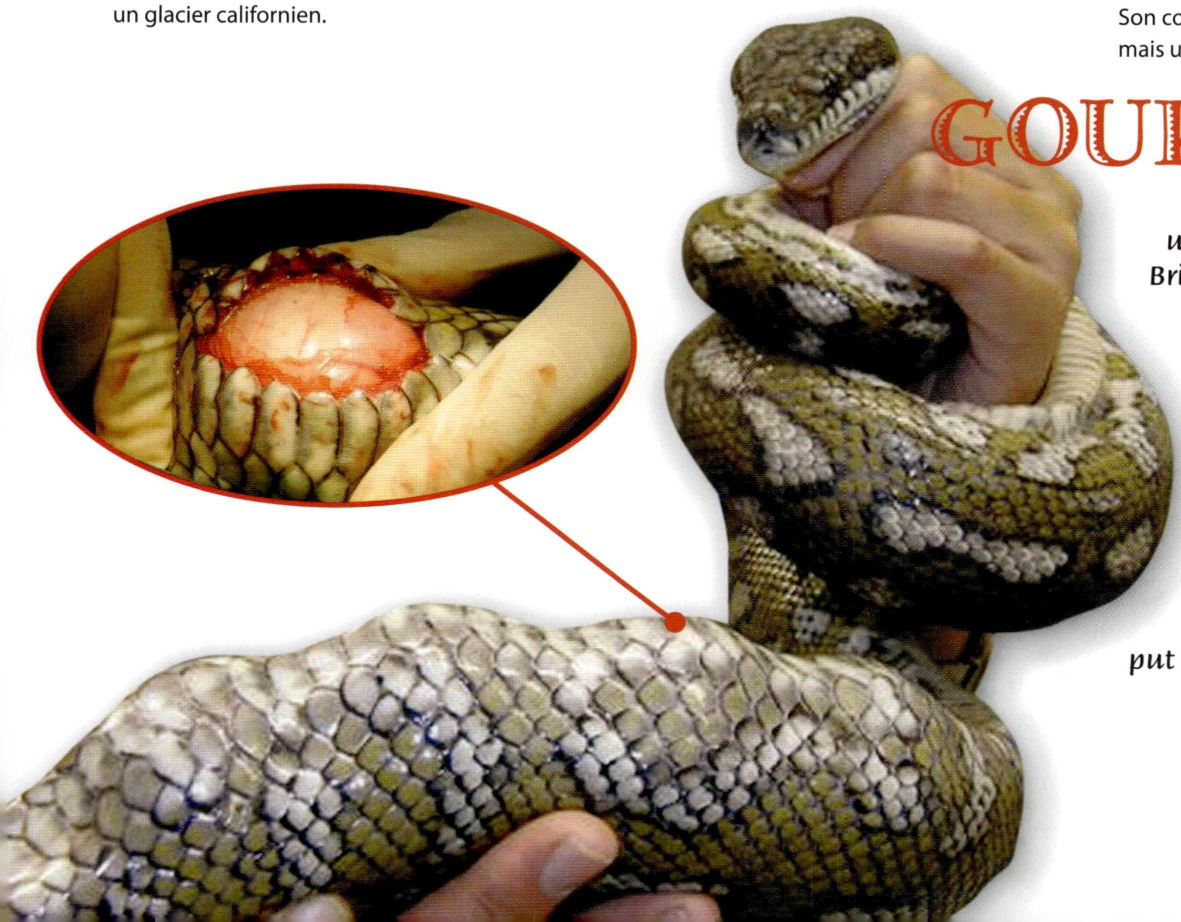

GOURMAND

Un python trouvé dans une réserve animalière près de Brisbane, Australie, avec quatre protubérances à l'abdomen, fut passé aux rayons X. Les vétérinaires eurent la surprise de découvrir quatre balles de golf. Le serpent les avait avalées – les prenant probablement pour des œufs – et ne pouvait plus les évacuer naturellement. On l'opéra donc, et le reptile put regagner son milieu naturel.

Naissance d'une île

Tandis qu'il naviguait dans l'archipel de Vava'u, Fredrik Fransson a littéralement traversé une île en formation sous ses propres yeux !

Fredrik pose devant son yacht Maiken

Fredrik Fransson à bord du yacht *Maiken*
Vendredi 11 août 2006

Nous quittons Neiafu, dans l'archipel des Vava'u, au nord des Tonga, et mettons le cap au large, vers les Fidji. Faute de vent, nous mettons le moteur et longeons Late Island.

Assez vite, nous observons des traînées brunâtres et granuleuses à la surface de l'eau. On dirait un mélange d'eau et d'huile de moteur. Tout autour, la mer prend une étrange teinte verdâtre, comme un lagon, alors qu'au large elle est habituellement d'un bleu profond. Toujours plus au sud, les traînées se transforment en bancs de matière flottante, jusqu'à ce que l'horizon ne soit plus qu'un obstacle solide, tel un désert de sable.

Toutefois, nous poursuivons notre route. La couche est si fine que la proue l'écarte de part et d'autre. Mais en entrant dans la couche solide, celle-ci se met à s'agglomérer comme du béton frais. Spectacle incroyable : un paysage de dunes ondulantes à perte de vue ! Notre vitesse tombe de 7 à 1 nœud, tandis que les pierres ponces s'entassent à la surface de l'eau.

Aussitôt, nous faisons demi-tour et repartons en sens inverse, pour regagner l'eau claire. Là, nous pouvons enfin couper le moteur. Et soudain nous réalisons qu'une éruption volcanique vient probablement de commencer. Hélas, nous sommes trop loin des côtes pour lancer une alerte radio. Deux possibilités s'offrent à nous : longer la nappe de pierre ponce, cap au sud, ou regagner les Vava'u. Inquiet de savoir si le bateau est indemne, je préfère rejoindre Neiafu et mouiller pour la nuit.

Soudain, une dune de pierres ponces semble surgir des flots outremer...

Fransson se fraie une voie au milieu des scories, dessinant derrière lui le plus incroyable des sillages.

Notre première intention était de croiser ces terres par le sud, mais la curiosité l'emporte et nous décidons de filer vers la rive sud du récif de Home. À mesure que nous approchons, nous distinguons plus nettement le panache sur fond de purée de poix. À intervalles réguliers, une épaisse salve noire s'élève vers le ciel et retombe en pluie de débris.

Le vent chassant la fumée vers le nord-ouest, nous décidons d'observer le phénomène de plus près. Lorsque le soleil commence à décliner, nous ne sommes plus qu'à 1,5 mile de l'îlet – très exactement à 18°59'5" Sud et 174°46'3" Ouest. On dirait qu'il se consume comme un cône d'encens. Malgré l'épaisse fumée, nous parvenons à le photographier.

Nous voyons très nettement trois tertres formant cratère. Au milieu, une brèche s'est formée où s'engouffre la mer. Le tout a l'apparence d'un gros tas d'anthracite entouré d'eau. Laquelle, ainsi que nous le constatons en nous penchant, est devenue plus chaude. Mais nous devons maintenant rebrousser chemin avant que la nuit soit complète, de peur de rencontrer d'autres nappes de cailloux.

12 AOÛT 2006

Le lendemain dès l'aube, nous mettons le cap au sud-sud-ouest pour retrouver notre banc de pierre ponce, que nous longeons jusqu'à ce qu'il nous paraisse assez meuble pour pouvoir le traverser sans dommage. Au passage, nous prélevons quelques échantillons. Certaines pierres ont le diamètre d'un ballon de foot, mais les plus grosses sont aussi les plus friables. La plupart finissent par se briser sur l'étrave.

Bientôt, nous comprenons que le nuage que nous croyions observer à l'horizon est en fait le panache d'un volcan en activité. Il n'y a dans cette zone que deux secteurs volcaniques, le banc de Metis et le récif de Home. C'est de ce dernier site que s'élève la nuée.

Le volcan en éruption expulse de lourdes colonnes de fumée et de scories. L'apparition d'une nouvelle île s'observe à l'œil nu.

Lorsque nous avons quitté les Fidji un mois plus tard, nous avons entendu à la radio que l'on avait observé des dépôts de pierre ponce sur les plages de l'archipel. Un chercheur de la Nasa m'a expliqué qu'il n'est pas rare que de telles îles finissent par disparaître, sous l'action conjuguée du vent et des vagues. Celles que nous avons vues naître étaient toujours visibles en octobre sur les images satellite. Qui sait…

Sur ce cliché de la Nasa, réalisé en août 2006, la nouvelle terre est partiellement cachée par le panache de fumée. La nappe de scories, elle, est bien visible.

SPORES EXTRÊMES

Ce prodigieux champignon blanc, haut de 70 cm et lourd de 20 kg, s'est laissé cueillir aux abords d'une plantation de café du Chiapas, au Mexique, en 2007. Il s'agit d'un spécimen surdéveloppé de Macrocybe titan.

BANANOMANCIE

Des foules de Thaïlandais se sont attroupées en 2007 à Koh Sireh autour d'un bananier réputé donner les résultats du Loto. Des joueurs ont affirmé avoir fait fortune en frottant l'écorce de l'arbre avec un mélange de poudre et d'eau qui formait en séchant le numéro gagnant.

TRONC GLOUTON

En quelque 200 années, un sycomore écossais a littéralement englouti des chutes de métal oubliées par le forgeron voisin. L'« arbre ferrugivore » de Brig o'Turk a même englobé une bicyclette abandonnée par un soldat de la Grande Guerre, qui ne l'a jamais récupérée…

FATAL PÉTALE

La *Puya raimondii*, plante rare de Bolivie, peut mettre 150 ans à fleurir. Un instant lui suffit ensuite pour mourir.

BON EN SPORES

Qu'une goutte de pluie, qu'un animal vienne à frôler la vesse-de-loup géante, et des milliers de spores sont éjectés par le trou sommital. En une journée, un de ces champignons peut en libérer 7 milliards !

MOISSON DE LIÈGE

Tous les neuf ans depuis 1820, un chêne-liège du Portugal est débarrassé de son écorce. Une seule récolte suffit à boucher quelque 100 000 bouteilles de vin !

DÉSERT VERT

Au terme de deux ans de pluies copieuses, on a vu pour la première fois en 2007 pousser de l'herbe sur le parcours désertique du golf de Cameron's Corner, qui présente la particularité d'être à cheval sur trois États du Sud de l'Australie.

Ripley's Sacrés minéraux

La « chevelure » dont cette pierre paraît dotée serait en fait le fossile d'un champignon qui se serait développé à sa surface pendant des millions d'années, à la façon d'un corail creux dont les tubulures invertébrées ne sont pas sans évoquer une touffe de cheveux chenus.

PIERRE À POILS

Une pierre coiffée de centaines de mèches blanches de 15 cm a fait en 2005 l'ébahissement des habitants de Dalian, en Chine. Cet objet de 20 cm de long sur 15 cm de diamètre est si exceptionnel que sa valeur a été estimée à 1,3 million de dollars !

ÇA SE MANGE ?

Ces badauds chinois de Haozhou n'en croient pas leurs yeux : cette roche marbrée, exposée lors d'une foire aux minéraux en avril 2007, a vraiment l'apparence d'une énorme tranche de lard… ou de tiramisu !

ORAGES PRESSÉS

On estime qu'environ 1 800 orages balayent notre planète à tout moment, et que plus de 100 éclairs s'abattent chaque seconde à la surface du globe.

PUISSANTS ÉCLAIRS

L'énergie d'un éclair suffirait à alimenter quelque 150 millions d'ampoules électriques. Un orage standard libère l'équivalent de 20 minutes de la consommation électrique des États-Unis.

MÉGA-MOISSON

Un plant de tomate du Walt Disney World's Epcot Center d'Orlando, en Floride, se targue de produire annuellement 32 000 fruits d'un poids total de 522 kg.

CRAC BOUM HUE !

Le satyre voilé – ou dame voilée – est un champignon tropical d'Afrique qui peut atteindre la taille de 20 cm en 20 minutes. Sa croissance est si rapide qu'on peut l'entendre craquer !

NEIGE CENTENALE

En juillet 2007, des flocons se sont mis à tomber sur Buenos Aires. La capitale argentine n'avait pas connu de chute de neige depuis 1918 ! Une bataille générale a suivi.

PISSENLIT GÉANT

C'est à New Hampstead, en Angleterre, que fut découvert en 2007 un monstrueux pissenlit de 1,20 m de hauteur, soit plus de 5 fois sa taille habituelle.

CYCLONE ARABE

De mémoire d'homme, jamais un cyclone n'avait franchi la mer d'Oman pour frapper la côte du sultanat. Jusqu'au 6 juin 2007. Ce jour-là, des vents de 148 km/h ont décoiffé quelque 20 000 personnes.

DÉTONANT, NON ?

Quand le fruit du bombardier, un arbre sud-américain, arrive à maturité, il explose avec une telle puissance que ses quartiers sont projetés jusqu'à 60 m de distance, en produisant un claquement que certains prennent pour des coups de feu !

TAP TREE

En avril 2006, un arbre de San Antonio, au Texas, s'est mis à dégorger de l'eau potable et limpide à jet continu. D'aucuns espéraient que le liquide miraculeux eût des pouvoirs de guérison… alors qu'en réalité ses racines avaient directement puisé dans une grosse canalisation !

SCIÉ !

Quelle ne fut pas la surprise des villageois de la région de Bournemouth, en Angleterre, lorsqu'ils eurent abattu en 2007 un marronnier vieux de 200 ans dont le cœur présentait la forme parfaite d'un arbre miniature. De l'avis des spécialistes, ce phénomène étonnant serait dû au pourrissement.

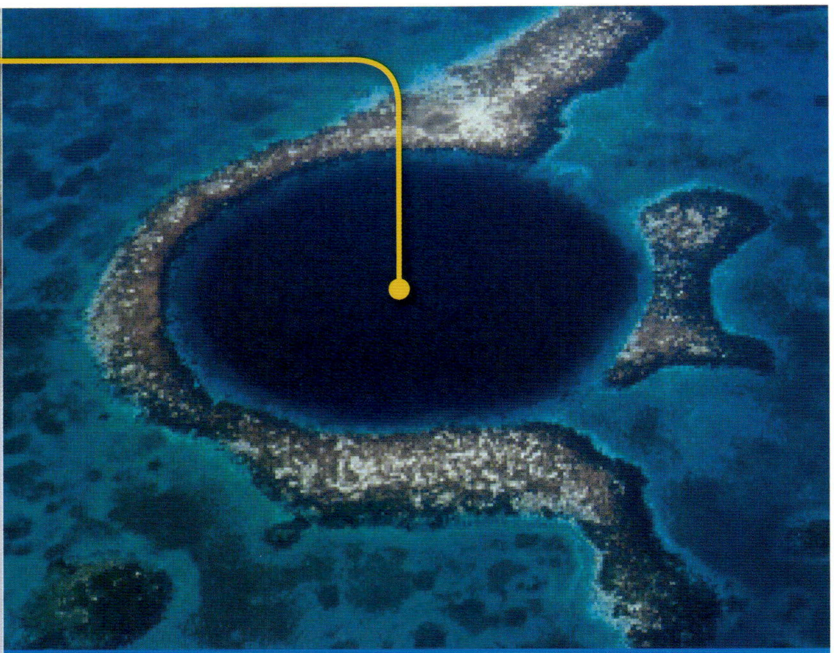

TROUBLANT TROU BLEU

305 m de diamètre, 123 m de profondeur : telles sont les mensurations du Grand Trou bleu, un gouffre sous-marin parfaitement circulaire situé à 100 km des côtes du Belize, en Amérique centrale. Sa formation remonte à l'Âge glaciaire, voici environ 15 000 ans, lorsque la surface des eaux était plus basse de 107 m et que les fonds calcaires n'étaient pas immergés. Un intense ruissellement a fini par creuser un immense réseau de cavernes, que le relèvement du niveau de la mer a ensuite inondé, avant d'effondrer sous son poids la voûte d'une de ces grottes immergées. Orné de fabuleuses stalactites, le Grand Trou bleu est aujourd'hui un paradis pour plongeurs, dont la température, à 40 m de profondeur, est encore de 24 °C.

BOIS SANS SOIF

La luxuriante forêt des monts Dhofar, à Oman, ne reçoit jamais une goutte de pluie ! Cette forêt humide, cernée de déserts, se gorge de brouillard une fois l'an.

DES VERS À VERSE

Une pluie de lombrics vivants s'est abattue sur Jennings, en Louisiane, en juillet 2007. On suppose que les infortunés annélides venaient d'être abductés par un typhon observé à 8 km de là...

ALASKALORIFÈRE

Une température de 38 °C en Alaska, ça n'existe pas ? Mais si ! Elle a été enregistrée le 27 juin 1915 à Fort Yukon.

LENTE SÉPARATION

La dérive des continents éloigne l'Europe de l'Amérique du Nord à la même vitesse que la pousse d'un ongle humain, soit environ 1,8 m tous les 75 ans.

OR EXTENSIBLE

En laminant un morceau d'or pur de la taille d'une boîte d'allumettes, on peut réaliser une feuille de la taille d'un court de tennis. Une once d'or (28 g) peut être étirée en un fil de 80 km !

FOUDROYÉ

Un plongeur a été mortellement frappé par la foudre à l'instant où il regagnait la surface à Deerfield Beach, en Floride.

CIMES NOYÉES

La plus longue chaine montagneuse est sous-marine. La dorsale atlantique s'étend sur 65 000 km, de l'océan glacial Arctique au Pacifique, en passant par l'Atlantique, au large de la côte nord-américaine.

PINCÉE DE SEL

10 % du sel gemme extrait dans le monde sert à saler les routes gelées d'Amérique du Nord.

GROSSE VAGUE

Un séisme suivi d'un glissement de terrain à Lituya Bay, en Alaska, a provoqué en 1958 un colossal tsunami de plus de 520 m de haut ! La zone étant presque inhabitée, seuls deux hommes et un bateau de pêche furent portés disparus.

FONDS RELEVÉS

En avril 2007, un séisme d'une magnitude de 8,1 sur l'échelle de Richter, non loin des îles Salomon, a exhaussé les récifs de corail jusqu'à 3 m au-dessus du niveau de la mer et même renfloué un torpilleur coulé pendant la guerre du Pacifique.

POULETS CUITS

En juillet 1949, en moins de 2 minutes, une région du Portugal s'est vue frappée par une soudaine vague de chaleur atteignant jusqu'à 65 °C, laissant sur son passage des cadavres de poulets par milliers.

LES ROIS DE GYPSE

La fameuse Cueva de los Cristales (grotte aux cristaux), au Mexique, renferme des pailles de gypse dont certaines dépassent 11 m de long, soit un tiers du diamètre même de cette caverne enfouie à 290 m de profondeur. Livrés aux chercheurs, des échantillons du fluide contenu dans ces colosses ont révélé que la température ambiante n'a jamais dépassé 58 °C pendant des milliers de siècles dans cette zone autrefois volcanique de Naica, massif surgi voici 26 millions d'années. C'est l'activité volcanique qui a rempli cette grotte d'anhydrite brûlante – c'est-à-dire de gypse sans eau –, laquelle cesse d'être stable et se transforme en gypse si la température n'excède pas 58 °C. Merci l'anhydrite !

ROUES DE NEIGE

En mars 2007, Mike Stanford, expert en prévention des avalanches, a découvert sur les flancs du col Washington, dans l'État du même nom, une série de roues de neige parfaitement régulières, gelées sur place après avoir dévalé la pente. La plus grosse mesurait 60 cm, assez pour laisser passer la tête de Mike dans le trou !

Ripley's Roulez beignets !

Les « beignets de neige » sont assez rares. Ils se forment au pied des pentes raides. Il suffit qu'un paquet de neige molle tombe d'une branche ou d'un rocher sur une surface durcie, dans les bonnes conditions de température. La gravité se charge du reste : elle entraîne la pelote de neige qui se love sur elle-même. Le plus souvent, cette petite roue s'écrase, mais il arrive que le trou demeure et forme une sorte de beignet.

TERRE ARC-EN-CIEL

Stupéfiant spectacle que celui de ces vallons arides à Chamarel, sur l'île Maurice, qui présentent aux touristes une gamme de sept teintes – rouge, brun, mauve, jaune, violet, bleu et vert. Spectaculaire au lever du soleil, ce phénomène est dû au refroidissement inégal de la roche volcanique, riche en minerais. Bizarrement, ces couleurs ne se mêlent jamais, même quand il pleut, et se séparent après quelques jours lorsqu'elles sont combinées en laboratoire.

BRINS DE BRUME

Les particules de brume sont si infimes qu'il en faudrait 7 milliards pour remplir une cuiller à café.

POULETS PLUMÉS

Le 21 mai 1950, une tornade a balayé la Grande-Bretagne sur 160 km pendant quatre heures, plumant au passage plusieurs poulets jusqu'au dernier duvet.

TOITS DÉCLOUÉS

Des clous arrachés des toits par une tornade sont allés se ficher dans des poutres distantes de plusieurs kilomètres à Runanga, en Nouvel e-Zélande, le 20 avril 1956.

FORÊTS COUCHÉES

Le 30 juin 1908, une météorite explosait en Sibérie, à la verticale de la rivière Toungouska, libérant l'équivalent de 1 000 bombes d'Hiroshima et plaquant au sol 2 000 km^2 de forêts.

VILLE RENFLOUÉE

Presque un demi-siècle après avoir été submergée par la création d'un lac artificiel, les ruines de la ville engloutie d'Adaminaby, en Australie, ont resurgi des eaux à la faveur d'une longue sécheresse, en février 2007. La ville avait été rebâtie en 1958 pour permettre la formation de la retenue d'eau d'Eucumbene, partie intégrante du complexe hydroélectrique des Snowy Mountains. Environ 100 bâtiments avaient été déplacés vers un site plus élevé, à 480 km au sud-ouest de Sydney.

PAS SI RARE

On peut trouver de l'or sur près de 90 % de la surface terrestre du globe. Après le fer, c'est le métal le mieux distribué au monde. On l'extrait aussi bien de déserts et de chaînes montagneuses que des régions tropicales ou antarctiques.

NEIGE PAS RÊVÉ ?

À quelques semaines de distance, en 2006, on a pu observer en Russie des chutes de neige jaune, puis rouge ! La première était due à la pollution d'une usine d'hydrocarbures, en suspension dans l'air ; la seconde, à un orage de sable dans la proche Mongolie.

GROS GRÊLON

En janvier 2007, un gros morceau de glace, probablement un grêlon pesant plus de 22 kg, est tombé du ciel à Tampa, en Floride, pour enfoncer la voiture de M. Javange, qui n'en demandait pas tant.

COUCHE DE GLACE

Les neuf dixièmes des masses de glace du monde recouvrent l'Antarctique et le pôle Sud, où son épaisseur atteint 3,2 km.

PESANT D'EAU

Au fond d'un océan, soit 4 km sous l'eau, la pression équivaut au poids de 14 semi-remorques de béton frais.

MARES EN COULEUR

Éparpillés le long des marais salants de la côte du Sénégal, on peut admirer un collier de mares d'eau multicolores, allant du rouge au blanc en passant par l'orange et le noir. C'est l'œuvre de femmes qui ont creusé ces fondrières à la main pour récolter du sel, le mettre en sacs et le vendre aux pays voisins. La variété des couleurs est due à la haute teneur en minerais des sols, qu'accentue encore la faible profondeur de l'eau.

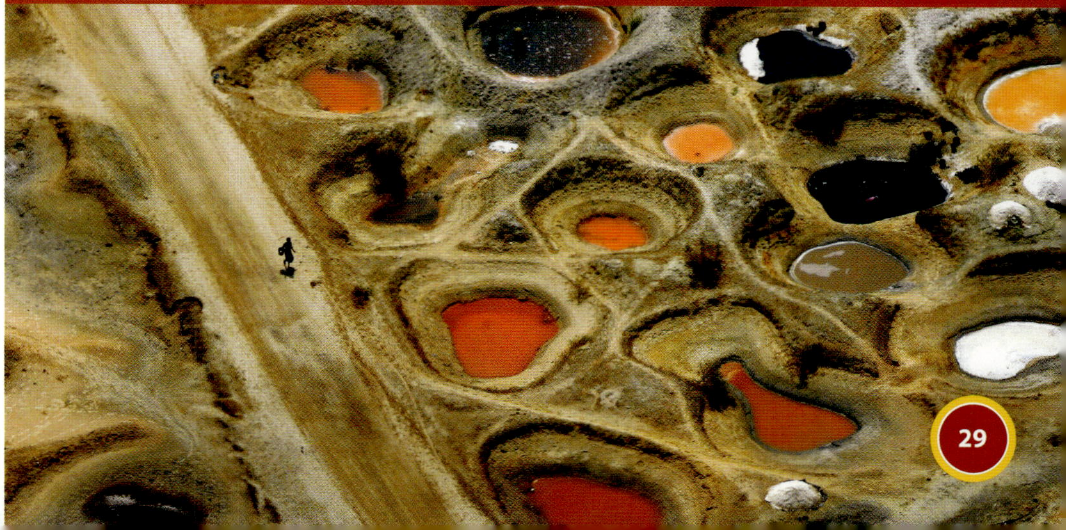

CROC' ATTACK

Le 11 avril 2007, le vétérinaire Chang Po-yu a failli perdre son bras après avoir été mordu par un crocodile au zoo de Shaoshan, à Taiwan.

L'avant-bras du vétérinaire a été sectionné net alors qu'il tentait, à travers la clôture de protection, de retirer une fléchette tranquillisante fichée dans l'imposant reptile de 200 kg. Aussitôt, deux balles ont été tirées dans le cou de l'animal qui a fini par lâcher prise. La fin de l'histoire est heureuse à double titre. Non seulement le crocodile a survécu, les munitions n'ayant pas transpercé sa carapace, mais l'effet de surprise lui a fait oublier son trophée. De plus, une équipe de chirurgiens a réussi, après une opération de 7 heures, à recoudre le membre.

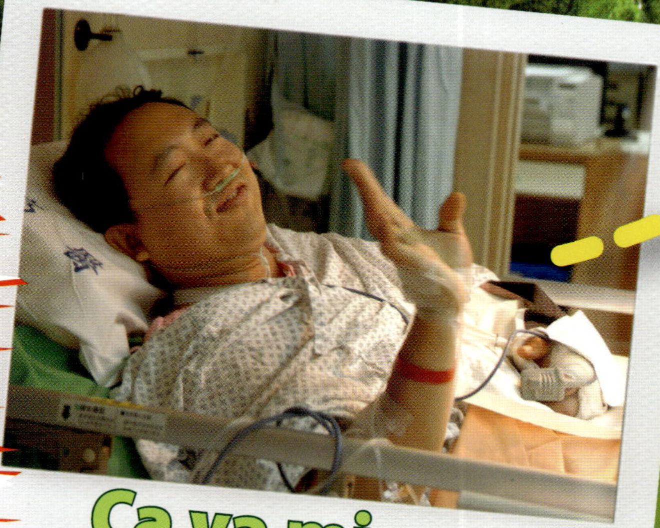

Ça va mieux, M. Chang ?

Reptiles à gogo

SUICIDE CROC'N' ROLL
Incroyable, mais un crocodile a survécu après avoir chuté du douzième étage d'un appartement de Nizhny Novgorod en Russie. Seule une de ses dents s'est brisée. C'était la troisième fois que ce reptile apprivoisé tentait de s'échapper de chez lui en sautant par la fenêtre.

GEORGE DE LA JUNGLE
David George, propriétaire d'un ranch en Australie, a passé une semaine dans un arbre pour échapper à des crocodiles affamés. Assommé après avoir chuté de cheval, l'homme s'est rendu compte à son réveil qu'il était sur un terrain infesté de crocodiles. Il s'est alors rué dans l'arbre le plus proche, où il est resté perché nuit et jour, terrifié par les sauriens qui attendaient sa chute. Il avait heureusement sur lui quelques sandwiches et de l'eau, qui lui ont permis d'attendre les secours.

PRISE DE TÊTE
À Prosser, dans l'État de Washington, un homme a été mordu par un crotale pourtant censé être mort. Danny Anderson avait décapité le reptile de 1,5 m de long avec une pelle, mais au moment de se saisir de la tête, les crocs du serpent se sont plantés dans sa main, libérant le venin. À son arrivée à la clinique, sa langue avait gonflé, le poison ayant commencé son action. Visiblement, le serpent a agi par réflexe naturel. La tête des reptiles, une fois détachée du corps, continue d'être en vie et dangereuse pendant une bonne heure.

LE CŒUR A SES RAISONS
Des scientifiques américains ont découvert que certains serpents pouvaient survivre sans s'alimenter pendant 2 ans, rien qu'en ingérant leur propre cœur, lequel se reconstitue tout seul.

« Je suis vétérinaire et directeur du zoo. Quand j'ai voulu anesthésier le crocodile afin de le soigner, il m'a subitement arraché le bras gauche. J'étais en état de choc.

La douleur était insupportable, mais je me répétais en mon for intérieur que je voulais vivre, que mon bras devait être absolument recousu.

Mon collègue a réussi à stopper l'hémorragie en pressant mon bras jusqu'à l'arrivée des secours. Pendant que l'ambulance me conduisait à l'hôpital, la police m'a rendu un fier service en retirant mon bras encore coincé dans la gueule du crocodile.

Mon état est encore préoccupant. J'ai subi 6 grosses opérations et un nombre incalculable de micro-interventions. En ce moment, je n'ai aucune sensation dans mon bras gauche, la blessure est toujours en voie de cicatrisation. Pendant au moins deux ans, je vais devoir suivre un traitement régénérateur. Même si je n'ai toujours pas pu reprendre mon travail, j'espère vivement retrouver un poste dans l'administration ou le management d'un zoo.

Juin 2007 »

L'AVIS DU CHIRURGIEN

Le professeur Yin Chih est chirurgien orthopédique à l'hôpital universitaire de Kaohsiung. Il a été l'un des médecins qui ont recousu le bras de Chang Po-yu. Ripley l'a retrouvé et voici ce qu'il s'est passé après que le bras a été arraché.

« Le zoo a fait un excellent travail. Le membre sectionné est arrivé aux urgences emballé dans un sac plastique propre et glacé. Cette étape est déterminante si l'on veut optimiser les chances de succès. Tout le monde a fait preuve de rapidité. Le bras est arrivé en salle d'opération 30 minutes seulement après avoir été récupéré dans la gueule du crocodile.

J'ai d'abord copieusement désinfecté le bras avec environ 10 litres d'eau distillée. La gueule d'un animal est souvent sale et source d'infections.

En premier lieu, nous avons ressoudé les os. Il fallait faire vite car nous devions nous attaquer rapidement aux artères afin d'acheminer l'oxygène dans les tissus pour éviter qu'ils ne pourrissent. Ensuite, nous avons relié entre elles les veines principales, puis les nerfs, les muscles et la peau, en dernier.

Au bout d'un mois, Chang Po-yu pouvait à nouveau bouger le coude et l'épaule. À l'avenir, il aura probablement besoin d'autres opérations, et doit être patient en attendant que ses nerfs se régénèrent. Il devrait, toutefois, retrouver l'usage de sa main.

Il est essentiel de ne jamais perdre espoir. »

LÉZARD GOURMAND

En 2007, un lézard a dû être conduit chez le vétérinaire à Jacksonville, Floride, après avoir ingurgité un de ses congénères en caoutchouc de 18 cm de long.

BÊÊÊLE SURPRISE

En 2007, pour divertir les automobilistes coincés dans les bouchons, un fermier écossais a décidé de teindre en rouge son troupeau de 54 moutons paissant le long de la très encombrée autoroute M8.

FÉLIN POUR L'AUTRE

En l'espace de plusieurs mois, une lionne du Parc national de Samburu au Kenya a adopté trois bébés antilopes, à qui elle a offert amour et protection, allant contre la nature des choses. Un jour, pendant son sommeil, un lion a dévoré l'un de ses protégés. À son réveil, la lionne a montré des signes réels de douleur et de détresse, arpentant la savane en rugissant de colère.

AU POIL !

En 2007, une galerie d'art de Salisbury, Maryland, a accueilli une exposition de tableaux uniquement réalisés par des chiens. Entraînés par la dresseuse Mary Stadelbacher, ces Canaletto à quatre pattes ont peint leurs œuvres en mâchouillant des os en caoutchouc au milieu desquels un trou avait été creusé pour accueillir les pinceaux. Chaque tableau est signé dans un coin par une empreinte de patte. Leur valeur peut atteindre 350 $.

PIGASSO !

Des porcelets d'une ferme du Devon s'amusent à peindre des œuvres originales sur toile avec leurs groins et leurs pattes. Ils ont découvert leur talent caché par hasard, en tombant sur des pots de peinture non toxique au cours d'un salon d'artisanat.

QU'IL EST LAID !

En 2006, Elwood, un chien chinois à crête du New Jersey avait terminé deuxième au concours du chien le plus laid du monde qui se déroule à Petaluma en Californie. Un an plus tard, il a enfin été couronné, pour le plus grand bonheur de sa maîtresse qui, en recevant un chèque de 1 000 $, l'a trouvé aussitôt très mignon.

SERVICE COMPRIS

Une chienne de Taiwan est tellement débrouillarde qu'elle sert elle-même les clients dans l'épicerie de sa maîtresse. Hello, c'est son petit nom, ouvre le réfrigérateur toute seule, sélectionne les fruits, les dépose sur le comptoir et rend même la monnaie. Parfois, elle fait aussi les courses, fait la queue comme tout le monde, pose sa patte avant sur le comptoir où elle tend un sac contenant l'argent et la liste des courses, au plus grand étonnement du vendeur !

MONSTRE ET COMPAGNIE

En chassant le serpent avec sa petite fille en 2006, un homme d'Orion, Illinois, est tombé sur une couleuvre à deux têtes.

AMIS FIDÈLES

Recueillis par une clinique indonésienne pour animaux en 2007, deux bébés tigres de Sumatra et deux petits orangs-outans sont devenus inséparables. Dans la nature, les premiers auraient dévoré les seconds ; là, les orphelins dormaient même ensemble.

LANGUE VIVANTE

Des isopodes, morpions parasites de certains poissons, ont la particularité d'agir comme une vraie langue après avoir dévoré celle de leur hôte.

À VEAU-L'EAU

À Lichfield, Nebraska, un veau est né en 2007 avec six pattes et des organes génitaux mâle et femelle. Fichées dans sa zone pelvienne, ses pattes supplémentaires ne touchaient pas le sol. Les organes, eux, laissaient supposer que deux embryons avaient fusionné pendant la gestation.

HOMMAGE AUX HOMARDS

En 2007, une association de défense des animaux a déboursé 3 400 $ pour acheter 300 homards à une poissonnerie du Maine, afin de les relâcher dans l'océan.

BAIN DE SANG

L'aorte d'une baleine bleue, qui achemine le sang du cétacé, est tellement large qu'un nageur adulte pourrait facilement s'y glisser.

QUEUE DU BONHEUR !

Winter, un dauphin femelle de deux ans évoluant dans l'aquarium de Clearwater Marine, en Floride, arbore une prothèse en guise de queue, après avoir perdu la sienne dans un piège à crabes. Enveloppée de silicone, la queue est rattachée au reste du corps par un joint en titane.

SANG-SATIONNEL !
Deux bébés tigre sont nés au zoo de Tianjin en Chine en 2007, l'un orange, l'autre étrangement blanc. La mère était elle-même de sang mélangé et, à la suite d'une probable anomalie génétique, ses petits ont hérité de ses deux origines.

JE ME SOUVIENS
L'équipe du Valley Zoo d'Edmonton, Canada, a été obligée d'embaucher un gardien parlant français afin de communiquer avec leur nouveau pensionnaire, un tigre de Sibérie. Ce dernier, prénommé Boris, né dans un zoo québécois, ne comprenait pas l'anglais.

IL SUFFIRA D'UN CYGNE
En Allemagne, Petra, un cygne femelle, est tombée amoureuse d'un pédalo. Non seulement elle tente des approches suggestives autour du bateau, mais elle en a même oublié de migrer pour l'hiver.

BON APPÉTIT !
À leur naissance, les bébés merles peuvent avaler jusqu'à 4,3 m de vers par jour.

CLUB SPÉCIAL
Rita Oenhauser, une ornithologue dirigeant un sanctuaire d'oiseaux dans la banlieue de Berlin, a créé un club de rencontres pour perroquets. Plus de 2 000 couples se sont ainsi formés. Après une période d'approche qui peut durer trois mois, les oiseaux ont cette particularité de rester fidèles l'un envers l'autre toute leur vie.

LA CLOCHE A SONNÉ
Pippa, un cacatoès femelle de 17 ans vivant à Nuneaton, en Angleterre, a couvé des œufs de Pâques en chocolat pendant deux semaines consécutives. Geoff Grewcock, son maître, pense que ses instincts maternels avaient besoin de s'exprimer.

PINGOUIN AILLÉ
Dans un zoo de Shangai, en Chine, les gardiens donnent de l'ail aux pingouins pour les aider à se protéger des maladies liées à l'humidité de la région. Ils dissimulent les gousses dans leur nourriture habituelle.

BEC PLUS ULTRA

L'un des cinq célèbres pélicans du non moins fameux St James's Park de Londres, en Angleterre, bordant le Palais de Bukingham, a surpris tout le monde en changeant subitement de régime. Devant les flashs des touristes médusés, il a attrapé un pigeon dans son bec, en lieu et place de sa nourriture favorite, le poisson. L'oiseau a mis 20 minutes à tenter de s'échapper avant de finalement être englouti tout cru.

PRISE DE BEC

Un cygne noir du zoo de Shenzhen, en Chine du Sud, fait sensation auprès des visiteurs en partageant sa nourriture avec les carpes bariolées qui, habituées, se pressent au bord de la rive en ouvrant leur gueule.

Félin malin

Odin, un tigre blanc du Bengale âgé de 6 ans, pensionnaire du Six Flags Discovery Zoo de Vallejo, en Californie, n'hésite pas à plonger pour avaler le bout de viande lancé par son dresseur. En temps normal, les félins craignent l'eau. Mais les scientifiques pensent que ces tigres de l'est asiatique, où règne une chaleur étouffante, ont besoin d'un peu de fraîcheur de temps en temps.

TEL EST PRIS...

William Hart de Montgomery County, au Texas, avait escaladé un pin de 18 m pour récupérer son cacatoès qui s'était échappé de sa cage. Incapable de redescendre, il a dû se faire hélitreuiller par les garde-côtes pour redescendre.

FROID DE CANARD

Deux jours après avoir mis au réfrigérateur un canard tout juste abattu par son chasseur de mari, une femme a subi le choc de sa vie en découvrant que l'oiseau bougeait encore. Il n'était en fait que blessé à une aile et aux pattes. Elle le conduisit illico chez un vétérinaire de Tallahassee, en Floride, où il fut soigné.

OIE BIGLEUSE

L'oie Guzzle a dû souffrir de myopie aiguë pour avoir réellement cru que ce balai à franges était sa mère lors de son séjour dans une clinique pour animaux dans le Kent, en Angleterre.

AU POIL !

Quatre petits hérissons orphelins d'un parc animalier du Hampshire, en Angleterre, ont longtemps pris cette brosse à récurer pour leur mère disparue, parce qu'elle en avait l'apparence, l'odeur et la rugosité.

DOUBLE JEU

En octobre 2006, un dauphin capturé au large de Wakayama, au Japon, était affublé d'une paire supplémentaire de nageoires.

PÉCHÉ DE GOURMANDISE

Après avoir accidentellement mis le feu à sa maison dans le Northumberland, en Angleterre, un bébé rottweiler a survécu en sautant dans la baignoire et en respirant l'air circulant dans la bonde. Dans la cuisine, en voulant attraper un morceau du gâteau au chocolat de son maître, Peggy avait allumé le poêle par mégarde.

OH ! LA VACHE

À Chandpur, en Inde, une vache a été surprise en train de dévorer des poulets. Croyant que des chiens étaient à l'origine de la disparition de 48 volailles en un mois, des fermiers locaux ont guetté toute une nuit pour se rendre compte qu'une vache était bel et bien l'auteur de ce massacre.

CHAT PERCHÉ

Les passagers du bus 331 à Wolverhampton, en Angleterre, ont voyagé tous les jours pendant trois mois et, à leur plus grande surprise, avec un chat qui montait dans l'autocar, s'asseyait devant et descendait deux stations plus loin, près d'un magasin de sandwich !

HYGIÈNE DOUTEUSE

La municipalité de Limuru, au Kenya, tente de garantir la propreté de ses rues en obligeant les artisans à faire porter des couches à leurs ânes.

PEAU DE CROCO

Afin de les observer au plus près, en Tanzanie, le zoologue américain Brady Barr se dissimulait chaque jour dans un costume de crocodile très ressemblant.

COUPE LE SON

Dès que le téléphone portable de Mme Zhang se met à sonner, son chien Dangdang jappe en rythme au son de la musique.

BOU LE HIBOU !

Dans un parc animalier du Hampshire, en Angleterre, 4 petites hulottes abandonnées ont trouvé le réconfort maternel en la personne de cette chouette en peluche, sous les ailes de laquelle elles se réfugient. Et qu'il faut parfois laver en raison des marques répétées d'affection.

COMME CHIEN ET CHAT

En 2007, une chienne, dans un village chinois, a donné naissance à deux chiots et à un chat. Ce dernier, malgré son apparence, jappait comme un chien et se comportait comme tel. Les vétérinaires de la ville de Jiangyan pensent qu'il s'agit d'une mutation génétique.

CHAT ALORS !

Quand Agui, un chat pékinois de 2 ans, se sent nerveux ou angoissé, ses miaulements sonnent comme s'il répétait inlassablement son prénom.

TEDDY MISSA EST

Les aboiements de Teddy, un golden retriever, font désormais partie des chants entonnés par les fidèles d'une église proche de Llanelli, au pays de Galles. En compagnie de sa maîtresse, Nona Rees, le chien se rend chaque dimanche à la messe et se joint aux autres lors des cantiques, s'endormant uniquement lors du sermon.

PETIT ET COSTAUD

Ce porcelet du Queensland, en Australie, pense-t-il sérieusement se transformer en taureau plus tard ? En attendant, Charlie le minuscule cochon sauvage a été adopté par 2 énormes bœufs qui l'ont pris en amitié, le laissant même se lover contre eux pour se réchauffer.

EN ROUE LIBRE

Pour remplacer sa patte cassée, une tortue du Longleat Safari Park, dans le Wiltshire, en Angleterre, s'est vu poser une jante et un pneu en caoutchouc.

DICO SUR PATTES

Un artiste new-yorkais est l'heureux propriétaire de N'kisi, un perroquet africain à poils gris, qui possède 950 mots à son vocabulaire et sait même faire des blagues. Un jour, voyant un autre perroquet la tête en bas sur son perchoir, il aurait dit : « Il faudrait prendre cet oiseau en photo. » Il sait aussi parler avec beaucoup d'à-propos et connaît tous les temps des verbes.

ÉTALON À TALENTS

Kariba, un étalon de 16 ans, avait pris pour habitude de faire chuter quiconque osait monter sur son dos. Emma Massingdale, une psychologue pour chevaux du Devon, en Angleterre, a trouvé la solution pour le calmer en lui proposant le football comme activité principale.

COU FRANC

Si elle n'avait pas ses valvules caractéristiques, une girafe devrait avoir un cœur aussi gros que son corps pour acheminer le sang jusqu'à sa tête.

PORC NICHÉ

Hui Hu, une chienne vivant à Chongqing, en Chine, avait perdu sa portée. Un cochon lui sert désormais de petit ; en plus de la téter, il la suit partout où elle va.

SOUS SON AILE

À Guiyang en Chine, un chihuahua femelle s'est pris de passion pour un poussin. Au lieu de prendre l'oisillon en grippe, la chienne le traite comme son propre petit et n'hésite pas à le ramasser dans sa gueule s'il s'aventure trop loin.

NEZ FIN POUR DAUPHINS

En Floride, une chienne a été entraînée pour détecter les dauphins morts ou blessés sur les plages. L'idée est venue au biologiste marin Chris Blankenship de dresser ainsi Cloud, un labrador, après l'hécatombe de 2005 quand 80 dauphins s'étaient échoués à Marathon Key. Parmi eux, 30 étaient morts déshydratés. Ils auraient pu être sauvés s'ils avaient été localisés à temps.

TOILE DE MAÎTRE

Au parc national de Lake Tawakoni au Texas en 2007, une toile d'araignée de 183 m de long a été découverte, prenant au piège des millions de moustiques. La toile s'enroulait autour de sept gros arbres et de dizaines de buissons.

ARGENT CONTENT

À Oakdale dans le Minnesota en 2007, de l'argent liquide a été retrouvé dans les excréments et les vomis du chien Pepper qui avait avalé le contenu du porte-monnaie de la mère de sa maîtresse, Debbie Hulleman. Le chien avait soit mâchouillé les billets, soit restitué par voie naturelle 647 $ des 750 $ subtilisés. La famille s'est empressée d'échanger l'argent souillé par des billets propres à la banque local.

ÉCUREUILS SURVOLTÉS

En une semaine, des écureuils ont mis le feu à la maison d'Alan Turcott, de Blue Island dans l'Illinois, en ravageant ou en mâchouillant des fils électriques extérieurs.

TAILLE RÉELLE !

Le plus gros crapaud buffle capturé dans les territoires nord de l'Australie près de Darwin en mars 2007 mesurait 20,5 cm et pesait 861 g. Introduit sur le continent en 1935 pour dévorer les scarabées qui s'attaquaient à la canne à sucre, il est devenu lui-même nuisible au fil des années, se reproduisant à l'envi, et empoisonnant d'autres espèces locales en raison de sa peau toxique.

TÊTE DE LARD

Un petit cochon est né en 2007 dans une ferme chinoise avec deux visages. Il avait une grosse tête supplémentaire, deux gueules et trois yeux.

BONNE PATTE

Né avec quatre pattes dans le Hampshire en Angleterre, le canard Stumpy n'a pas trop souffert d'en perdre une dans une clôture. Son anomalie génétique lui permet toujours, grâce à sa patte supplémentaire, de courir plus vite que ses congénères quand vient la saison des amours.

BIEN NEZ

En 2007, à Merrill dans le Wisconsin, Lucy, veau femelle, est née avec deux naseaux fonctionnels superposés. Son propriétaire, Mark Krombholz, s'en est rendu compte en la nourrissant avec un biberon de lait.

HISTOIRE DE FAMILLE

Au zoo de Guangzhou en Chine, trois bébés tigres rejetés par leur mère à la naissance se sont entichés d'un cochon femelle qu'ils tètent allègrement et avec la famille de laquelle ils jouent tout le temps.

SURÉQUIPÉ

Un cochon né en Croatie en 2007 a presque tout en double. Surnommé Octopig, l'animal possède 6 pattes, 2 pénis et 2 anus. Son propriétaire, le fermier Ivica Seic, a décidé d'en faire un animal de compagnie.

CLOU DU SPECTACLE

Lassé d'être attaqué en permanence par un hibou teigneux, Yang Decai, de Hunan en Chine, porte désormais un chapeau piqué de clous.

FORCE 7

En 2007, un agneau néo-zélandais est né à Christchurch avec sept pattes, un cas très rare de polydactylie (un animal à plusieurs membres)

DOUBLE MIXTE

Howard Gentry pensait que les huit pattes apparaissant lors de la mise à bas de sa vache appartenaient à deux veaux. En fait, c'est un seul animal qui apparut ce jour de 2007 à Glasgow dans le Kentucky. Un veau immédiatement mort-né.

ÉLAN DU CORPS

En mars 2007, un élan a chargé un hélicoptère volant à basse altitude, le forçant à se poser en catastrophe près de Gustavus en Alaska. Ne supportant pas le tranquillisant qu'on venait de lui injecter via une fléchette, l'animal a détruit l'hélice arrière, contraignant l'appareil à toucher terre.

MER VEILLÉE

Ferrucio Pilenga de Bergame entraîne des terre-neuve à sauter d'hélicoptère pour y porter secours aux noyés. Lui et son équipe de chiens patrouillent le long des plages italiennes où ils ont déjà sauvé de nombreuses vies.

EAU SECOURS

Un terre-neuve de 89 kg est la nouvelle recrue des sauveteurs en mer de Cornwall en Angleterre. Bilbo a déjà fait ses preuves en bloquant le passage à une touriste qui nageait vers une zone à forts courants. Le chien a son propre gilet de survie où se déclinent des messages de sécurité.

PRIS SUR LE VIF

Jürgen Perthold était curieux de savoir ce que son matou, Mr Lee, faisait de ses journées. Il lui a confectionné un collier équipé d'une caméra qui allait lui révéler tous les petits secrets de son animal.

« Il part en vadrouille toute la journée, confie M. Perthold. Parfois, il rentre affamé ou repu, parfois il porte des traces de bagarre. Il lui arrive même de revenir au petit matin. Cela m'a donné l'idée de l'équiper d'une caméra. »

Au début, M Lee n'était pas d'accord pour porter sa « chat-méra », mais il s'y est vite habitué. Depuis, ses aventures à proximité de chez lui, à Anderson en Caroline du Sud, ont attiré la curiosité du monde entier.

La caméra pèse 70 g et prend une photo toutes les minutes pendant quarante-huit heures. On y voit Mr Lee patientant longuement sous les mangeoires à oiseaux, explorant des garages, caché sous des voitures avec d'autres chats, et même une rencontre avec un serpent. Apparemment, le matou aurait une petite amie, convoitée par d'autres chats.

Mr Lee n'est pas le seul félin à exposer ses aventures sur film. À Los Angeles en Californie, Julie Peasley a également équipé d'une caméra ultralégère le collier de son chat gris-blanc Squeaky. Très vite, elle a découvert que l'animal adorait se cacher dans le sous-sol de ses voisins.

Avec la « chat-méra », les chats peuvent dire adieu à leur intimité !

Caméras cachées

BOUSE DE LÀ
Pour les besoins d'un documentaire intitulé *Dans l'intimité des éléphants*, une caméra contrôlable à distance a été dissimulée dans des excréments secs de pachyderme. Un éléphant n'y a vu que du feu, s'est emparé du tout et s'est promené avec, donnant des images inédites.

LONGUE VUE
En 2004, des scientifiques ont accroché des caméras miniatures sur le dos des pingouins. Ils ont découvert ainsi que, pour se nourrir, les animaux plongeaient toujours au moins à deux pendant environ un quart de leur descente.

SIMILI REQUIN
Pour espionner les requins dans leur milieu naturel, un robot requin équipé d'une caméra a été construit par la BBC.

PIGEON VOYAGEUR
Dans les années 1970, la CIA équipait de caméras ultralégères des pigeons qu'elle lâchait au-dessus d'objectifs ennemis potentiels. Au préalable, un test effectué au-dessus de Washington D.C. avait échoué au bout de deux jours : la caméra était trop lourde et le pigeon avait dû abandonner son vol.

VOL MAJESTUEUX
En fixant une caméra miniature de 25 g sur un aigle royal, des producteurs de télévision ont récupéré des images sublimes du volatile en plein vol.

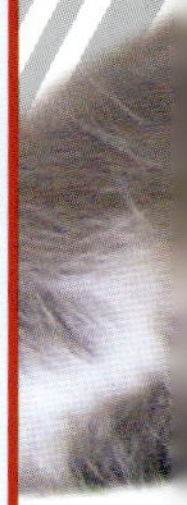

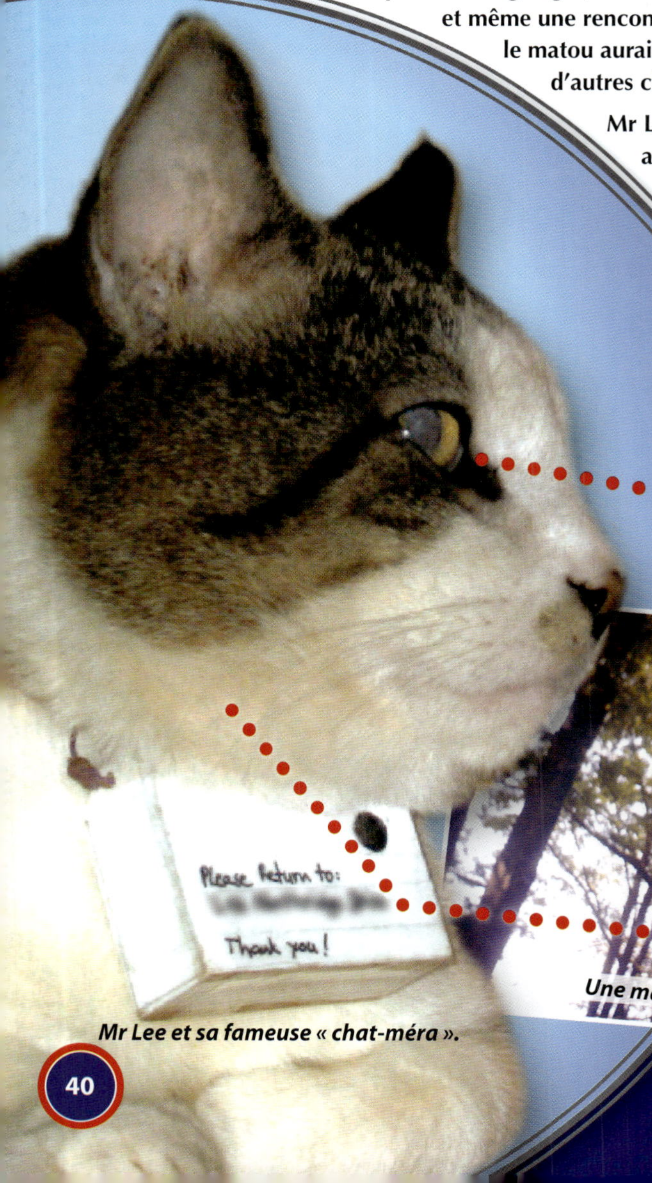

Mr Lee et sa fameuse « chat-méra ».

Une mangeoire à oiseaux inoccupée...

Des serpents vivants !

Ripley's L'interview : Julie Peasley

Squeaky et sa caméra.

Pourquoi avez-vous équipé Squeaky d'une caméra ? En 2005, Squeaky a disparu pendant trois jours. Comme c'est un chat d'extérieur, je ne sais pas ce qu'il fait de ses journées. J'ai donc voulu savoir où il allait. Avec la caméra, je peux enfin me tenir au courant, tout en étant sûre de ne pas le perdre.

Vous avez fabriqué vous-même la caméra ? Non, c'est une caméra espion que je me suis procurée sur Internet pour environ 50 $.

Squeaky a t-il été réticent à la porter ? Il a à peine remarqué la présence de son nouveau « bijou » et, après quelques jours, il n'y faisait même plus attention.

Vous l'avez déjà souvent utilisée ? Environ cinq ou six fois. La première chose que je fais en me levant est de lui attacher la caméra, car c'est le moment où il sort et entame sa tournée.

Quelle est l'image la plus surprenante qu'il a rapportée ? Celle du gamin des voisins regardant à travers la fenêtre de mon appartement. Le petit a deux ans.

Squeaky fait-il des bêtises lors de ses sorties ? Il y a beaucoup de luttes pour le territoire avec d'autres chats. Et si vous considérez que s'introduire à l'improviste chez un voisin par une fenêtre entrebâillée est une bêtise, alors oui, Squeaky en fait ! Sans compter les nombreux animaux qu'il rapporte : lézards, queues de lézard, rats, oiseaux, souris, papillons, sauterelles, chenilles.

Quelle est la photo prise par Squeaky que vous préférez ? C'est difficile à dire. En fait, j'aime toutes celles où l'on voit son menton et ses moustaches, qui donnent un point de vue très félin aux photos.

Quels sont les endroits favoris de Squeaky ? Il adore se promener en haut sur le balcon et dans n'importe quel appartement pour peu que la porte soit ouverte. Il aime beaucoup la maison et le sous-sol de mes voisins. Il se cache aussi sous les voitures, dans le jardin, les haies, derrière l'immeuble. Il flâne souvent vers l'abri du garage. Si sa patte peut [illegible] un endroit, il y va.

C'est la jungle ici !

Ami ou ennemi ?

Tiens, un trou...

SAUCISSE PARTY

En 2007, un énorme cochon sauvage de 475 kg et 2,85 m de long a été abattu en Alabama par un garçon de 11 ans. Pendant trois heures, Jamison Stone a poursuivi le monstre armé d'un pistolet. La huitième balle a été fatale à la bête dont la dépouille a donné 2 800 saucisses.

PUNAISES ÉPINGLÉES

Bill Whitstine de Safety Harbor, Floride, apprend à ses chiens à dénicher les punaises. L'une de ses « élèves », une ravissante beagle du nom d'Abbey, est tellement douée qu'elle s'assoit près du nid qu'elle indique de sa patte.

LE COU DU RISQUE

Le « toutou flotteur » est un collier gonflable qui permet aux chiens californiens ne sachant pas nager de profiter des joies de l'eau. Il est même orné de diodes lumineuses pour les localiser à la nuit tombée.

POISSON TATOUÉ

À Singapour, on peut tatouer son poisson. Un laser dessine tout un tas de motifs, comme un cœur, des pois ou des rayures. Le tatoueur certifie que le procédé n'est pas dangereux pour l'animal.

COLLEY SERRÉ

Kyle, un colley de 14 ans presque aveugle et sourd, a survécu à une chute de 15 m après être tombé d'une cascade en Écosse, ironiquement baptisée la Chute des chiens, parce que le plan d'eau où elle se déverse a la forme d'une patte canine.

CHAUVE QUI PEUT

Bien que les chauves-souris préfèrent les insectes, celles d'Amérique du Sud et Centrale excellent dans l'art de la pêche. Elles remontent les poissons pris au piège de leurs griffes acérées.

MONNAIE DE SINGE

Les singes participent activement à l'industrie de la noix de coco en Thaïlande, en grimpant dans des endroits inaccessibles pour faire tomber des centaines de fruits par jour.

TAUREAU ZÉLÉ

L'attraction principale du zoo de la ville de Guangzhou, en Chine, est son taureau à cinq pattes qui, hormis cette excroissance, ressemble à n'importe quel autre taureau.

LOUP Y ES-TU ?

Un loup capturé en Albanie en 2007 s'est révélé bien moins dangereux que prévu. L'âne placé dans sa cage en guise de nourriture est tout simplement devenu son meilleur ami.

PROPRETÉ EXIGÉE

Des chercheurs ont découvert que les gorilles des plaines africaines occidentales ont de bonnes manières. Après leur repas, les grands singes s'essuient les pattes et le visage avec des feuilles, comme les humains avec des serviettes.

TROMPE LE MONDE

En 2007, des automobilistes de l'État d'Orissa en Inde ont rapporté qu'un éléphant refusait de les laisser passer sans contrepartie. Le pachyderme se mettait au milieu de la route et ne bougeait qu'en échange de légumes ou de bananes.

CHIEN SAUVEUR !

Un chihuahua a sauvé la vie d'un bébé d'un an. Le petit Booker West jouait dans le jardin de ses grands-parents, dans le Colorado, quand un serpent à sonnettes s'est montré menaçant. Le chien s'est interposé, s'est fait mordre à la place de l'enfant, mais a survécu.

TERRE RONGÉE

En 1900, on estimait à 400 millions le nombre d'animaux qui peuplaient une région du Texas d'une superficie de 64 750 km^2 !

BAISER MUSQUÉ

Parce qu'elle lui a sauvé la vie en l'arrachant à un cirque itinérant, Ana Julia Torres, propriétaire d'un refuge pour animaux à Cali, en Colombie, a droit à la reconnaissance éternelle de Jupiter. Le lion pose tendrement ses pattes autour du cou de la dame et l'embrasse sans retenue.

TOUT OUÏES

Geronimo, le lapin d'une famille de Bakersfield, en Californie, possède une paire d'oreilles de plus de 76 cm de long.

CLOWN DU SPECTACLE

Un zoo allemand a fait appel à un clown pour ses gorilles, orangs-outangs et chimpanzés. Des études ayant prouvé que les singes avaient tendance à tomber malades ou à devenir agressifs quand ils s'ennuyaient, la direction a engagé Christina Peter, clown de la région, pour les amuser.

DO YOU SPEAK CHIEN ?

Lorsque Milo le jack russell terrier est tombé dans un égout, en Angleterre, il a fallu que ses sauveteurs lui parlent français : le chien, qui avait appartenu jusque-là à une famille française, ne comprenait pas un mot d'anglais.

Ripley's Ailes ou pas ailes ?

On signale régulièrement l'apparition de chats ailés.

En 1966, dans la ville d'Alfred, au Canada, on a prétendu qu'un chat ailé s'attaquait aux animaux de ferme. Quand l'animal fut abattu, on découvrit que ses « ailes » n'étaient que des touffes de poils entremêlés. Il avait de plus la rage, d'où son comportement bizarre.

La propriétaire chinoise du chat ci-dessus en est convaincue : si des ailes lui ont poussé, c'est parce qu'il a été harcelé par des femelles en chaleur. La véritable explication tiendrait plutôt à une mutation génétique ou à une malformation héréditaire, l'asthénie cutanée. Celle-ci affecte la peau du chat, qui devient anormalement élastique au niveau des épaules, du dos et de l'arrière-train, et se met à former des plis ou rabats en forme d'aile.

Chat pousse !

Mme Feng, une mamie de Xianyang, en Chine, a vu avec stupéfaction la paire de bosses apparue sur le dos de son chat laisser place en moins d'un mois à des ailes de 10 cm. Pourvues selon ses dires d'une ossature, ses ailes le font ressembler à un « ange félin »

PERROQUETS RADARS

Durant la Première Guerre mondiale, des perroquets furent installés sur la tour Eiffel pour signaler l'approche de l'aviation allemande. Leur ouïe leur permettait de détecter les avions ennemis bien avant qu'ils ne soient en vue.

L'AVALEUR EN SÉRIE

Taffy, un springer spaniel, a dû se faire opérer après avoir avalé 40 slips ! Ce chien de 18 mois, appartenant à un vétérinaire du Staffordshire, a aussi dévoré plus de 300 chaussettes, détruit 15 paires de chaussures et englouti les clés de la Mercedes familiale.

LÉVRIER DOUBLE

Wendy, une chienne canadienne, souffre d'une mutation génétique accélérant sa croissance musculaire. Du coup, elle fait deux fois le poids d'un lévrier whippet normal.

NAISSANCE MARTEAU

Des scientifiques ont découvert que les requins-marteaux pouvaient se reproduire sans copuler. Ils ont observé qu'un requin femelle du zoo Henry Doorly, au Nebraska, avait donné naissance à un petit en 2001 sans aucun contact avec un mâle.

Boule de laine

Victa était recouvert d'un manteau laineux cinq fois plus lourd que le reste de son corps. Parqué dans un jardin de Melbourne, il n'avait pas été tondu depuis trois ans et commençait à ne plus pouvoir baisser la tête pour manger. Heureusement, les services vétérinaires sont venus à son secours et lui ont fait subir une tonte bien méritée. Depuis, ça va beaucoup mieux !

TORTUES SIAMOISES

Au vivarium d'East Norriton, Pennsylvanie, on peut voir une tortue à deux têtes, qui possède deux paires de pattes avant, mais une seule paire de pattes arrière et une seule queue.

Ripley's Une ou deux bêtes ?

Chez les animaux comme chez les humains, on parle de jumeaux fusionnés (ou siamois) quand le processus de division d'un embryon en deux jumeaux identiques n'arrive pas à son terme, laissant la séparation incomplète. Nous sommes donc en présence de tortues siamoises.

Ripley's Couple mixte

Issue d'une jument et d'un zèbre, Eclyse est la preuve que l'on hérite à la fois des gènes de son père et de sa mère. Si en général les hybrides zèbre-cheval ont des rayures sur tout le corps, Eclyse n'est que partiellement zébrée.

C'EST UN ZÉBRULE !

Les visiteurs du parc animalier allemand où elle gambade ne savent pas trop quoi penser d'Eclyse, son attraction vedette. Elle a la tête et l'arrière-train rayés d'un zèbre, tandis que le reste de son corps est blanc comme neige. La raison de cette étrange apparence ? Eclyse est un « zébrule » : son père est un zèbre, sa mère une jument. Mais, par un caprice de la nature, Eclyse a la particularité de ne pas être entièrement zébrée, ce qui lui donne son allure unique.

Ô MIRACLE

Christmas, un hamster de Dagenham, Angleterre, a été ressuscité après un début de cuisson accidentelle, lorsque le four sur lequel était posée sa cage fut allumé par erreur. À l'arrivée des pompiers, il gisait sur le dos, pattes en l'air, langue pendante. Mais grâce à un peu d'oxygène, un petit massage ventral et quelques gorgées de jus d'orange, il est revenu à la vie.

TOUTOU GÂTÉ

À New York, Leona Helmsley, qui avait fait fortune dans l'industrie hôtelière, a laissé 12 millions de dollars à Trouble, son terrier de Malte. Elle a aussi prévu qu'à sa mort il serait inhumé à ses côtés.

PLANQUE TRANQUILLE

Un chat du New Jersey a survécu à un incendie en 2007, caché dans un meuble. Ses maîtres le croyaient mort, mais ils eurent la surprise de le retrouver vivant, tout au fond du canapé.

LE BAISER DE LA VIE

Un homme a sauvé la vie de son chiot, un bouledogue femelle, tombé dans un lac gelé du Nebraska après s'être imprudemment lancé à la poursuite de canards. Lucy avait déjà la gueule et les pattes bleues lorsque Randy Gurchin l'a sortie des eaux glaciales. Plaçant sa bouche contre son nez, il lui a insufflé de l'air dans les poumons tout en lui massant le ventre.

AU BOULOT, BABAR !

En mars 2007, les édiles de Barisal, au Bangladesh, ont fait appel aux éléphants d'un cirque pour les aider à démolir des constructions illégales. Manquant d'engins de chantier, ils se sont rabattus sur les pachydermes, qui ont tout aplati en quelques minutes.

MOTIFS CONTRÔLÉS

La femelle du lézard à flancs tachetés d'Amérique du Nord est capable de contrôler les motifs du camouflage de sa progéniture en variant le taux d'hormones qu'elle libère dans ses œufs.

AVOCAT POUR CHIEN

Alex, 13 ans, un golden retriever de Memphis, Tennessee, a bénéficié d'un avocat pour déterminer qui le garderait, son maître étant mort.

MIAOU, C'EST MOI

Janvier 2006, 20 mois après avoir disparu au cours d'une tornade, Harley le chat a reparu chez ses maîtres à Hallam, Nebraska.

POUVOIRS SPÉCIAUX

Les souris mutantes créées par des scientifiques de Philadelphie sont capables de réparer leur nerf spinal sectionné.

ALERTE ABEILLES

Malgré l'épaisseur de leur peau, censée les protéger de toute piqûre, des études ont montré que les éléphants d'Afrique prenaient le large par troupeaux entiers quand ils détectaient des bourdonnements d'abeilles. Et si l'une d'elles leur rentre dans la trompe, ils deviennent fou.

SOS COCCINELLES

Dans les jardins d'une résidence new-yorkaise, on a procédé en octobre 2007 au lâcher de 720 000 coccinelles pour éliminer les insectes indésirables.

NOMS D'OISEAUX

Au zoo de Changsha, en Chine, un mainate a été placé à l'isolement, vu sa grossièreté à l'égard des visiteurs. Ayant traité certains touristes d'idiots et de mochetés, Mimi a été placé 15 jours dans le noir. On lui a fait écouter des enregistrements de conversations polies afin de tenter d'améliorer son langage et ses manières.

FOURMIS AGRICOLES

Des fourmis d'Amérique du Sud sont capables de cultiver leur propre nourriture. Elles ramassent feuilles et végétaux, les rapportent chez elles et les mâchent jusqu'à obtenir une sorte de compost, qu'elles étendent sur le sol de leurs galeries. Il y pousse ensuite des champignons dont elles se nourrissent.

IMITATEURS EXPERTS

Les oiseaux-lyres d'Australie sont capables d'imiter une large variété de sons : chants d'autres oiseaux, aboiements, alarme de voiture, et jusqu'au hurlement d'une tronçonneuse !

Danse avec les bisons

Certaines familles ont un chien, d'autres un chat… Les Bridges, de Quinlan, Texas, ont choisi un animal de compagnie tout à fait inhabituel – un bison de 590 kg nommé Wildthing.

Wildthing a sa propre pièce dans la maison, où il dort et prend ses repas. Il est tellement bien apprivoisé qu'il suit partout son maître, R. C. Bridges, avec qui il lui arrivait même de danser lorsqu'il était petit. En 2007, toute la famille a fêté ses deux ans, dans sa « chambre » décorée de rubans, lui offrant un gâteau d'anniversaire à base de fourrage, surmonté d'un glaçage en forme de bison et d'une bougie.

Cow-boy depuis l'enfance, R. C. a adopté son bébé bison en 2005. Avec l'aide de son fils Lloyd, il a « débourré » le jeune bovin, pourtant déjà capable de ruades dignes d'un animal adulte. R. C. lui a appris à tirer une charrue. Wildthing se fait aussi un plaisir de tracter la fille de R. C., sur son traîneau, et Will, son frère, à skis.

« Wildthing a tellement d'énergie et de caractère », avoue Sherron, l'épouse de R. C., qui confie que l'animal aime aussi jouer avec un ballon de basket et prendre des bains. Wildthing est hélas devenu trop gros pour danser – sans compter qu'il lui reste près de 350 kg à prendre avant d'atteindre son poids de bison adulte.

R. C. Bridges a commencé à dresser Wildthing dès que l'animal a eu deux mois.

Wildthing, dans ses appartements, attaque son gâteau d'anniversaire.

Lorsqu'en 2006, R. C. et Sherron ont renouvelé leurs vœux de mariage, ils se sont fait prendre en photo au côté de Wildthing, choisi comme garçon d'honneur

Wildthing passe la plus grande partie de ses journées à l'intérieur, mais il dispose aussi d'un enclos dans le jardin.

Wildthing et R. C. sont inséparables. Quand son maître s'assied, Wildthing se couche près de lui.

Le témoignage de Sherron

« Si l'on s'absente pendant quelques heures, Wildthing se met à beugler dès que la camionnette réapparaît dans l'allée. On l'entend gronder, il se met à courir et à bondir d'excitation quand il aperçoit R. C. au volant. Ses grognements, c'est sa façon à lui de demander à R. C. de venir le nourrir, le brosser ou le bouchonner. Tant qu'il sait que R. C. est là, tout va bien.

Wildthing se sent blessé lorsque R. C. lui refuse l'entrée de la maison. Il boude même en s'éloignant ou va s'allonger à l'écart. Quand il est trop excité, on ne le laisse pas rentrer, parce qu'il est alors capable de blesser quelqu'un d'un simple mouvement de tête, même si c'est juste pour signifier qu'on doit lui ficher la paix. S'il se fait réprimander par R. C., pour s'être frotté contre les murs ou avoir donné un coup de corne dans une fenêtre, il fait la tête.

Un bison en bonne santé peut vivre 40 ans. Nous serions perdus s'il arrivait quelque chose à Wildthing, et réciproquement. »

Les Bridges en compagnie de leur gros bébé. Sa croissance est loin d'être terminée !

BICOLORE

Peavey, le cheval d'Ann Huth-Fretz, de Tiffin, Ohio, a des yeux de deux couleurs distinctes, diamétralement séparées !

GARE AU SERPENT

Le jour où une vipère s'est glissée dans l'unité de soins intensifs de l'hôpital croate où Miko Vukovic, 80 ans, récupérait d'une opération du cœur, le vieil homme a bondi de son lit et l'a estourbie à coups de canne.

SAUVETEUR CANIN

Jango, un golden retriever de Trail, en Colombie-Britannique, a sauvé les Unger d'un incendie, aboyant lorsque la maison familiale s'est emplie de fumée. Puis il a continué à aboyer pour guider ses maîtres à travers les flammes.

MALIN, LE CHAT !

Un enfant de 9 ans souffrant de diabète a été sauvé par son chat. Mel-O a grimpé sur le lit d'Alex Rose, dans leur maison de Morinville, au Canada. Il est monté sur sa poitrine, lui a donné de petites tapes sur le visage et lui a ronronné aux oreilles jusqu'à ce qu'Alex se lève pour aller retrouver sa mère. Elle s'est alors aperçue que son taux de glucose était très bas. Personne n'a compris comment Mel-O avait pu détecter cela.

MÉLOMANES À CORNES

Des fermiers roumains ont réussi à augmenter leur production laitière en faisant écouter de la musique à leurs vaches, installant des lecteurs CD dans les étables.

CHIEN ALPINISTE

Un chien a survécu deux semaines sur une plate-forme formant saillie dans une falaise du Devon, à 30 m au-dessus du sol, se nourrissant d'oiseaux morts et s'abreuvant à une petite cascade. Bush, un staffordshire bull-terrier, était tombé de la falaise en poursuivant un cerf.

MÉDUSÉS

En novembre 2007, des millions de méduses ont envahi une ferme piscicole d'Irlande, tuant plus de 100 000 saumons.

PASSAGER CLANDESTIN

Arrivée à son hôtel près des chutes du Niagara, après deux heures de vol depuis le Nouveau-Brunswick, Mary Martell a eu la surprise, en ouvrant sa valise, de découvrir son chat Ginger, qui s'y était caché et avait échappé aux contrôles à l'aéroport.

DAUPHINS SECOURISTES

Des dauphins ont sauvé Todd Endris de l'attaque d'un requin, au large de Monterey, en Californie. Ils ont éloigné le squale et entouré le jeune surfeur de 24 ans jusqu'à l'arrivée des secours. Endris avait subi les assauts répétés de ce grand requin blanc de 4,5 m de long, prêt à lui dévorer la jambe droite avant qu'il ne se dégage. Alors que le requin revenait à la charge, plusieurs dauphins sont venus à sa rescousse, tenant en échec le prédateur. Devant la presse, Endris a qualifié son sauvetage de « pur miracle ».

TROP, C'EST TROP !

Un pêcheur à la ligne a décidé de vendre son chien, qui le vexait en réussissant mieux que lui. Les rares fois où Slobodan Paparella remontait un poisson devant ses copains, Lipi, son setter irlandais, se jetait à l'eau et en attrapait des douzaines.

DOUBLE FACE

Un veau nommé Star a récemment vu le jour dans une exploitation laitière de Rural Retreat, en Virginie. Cette étonnante créature possède trois séries de dents, deux mâchoires inférieures, deux langues, une seule bouche mais deux paires de nasaux avec des voies respiratoires distinctes, et une seule orbite contenant ses deux yeux !

Drôles d'yeux

À Riyad, en Arabie saoudite, vit un chat aux yeux vairons : l'un est de couleur bleue, l'autre vert. Comme de juste, il est issu d'un croisement persan/siamois.

FAIS LE BEAU
Le propriétaire d'une épicerie de Suzhou, en Chine, habille son chien en jean et t-shirt pour accueillir les clients. Le chien aboie aimablement à leur arrivée et incline la tête lorsqu'ils repartent.

UN LION DANS LE RÉTRO
Les automobilistes de Wakefield ont l'habitude d'être coursés par des chiens, mais rarement par un lion. En novembre 2007, le shérif du comté de Pike a reçu un appel lui signalant qu'un lion « attaquait » les véhicules circulant sur l'US 23. Lambert, un fauve de 250 kg, s'était échappé de son enclos.

ILS ONT DU NEZ
Une société basée à Londres a lancé un parfum et un shampoing pour chien, « Petite Amande », aux senteurs de cassis, de mimosa, de vanille et d'amande, étudié pour séduire l'odorat canin.

CHAT POTÉ
Un chat a survécu 19 jours la tête coincée dans un pot de beurre de cacahuète. Amaigri et affaibli, ce chat haret a été sauvé par les Cain, de Bartlett, dans le Tennessee, qui ont réussi à le délivrer en lubrifiant le pot avec de l'huile.

SUPER MOUSTIQUE
Croyez-le ou non : la patte d'un moustique peut supporter 23 fois son poids.

HORS COMPÉTITION
Les championnats du monde 2007 du plus gros mangeur de tartes ont été gravement perturbés par le chien de l'organisateur. Alors que Dave Williams, vainqueur de l'édition 1995, conservait les précieuses tartes chez lui, dans le Lancashire, son chien Charlie a réussi à s'en approcher, pour en dévorer une bonne dizaine.

Ripley's Pour en savoir plus

DOUBLE TÊTE : La naissance d'animaux à deux têtes ou à deux faces est liée le plus souvent à une malformation qualifiée de bifurcation axiale ou de polycéphalie. Elle survient lorsque l'embryon est endommagé dans l'utérus, lésion qui entraîne le développement en double de certaines parties du corps. Les animaux polycéphales font rarement de vieux os…

TRIPLÉS MANCHOTS : La malformation congénitale dont souffrent les trois chihuahuas est due semble-t-il à une forte consanguinité – c'est-à-dire trop de croisements à partir d'une même souche. Si les éleveurs s'en servent pour maintenir certaines caractéristiques des races, cela peut parfois aboutir à des désordres génétiques ou à des tares physiques. La preuve.

YEUX BICOLORES OU VAIRONS : On appelle hétérochromie la différence de couleur entre deux yeux. Elle est due à un excès ou un manque de pigments, qui peut être héréditaire, provoqué par une mutation, lié à un accident… L'hétérochromie à l'intérieur d'un même œil est rarissime.

Triplés manchots

Ces triplés sont nés en 2007 sans pattes de devant – une première mondiale. Mis en pension dans un refuge new-yorkais, nos trois courageux petits chihuahuas ont appris grâce à un physiothérapeute à renforcer leurs muscles et ils sont aujourd'hui capables de se dresser et de sautiller sur leurs pattes arrière.

Tiré par les poils !

Victoria Pettigrew détestait jeter les touffes de poils restées sur la brosse quand elle bichonnait son chow-chow. Un jour, elle a décidé d'en faire du fil à tricoter. Aujourd'hui, suivant son exemple, de nombreux Américains se parent des poils de leur animal favori.

En 2001, à la mort de Karly, son lhassa apso adoré, Victoria conserva la fourrure de l'animal. À partir de ses poils, elle se tricota une écharpe. Depuis, elle a créé son entreprise : VIP Fibers, à Denton, Texas. Ses clients lui envoient du poil de chien ou de chat et, en retour, ils reçoivent des mitaines, une écharpe, une couverture, un coussin… Un genre d'articles apparemment très apprécié de ceux qui veulent garder un souvenir de leur compagnon… à poil !

Les poils ont besoin d'être nettoyés en profondeur pour ne pas sentir le chien mouillé. Ils sont d'abord passés au shampoing, puis on élimine l'enzyme responsable des mauvaises odeurs. Enfin, les poils sont assouplis et traités à l'après-shampoing.

Victoria file aussi bien le crin de cheval que la laine d'alpaga, la fourrure de lapin que le poil de hamster – une couverture en poil de hamster n'est cependant pas envisageable, à moins d'un massacre !

Le poil est démêlé, puis transformé en fil. Il subit un nettoyage complet.

Victoria a tricoté pour son ami Gary un bonnet en poils de chat : ceux de Teddie.

L'interview

Quelle quantité de fil VIP Fibers a-t-elle produite en sept ans d'existence ? À ce jour, on a en fabriqué 1 400 km. On s'en est servi pour créer des centaines, voire des milliers de vêtements.

Fabriquez-vous chaque article vous-même ? L'entreprise a eu jusqu'à quatre employés, mais aujourd'hui elle n'en a plus qu'un. Mon mari, Stephen, vient s'occuper à mi-temps du cardage du poil. Je fais tout le reste.

Faut-il beaucoup de poil pour confectionner un pull ? Pour un gros pull de base, il faut en général un bon kilo de fibres. Mais on conseille à nos clients de ne pas se servir uniquement de « cachemire canin », le poil de chien étant jusqu'à 80 % plus chaud que la laine. Dans un pull en pur poil de chien, nos clients étoufferaient !

Avez-vous des préférences en matière de fourrure ? J'aime surtout celle des animaux qui ont été choyés par leur maître. Ce sont ceux qui ont la fourrure la plus douce.

Quel est l'objet le plus dingue qu'on vous ait commandé ? C'était pour une émission de télé : des slips en poil de chien.

Quelle est la fourrure la plus insolite qu'on vous ait confiée ? Celle d'un tigre du Bengale.

SURF CANIN

Les surfeurs à quatre pattes ont l'occasion de s'illustrer chaque année aux championnats organisés à Coronado Bay Resort, en Californie. 47 chiens y ont pris part en 2007, répartis en deux sections : l'une pour les chiens surfant seuls, l'autre pour ceux qui partagent leur planche avec un humain. Les récompenses vont du panier de friandises canines au repas gastronomique pour chien servi au restaurant !

ATTAQUE DE TIGRE

Un chien errant a connu une belle frayeur en janvier 2008, après s'est aventuré dans la fosse aux tigres du zoo de Memphis, Tennessee. Cette femelle labrador a sauté par-dessus la balustrade, franchi un muret et traversé les douves à la nage jusqu'au centre de l'enclos, où elle a été attaquée par un tigre de Sumatra. À coups de cornes de brume et de fusées d'alarme, les employés du zoo ont réussi à distraire l'attention du félin, et le chien s'en est tiré avec quelques égratignures.

TROP LOURDS

Les jeunes fous de Bassan avalent tellement de poisson qu'ils sont incapables de voler. Au sortir du nid, ils doivent faire deux semaines de régime avant de pouvoir prendre leur envol.

MOUTON STOP

Trop âgé pour mener son troupeau à pied, George Zokos, un berger grec, est parvenu à dresser ses moutons à suivre sa voiture.

FAUX ENTERREMENT

On a découvert que l'écureuil gris simulait l'enfouissement d'aliments afin de tromper l'ennemi. Pour protéger ses vraies réserves de nourriture hivernale, l'écureuil joue la comédie, faisant semblant d'enterrer des graines, qu'il recouvre même de terre pour abuser les observateurs indiscrets.

Scarabée Géant

Ce coléoptère dépasse en longueur la main d'un homme adulte. Le Titanus, qui vit dans la forêt amazonienne, mesure jusqu'à 21 cm antennes incluses. Ses mandibules sont si puissantes qu'elles peuvent trancher un crayon ou cisailler la chair humaine.

Caveau de famille

DISTINGUÉ

Harry Lucenay possédait dans les années 1930 un chien à monocle nommé Pete. Son étonnant signe distinctif a permis à Pete de tourner une série de films courts qui ont eu beaucoup de succès.

COUP DOUBLE

En mars 1932, un vétérinaire du Kentucky, M. T. Cook, aida à naître ces veaux siamois chez Gravil Cornett, à Dione.

CHAT A DU STYLE

◀ Mickey, un chat de Malte, était gratifié chaque année au moment de Pâques par son maître, Joseph Orlando, d'une nouvelle garde-robe. Ci-contre, un aperçu de la collection 1950, avec manches bouffantes et chapeau à plume.

CHIEN SHÉRIF

Dans les années 1950, des frères jumeaux d'East Falls, en Pennsylvanie, furent les heureux propriétaires de Rip, un chien noir avec sur le poitrail une étoile blanche de forme parfaite.

MOUTON CLOWN

Au début des années 1930, Clarence Bosworth, un Californien, possédait un mouton capable de marcher en équilibre sur ses pattes avant.

CRÊTE À CORNES

Propriété dans les années 1930 de Jesse Parker, de Dequeen, ce coq arborait une belle paire de cornes au sommet de la tête.

BIG MATOU

Ce chat de belle taille photographié en 1935 vivait chez A. M. Turner, à Wimbledon. Il atteignit l'énorme poids de 16 kg.

PIÈGE À RAT

Au cours de l'hiver 1934, C. H. Watson, de l'État de New York, découvrit ce rat mort gelé. Fatale erreur : le rongeur avait léché une barre de fer recouverte de glace.

PRISE DE BEC

La coopérative de Millbank, dans le Dakota du Sud, abritait en 1932 un poulet sans bec.

DOUBLE TRUFFE

Ce setter à double truffe appartenait à John Glenn, de l'Arkansas, dans les années 1940.

ACROBATES CANINS

Au cours des années 1950, Elmer venait prendre son service chaque matin dans une entreprise de bâtiment du Connecticut. Il était capable de monter à l'échelle et de grimper sur les toits.

Ted, un terrier de 4 ans, qui appartenait à Bill Vandever, de Tulsa dans l'Oklahoma, escaladait les arbres pour aller chercher sa baballe.

PERROQUET GÉNIAL
Alex, un perroquet gris d'Afrique, était capable d'identifier 50 objets différents, 7 couleurs, 5 formes, et il avait la notion des quantités, jusqu'à 6. Son propriétaire, le docteur Irene Pepperberg, prétendait qu'il avait l'intelligence d'un enfant de 5 ans. Alex est mort en 2007. Ses derniers mots : « Sois sage. À demain. Je t'aime. »

DROGUÉ À L'HERBE
Un chien de l'Oxfordshire a dû être opéré pour ne pas mourir, les vétérinaires s'étant aperçus qu'il avait une livre d'herbe dans l'estomac. Pie, un croisement rottweiler-berger allemand, était devenu tellement accroc à l'herbe qu'il n'arrivait plus à digérer et qu'il avait triplé de volume.

CHIENNE D'ÉPOUSE
En 2007, pour réparer la cruauté dont il avait fait preuve à l'égard de la race canine, un fermier indien de 33 ans s'est uni à une chienne lors d'une cérémonie hindoue dans le Tamil Nadu. L'épouse, bien toilettée, portait un sari orange et une guirlande de fleurs.

MORT BÊTE
En Australie, dans l'État du Victoria, un kangourou a trouvé la mort de façon étrange, dévoré par un requin alors qu'il avait décidé de prendre un bain de mer.

GROS VERS
Si l'on pesait ensemble tous les vers de terre des États-Unis, on aboutirait à 55 fois le poids des citoyens du pays.

BONNE SAUTEUSE
Cindy, une levrette de 5 ans qui vit à Miami, en Floride, peut sauter jusqu'à 1,73 m de haut. Cindy s'est lancée dans le saut en hauteur après avoir été recalée à une course de lévriers.

APPORTE LA MONNAIE
Canine Partners, en Angleterre, dresse des chiens à aider leurs maîtres handicapés à retirer de l'argent. Ce système s'inspire de l'expérience d'Allen Parton, qui bataillait dans sa chaise roulante pour retirer ses billets lorsque Endal, son labrador, a bondi pour lui rapporter dans sa gueule billets, carte et ticket.

BALEINE EXPLOSIVE
En 2004, l'accumulation de gaz dans le cadavre d'un cachalot a été à l'origine de son explosion en pleine rue, à Taiwan, lors de sa livraison à un centre de recherches.

MAISON À POIS
Un couple de Croates, Goran et Karmen Tomasic, inconsolables de la disparition de leur dalmatien Bingo, ont badigeonné leur maison d'une couche de peinture blanche, puis l'ont parsemée de gros pois noirs.

GARE AUX CHATS
Au Japon, un chat a été nommé chef de gare. Tama, coiffé d'une casquette, accueille avec ses deux assistants félins les passagers à la gare automatique de Kishi.

PISTE D'ARGENT
La traînée collante laissée par les escargots sur leur passage les protège tellement bien qu'ils pourraient ramper sur une lame de rasoir sans se couper.

MALIN COMME...
Un chimpanzé a fait mieux que des étudiants lors de tests de mémorisation effectués au Japon. Ayumu, 5 ans, s'est révélé plus fort qu'eux pour retenir dans le bon ordre des séries de chiffres projetées une fraction de seconde sur un écran.

DOG LAND
Lors de la visite que les employés du service de protection des animaux ont faite en décembre 2007 chez une vieille dame de Corpus Christi, au Texas, ils ne découvrirent pas moins de 237 chiens.

POISSON POLI
En Chine, une carpe d'ornement est capable de comprendre la voix humaine et même de répondre à l'appel de son nom. Son propriétaire, Fang Peng, prétend avoir entraîné Submarine, la carpe, 4 heures par jour pendant 6 ans.

MANGE TOUT
La gélinotte huppée a un menu très varié : elle se nourrit aussi bien de salamandres que de serpents, de mouches que de cresson de fontaine. Elle peut consommer jusqu'à 518 espèces animales différentes, insectes inclus, et 414 sortes de plantes.

FIDÈLES COMPAGNONS
Lorsque disparut Arthur, le chat des Bell, il manqua tellement à Oscar, leur chien, que celui-ci le déterra et rapporta son cadavre à l'intérieur de la maison. Robert Bell trouva Oscar blotti contre le défunt Arthur dans son panier. Il l'avait même entièrement nettoyé à coups de langue.

COOL

Très cool, ce félin a l'air d'un animal sauvage. C'est pourtant un chat domestique. Issu de croisements entre un chat ordinaire et deux races exotiques – le serval et le chat léopard du Bengale –, l'ashera ressemble à un mini-fauve, mais il est joueur et très affectueux. Il pèse jusqu'à 14 kg et coûte la bagatelle de 20 000 euros.

VIANDE DE CHIEN

Ces chiens prêts à cuire se vendent au marché de Lianzhou, en Chine. La viande de chien est très populaire dans la région, où l'on croit qu'elle réchauffe en hiver. Mais les défenseurs des animaux commencent à grincer des dents....

INCREVABLE

Aniki, un rottweiler de 4 ans, a survécu 29 jours dans une forêt près de Vancouver avant d'être recueilli par un randonneur. Ce n'était pas la première fois qu'il frôlait la mort. Il avait été accroché par une voiture et on avait dû lui poser une broche métallique dans la hanche.

SAUVÉS DES FLAMMES

Laney, un labrador noir, mordit à plusieurs reprises le pied de Christopher, 13 ans, pour le réveiller et le sauver de l'incendie de sa maison à Portage, dans l'Indiana, en janvier 2008.

CYCLISTE À POILS

Un chien est devenu une célébrité à Guangzhou : il parcourt la ville en équilibre sur le porte-bagages de son maître, M. Liu. Lorsqu'il a envie de faire pipi, le chien lui tape sur l'épaule.

PRENDS TON VOL

Une mouette s'est peu à peu transformée en voleuse, se glissant dans un magasin dont la porte restait ouverte, à Aberdeen, pour se servir en paquets de chips. L'oiseau attendait qu'il n'y ait plus de clients et que le patron soit derrière son comptoir.

AIR ROYAL

L'aéroport de Bari a payé 12 000 euros pour recruter Cheyenne, un aigle royal, afin d'éloigner les autres animaux. L'aéroport avait dû fermer en raison de la présence de renards, qui chassaient souris et lapins sur les pistes.

TEST DE SURVIE

Un félin a survécu deux mois en léchant la condensation sur les vitres d'une cabane de jardin. Emmy s'est retrouvée coincée en suivant son maître, qui venait fermer la cabane pour l'hiver.

FAUSSES GRUES

Dans une réserve animalière du Gloucestershire, pour ne pas habituer les jeunes grues cendrées à être nourries par l'homme, on se sert de déguisements et de pinces camouflées.

ÇA VAUT LE CLOU

Ces drôles de sculptures animalières ont été faites entièrement à partir de clous. Elles sont l'œuvre de Bill Secunda, de Butler en Pennsylvanie. L'élan a nécessité le soudage de 95 000 clous, il pèse 815 kg, mesure 2,3 m de haut, 3,6 m de long et ses bois atteignent une longueur de 2,7 m. Fait de 30 000 clous, le bison pèse 500 kg, il est haut d'1,8 m, large de 90 cm et long de 2,4 m.

FAIM DE LOUP

Fin 2007, les clients d'un café de Villetta Barrea, en Italie, ont eu le choc d'y voir entrer tranquillement un loup. Il a dévoré un sandwich à la viande et est reparti… La bête affamée, qui venait du parc national des Abruzzes, a été poussée à cette extrémité par les rigueurs de l'hiver.

CHATONS TUEURS

Une vieille Chinoise a été sauvée en 2006 par ses huit chats. En voyant ce serpent d'1,80 m onduler vers son lit, ils ont encerclé le cobra. La maman chat lui a sauté sur la tête, tandis que ses sept chatons le mordaient, puis le traînaient vers la sortie. Ils l'ont immobilisé et la vieille dame l'a achevé.

COINCÉ

Un chat du Cambridgeshire s'est retrouvé la tête coincée dans un pot de confiture en tentant d'y attraper une souris. On l'a vu errer sur la route, coiffé de ce pot en verre, toujours nez à nez avec la souris. Il s'est finalement libéré en le cassant. La souris s'en est tirée.

CROISSANCE EXPRESS

En deux semaines seulement, le monarque, un papillon, prend 2 700 fois son poids de départ. Si un nourrisson de 3,2 kg faisait de même, il pèserait 9 t.

SUER TUE

Un chameau peut perdre par transpiration jusqu'à 30 % de son poids, ce qui tuerait un être humain : si l'on en perd 12 % seulement, on meurt d'hyperthermie.

PORCS D'ABORD

Il y a davantage de cochons sauvages en Australie que d'habitants : 23 millions contre 21 millions.

RAT GÉANT

En 2007, des chercheurs ont découvert au fin fond de la jungle indonésienne une variété de rat jusqu'alors inconnue, cinq fois plus grosse qu'un rat commun, et qui ne craint pas l'homme. Des douzaines de nouvelles espèces de palmiers et de papillons avaient été répertoriées au même endroit en 2006.

RENARD DE COMPAGNIE

Au lieu de vivre dans la nature, Cropper le renard réside chez Mike Towler et sa famille, dans le Kent. Il a son écuelle, tel un chien domestique, et il dort pelotonné contre les chats de la maison. Cropper, après avoir contracté une maladie du cerveau qui l'a rendu incapable de se creuser un terrier ou de reconnaître une proie, a été peu à peu apprivoisé par Towler.

BELLE PRISE

En 2007, alors qu'elle se promenait sur une plage du Suffolk, Daisy, un teckel à poil long, est tombée sur un fragment d'os aussi grand qu'elle. Cet os long de 33 cm pesant 3,6 kg appartenait il y a 2 millions d'années à un mammouth.

NEZ DISCRET

Le tatou peut retenir sa respiration pendant près de 6 minutes. C'est ce qui lui permet de maintenir son museau enfoncé dans le sol, à la recherche de vers.

MAGIE BLEUE

Les ailes du *morpho sulkowskyi*, un papillon, sont autonettoyantes, imperméables et réfléchissent la lumière, ce qui leur donne leur belle couleur bleue.

ROIS DU TAPAGE

Le cri du singe hurleur peut s'entendre à 8 km de distance. Il est si assourdissant qu'une famille de singes hurleurs qui progressait dans la jungle a un jour été prise pour une tempête

À LA TIENNE !

Gerrie Berendsen, patron d'une animalerie à Zelhem aux Pays-Bas, a inventé une nouvelle bière… destinée aux chiens. Sans alcool, elle est brassée à partir de malt et de jus de viande.

VOLEUR À POIL ROUX

Un écureuil sévissait deux fois par jour dans les rayons d'une épicerie finlandaise. Il volait des œufs en chocolat contenant un cadeau surprise. D'après le propriétaire, il ôtait soigneusement l'emballage, mangeait le chocolat, puis repartait avec le jouet en plastique.

BABY-SITTING

Lorsque le chien R. C. découvrit le petit Vincent Rhodey, 2 ans, vêtu seulement d'un T-shirt dans le froid glacial, il se lova instinctivement contre lui, le préservant d'une hypothermie. Vincent s'était glissé hors de chez lui, à Canonsburg en Pennsylvanie. Il fut retrouvé au bout d'une heure, toujours protégé par le chien.

PYTHON XXL

Fluffy, un python acheté par le zoo de Columbus, est long comme un pick-up et épais comme un poteau téléphonique. Fluffy, qui avale 4,5 kg de lapins par semaine, est l'un des plus grands serpents vivant en captivité.

MORTS VIVANT

Alors que Gan Shugen, de Chengdu, s'apprêtait à embrocher le poulet qui patientait dans son congélateur depuis 2 jours, il découvrit avec stupeur que l'animal vivait encore. Le poulet était enveloppé dans un épais sac en plastique, les pattes liées. Mais après 48 heures en dessous de 0 °C, il passa la tête hors du sac et se remit bientôt sur pied.

PIQUE PIQUÉE

Certaines pieuvres sont connues pour détacher le dard des méduses qu'elles capturent et l'enserrer dans leurs tentacules, s'en servant comme d'une arme supplémentaire.

TOUT NU

Le dernier animal de compagnie à la mode ? Le cochon d'Inde sans poil, créé il y a 30 ans pour des tests en laboratoire. Vu son absence totale de fourrure, il faut bien sûr le garder au chaud l'hiver et lui mettre de la crème solaire en été.

C'EST ASSEZ
Une baleine a été trouvée morte, échouée sur un rivage de l'Alaska en 2007. Sa langue avait tellement gonflé qu'elle atteignait la taille d'une voiture. L'animal, selon les scientifiques, avait dû être tué lors d'une collision.

GORILLES ARTISTES
Les gorilles du Franklin Park Zoo, à Boston, peignent avec leurs doigts. Les gardiens affirment que ce loisir stimule leur activité cérébrale. Et en plus, ça rapporte : l'une de leurs œuvres s'est vendue 10 000 $!

CHAT BRÛLE !
Zacheri Richardson-Leitman, un Australien du Queensland, a pu sauver toute sa famille d'un incendie, alors que sa couverture avait pris feu dans son sommeil. Comment ? Grâce à leur chaton, qui a réveillé Zacheri en lui donnant de petits coups de griffe au visage pour l'alerter.

ET TOI, TU T'ES VU ?

Ce porcelet chinois, issu d'une portée de 14, est né avec un seul œil mais quatre globes oculaires, et son long nez lui donne l'air d'un éléphanteau miniature.

VRAI OU BIDON ?

En août 2007, lorsque Phyllis Canion tomba sur cet étrange cadavre, près de son ranch de Cuero au Texas, elle se dit que ce devait être un chupacabra, ce mystérieux animal responsable de la mort de 30 de ses poulets. Mais un zoologiste suggéra que c'était probablement un renard gris, atteint d'une forme de gale particulièrement virulente.

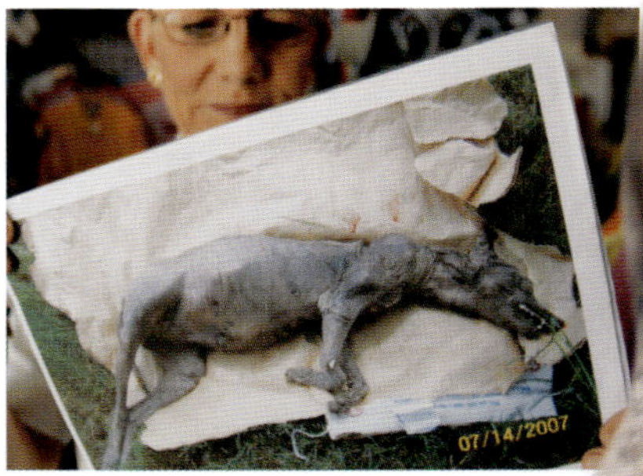

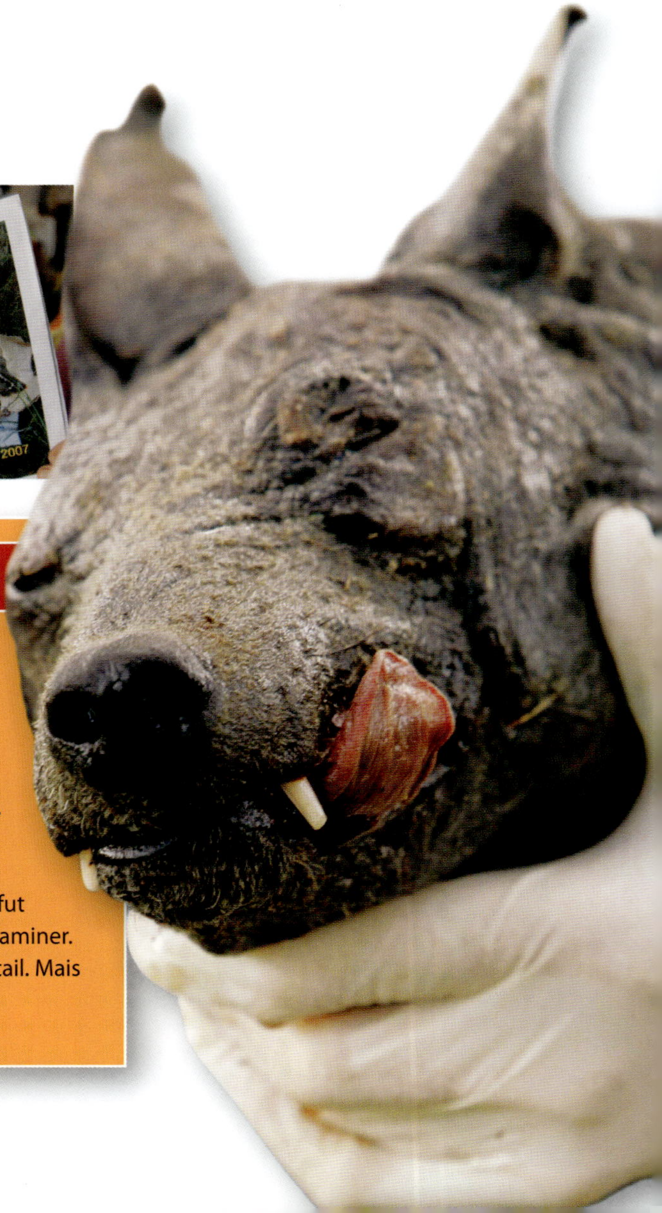

Ripley's Explications

Chupacabra, quésaco…

Nul ne peut dire si le chupacabra est une espèce animale qui reste à découvrir ou juste une légende. Son nom signifie, en espagnol, « suceur de chèvre ». Cela viendrait de sa tendance à s'attaquer au bétail pour lui sucer le sang. L'animal aurait été vu des dizaines de fois des États-Unis jusqu'au Chili. Parfois, on le présente comme un chien sans poil ou comme un diable aux yeux rouges, couvert d'épines, qui fait des bonds de kangourou. En 2006, un fermier du Texas abattit un drôle d'animal qui terrorisait sa basse-cour. Il le décrivit plus tard comme un mélange de chien, de rat et de kangourou. À peu près à la même époque, la dépouille d'une sorte de rongeur à l'air mauvais, pourvus de crocs, fut signalée au bord d'une route du Maine. Les vautours la dépecèrent avant qu'on ait pu l'examiner. En 2004, le propriétaire d'un ranch au Texas tua un chien sans poil qui persécutait son bétail. Mais la « bête d'Elmendorf » n'était en fait qu'un simple coyote.

NOUVELLES ESPÈCES
Des scientifiques ont identifié 20 nouvelles espèces de requins et de raies en étudiant durant 5 ans les prises des pêcheurs indonésiens sur les marchés.

HÉROÏQUE
Un labrador a sauvé une vie en 2007 en appliquant la méthode de Heimlich. Debbie Parkhurst, du Maryland, mangeait une pomme quand un morceau s'est coincé dans sa gorge. S'étouffant, elle a éveillé l'attention de Toby, son chien, qui s'est dressé, a posé les pattes avant sur ses épaules, l'a poussée à terre et s'est mis à lui sauter sur la poitrine, ce qui a permis de déloger le morceau de pomme de sa trachée. Dès que Mme Parkhurst a repris sa respiration, Toby s'est arrêté, lui léchant alors le visage pour l'empêcher de s'évanouir.

POURRIS GÂTÉS
Un couple de New-Yorkais a déboursé plus de 3 000 $ pour rejoindre en taxi sa nouvelle maison dans l'Arizona. Betty et Bob Matas, des retraités, ne voulaient pas que leurs deux chats souffrent dans la soute d'un avion. Ils ont donc choisi de faire les 4 025 km qui les séparaient de l'Arizona en taxi, avec leurs compagnons favoris installés à l'arrière, dans de confortables cages moquettées.

BONUS CHINOIS
Recevant des casques de moto en provenance de Chine, un commerçant de Caroline du Nord a trouvé dans le carton… un chat. L'animal avait réussi à s'y glisser à Shanghai, et il avait trouvé ensuite le moyen de survivre durant les 35 jours de la traversée, bien que coincé au fond d'un cargo, sans eau ni nourriture.

DRÔLE DE COUPLE
Lors des inondations au Mozambique en 2002, un chien du village de Caia s'est pris d'amitié pour un singe. Ils jouaient ensemble et le chien permettait même au singe de grimper sur son dos.

CADEAU DE M…
Le Valley Zoo d'Edmonton, dans l'Alberta, a proposé pour la fête des Mères un article original, un sac de 9 kg de déjections : crottin d'éléphant, de zèbre, de chameau et d'antilope… Un excellent compost, le cadeau idéal pour une passionnée de jardinage .

MAISON DE RETRAITE
Au Japon a ouvert une maison de retraite pour chiens. Dans cet établissement de Tochigi, des vétérinaires prennent soin d'eux et des équipes de jeunes chiens les aident à rester actifs.

EN FORME DE CŒUR
Un chihuahua a vu le jour en 2007 avec une grande tache en forme de cœur sur son pelage. Un cas unique, d'après Emiko Sakurada, son propriétaire, patron d'une animalerie.

MARIAGE COCHON
Un couple de cochons a célébré son union à Taiwan, en 2007, béni par un prêtre. Xu Wenchuan a voulu ainsi récompenser son cochon mâle, Hu Fuge, qui l'aidait à accueillir les clients du restaurant de sa ferme. Il a passé une annonce pour lui trouver une épouse. Deux perroquets ont joué les témoins.

FOLLES DE FOOT
En Chine, deux poules naines sont devenues accroc au foot. Leur propriétaire, M. Zhang, leur a fait cadeau d'un ballon trouvé par hasard. Depuis, elles jouent tous les jours. Elles savent même tacler !

EN VADROUILLE
En 2007, deux éléphants échappés d'un cirque se sont mis à errer dans les environs de Newmarket en Ontario, déjeunant au petit matin d'herbe et de feuilles des jardins. La femme qui les a repérés n'en croyait pas ses yeux !

IL AVALE UN DENTIER
Un jack russell terrier a été conduit aux urgences vétérinaires en 2007, après avoir avalé le dentier de sa maîtresse ! Desmond a avalé les fausses dents de Marjorie Johnson, alors que celle-ci se trouvait dans la salle de bains de sa maison près de Newcastle. Le chien a dû passer 3 heures sur le billard pour que sa maîtresse puisse récupérer ses dents.

RIEN QUE ÇA !
18 pompiers, 3 camions à incendie, un 4 x 4 Land Rover et un bateau de sauvetage ont été mis à contribution durant 3 heures pour sauver un simple canard près de Birmingham. Les secours ont accouru, à 50 km à la ronde, des témoins ayant signalé un enfant coincé dans un conduit de drainage. Il ne s'agissait pourtant que de Daffy, un canard blanc d'Aylesbury.

L'AMIE DES CHATS
Ginny, issue d'un husky et d'un schnauzer sibérien, a sauvé plus de 1 000 chats. Elle a eu l'honneur inouï, pour un chien, d'être élue chat de l'année en 1998, lors du Westchester Cat Show. À sa mort en 2005, à l'âge respectable de 17 ans, 300 chats assistèrent à ses obsèques. Son propriétaire, Philip Gonzalez, de l'État de New York, ne l'a jamais dressée – lorsqu'un chat était en danger, elle le sentait d'instinct. « Ginny aimait les chats, dit-il, et les chats l'aimaient. »

CHIEN FOSSILE

Un chien a été retrouvé en 1980 momifié dans un arbre, à 6 m du sol, à la frontière entre la Georgie et l'Alabama. Dans cet arbre creux, les conditions étaient réunies pour que le corps de l'animal se conserve 20 ans après sa mort. Devenu populaire, on l'a affublé d'un petit nom : Stuckie (« Coinçou »).

SOMBRE DÉCOUVERTE

Des scientifiques de la Rice University, à Houston, Texas, et du Rensselaer Polytechnic Institute de Troy, État de New York, ont créé un matériau si sombre qu'il ne reflète que 0,045 % de la lumière projetée sur lui, ce qui le rend 100 fois plus sombre que, par exemple, la carrosserie d'une voiture noire. Il est constitué de feuilles de carbone roulées pour former de minuscules cylindres d'un atome de diamètre.

Des scientifiques de la Rice University, à Houston, Texas, et du Rensselaer Polytechnic Institute de Troy, État de New York, ont créé un matériau si sombre qu'il ne reflète que 0,045 % de la lumière projetée sur lui, ce qui le rend 100 fois plus sombre que, par exemple, la carrosserie d'une voiture noire. Il est constitué de feuilles de carbone roulées pour former de minuscules cylindres d'un atome de diamètre.

Cela fait des années que les chercheurs tentent de parvenir au matériau « noir » idéal, qui absorberait toute l'étendue du spectre lumineux. L'alliage de nickel et de phosphore créé à Londres en 2003 ne reflétait déjà que 0,16 % de la lumière, mais il est dépassé par la découverte des deux équipes américaines conduites par le Dr Pulickel Ajayan et le Pr Shawn Lin.

Choisissant comme base le carbone – l'une des matières naturelles les plus sombres –, ils ont réussi à constituer une « forêt » de nanotubes creux, verticalement alignés. Chacun d'eux ne mesure qu'un millième de pouce, ce qui est quand même 300 000 fois supérieur à son diamètre !

Grâce à sa capacité d'absorption lumineuse, on attend de ce matériau des applications en matière d'énergie solaire, pour la capter et la stocker. Il pourrait aussi servir à bâtir de nouveaux instruments optiques antireflets, tels des télescopes.

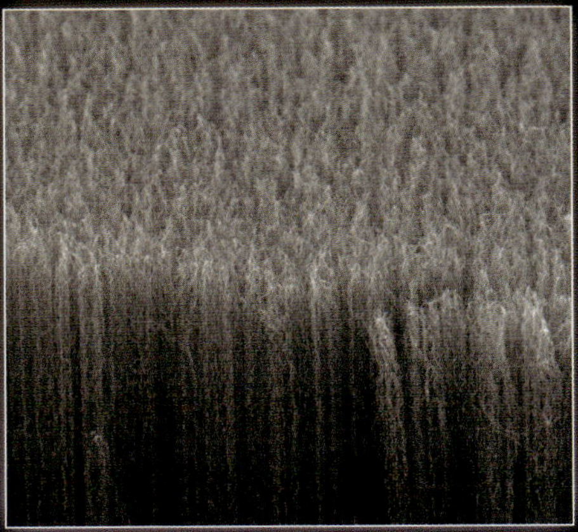

Une diapo de la structure du nouveau matériau, grossi 2 500 fois.

Au centre, la matière sombre, comparée à gauche à l'étalon de réflectance du National Institute of Standards and Technology, et à droite à un disque de carbone vitreux.

Pulickel Ajayan (à gauche) et l'un de ses collègues chercheurs, Lijie Ci, exhibent un morceau de matière noire. Ce modeste rectangle de carbone absorbe plus de 99,9 % de la lumière projetée sur lui…

Ripley's Le point sur l'invisible

Les astronomes pensent que la matière visible – étoiles, galaxies, nuages moléculaires ou poussière cosmique – ne représente qu'une petite fraction de la masse de l'univers, composée en majorité de « matière noire ». Cette appellation chargée de mystère recouvre simplement tout ce qu'on ne peut pas voir dans un télescope, parce que n'émettant ou ne reflétant pas assez de lumière. Les scientifiques ne déduisent sa présence que de son action, à travers les effets de la pesanteur, sur la matière visible.

MAXI SUISSE

La société Wengel, à Bâle, a créé un couteau suisse pourvu de 85 accessoires, pas moins ! Il pèse 1,2 kg et il mesure près de 23 cm de large. Il est doté de 7 lames, 3 types de pinces, ainsi que de plusieurs tournevis, scies, clés anglaises, d'une pince à épiler, d'un décapsuleur et d'un porte-clés.

SES 10 ACCESSOIRES LES PLUS INCROYABLES

1 Sertisseur de maillons de chaîne de vélo
2 Coupe-cigare à lames bi-affûtées
3 Écailleur, extracteur d'hameçon, guide-ligne
4 Pointeur laser (portée 90 m)
5 Outil spécial pour planter son tee, au golf
6 Lime à ongles et outil de manucure
7 Jauge d'usure de sculptures de pneu
8 Cure-dents
9 Nettoyeur de club de golf
10 Couteau à ouvrir le fond des montres

MÈRE PONDEUSE

Flavie, une Québécoise, pourrait donner naissance à sa propre sœur ou à son propre frère. Sa mère, Mélanie Boivin, a fait congeler ses ovules pour que Flavie, stérile, puisse tout de même un jour porter un enfant.

CHAUD LE FLASH !

L'éclair produit par la foudre mesure jusqu'à 8 km et il peut faire monter la température de l'air à 27 000 °C.

ARBRES MIRACLES

Un scientifique américain a mis au point un arbre de synthèse afin de lutter contre le réchauffement climatique. Klaus Lackner qualifie son invention de 100 fois plus efficace qu'un arbre naturel pour purifier l'air. Chacun de ses arbres pourrait absorber pas moins de 40 000 t de CO2 par an.

PLANÈTE LIGHT

Hat-P-1, en orbite autour d'une étoile située à 450 années-lumière, est plus grosse que Jupiter, mais moins dense que du liège. Sur l'eau, elle flotterait…

INTERMINABLES

Parce qu'Uranus est inclinée à 98° sur son axe (elle est pratiquement couchée sur le flanc), les saisons y sont plus longues que partout ailleurs dans le système solaire : l'été et l'hiver y durent l'équivalent de 21 années terriennes.

FIN LIMIER

En 25 ans à traquer les supernovae à l'aide de son petit télescope, l'Australien Robert Evans en a découvert plus que tous les astronomes depuis 400 ans.

PAS DE BOL !

Guillaume Le Gentil, un astronome français du XVIIIe siècle, a consacré 8 ans de préparation au passage de Vénus devant le Soleil. Le jour venu, des nuages le lui ont caché.

NUAGES EN SPRAY

John Latham et Stephen Salter ont conçu une flotte de voiliers capables d'aspirer des particules d'eau de mer pour les rejeter vers les nuages, et ainsi mieux réfléchir la lumière du soleil, donc lutter contre le réchauffement climatique.

ATTRACTION LUNAIRE

La Lune est à 385 000 km, mais l'attraction qu'elle exerce sur nous est supérieure à la force nécessaire pour étreindre quelqu'un.

LE SOLEIL DONNE

En 1 seconde, le Soleil produit 35 millions de fois plus d'électricité que n'en consomment chaque année les États-Unis.

POUSSE-EN-L'AIR

Les astronautes grandissent de plusieurs centimètres en apesanteur, mais ils reprennent leur taille normale à leur retour.

LENTEUR JOVIENNE

L'année dure près de 10 400 jours sur Jupiter, qui tourne sur elle-même en 9 h 50. Près de 12 ans lui sont nécessaires pour parcourir son orbite.

UN JOUR OU UN AN

Une journée sur Vénus dure plus qu'une année vénusienne, parce qu'il lui faut plus de temps (243 jours terrestres) pour tourner sur elle-même que pour faire le tour du Soleil (224,7 jours).

VOLE, MON BATEAU !

Un Néo-Zélandais a inventé un aéroglisseur pourvu d'ailes, capable de voler à 1,8 m au-dessus de l'eau. Rudy Heeman a mis onze ans à concevoir l'Hoverwing, qui peut emporter 2 passagers et laisse loin derrière lui tous les autres engins aquatiques. Il démarre comme un aéroglisseur ordinaire mais lorsqu'il atteint sa vitesse de pointe (97 km/h), ses ailes se déplient, ce qui lui permet de décoller.

SUPERSURFEUSE DE 75 ANS

Une retraitée suédoise surfe sur le Net des milliers de fois plus vite que n'importe qui d'autre au monde, grâce au haut débit que lui a installé son fils. Sigbritt Lothberg dispose d'une connexion à 40 gigabits/seconde. Elle peut télécharger un film en 2 secondes.

ORPHELINES

The Bureau of Missing Socks est le premier site Web dédié à un grave problème : la fréquente disparition d'une chaussette sur deux d'une même paire.

ÇA N'A PAS DE PRIX

Un habitant de Newport au pays de Galles a tenté en 2007 de vendre sur eBay un ami imaginaire, recevant plus de 3 000 dollars d'enchères. « Thewildandcrazyoli » prétendait que son ami, « Jon Malipieman », âgé de 27 ans, était « devenu trop grand pour lui ».

PRÉCIEUSES CACAHUÈTES

Des scientifiques de l'université d'Édimbourg prétendent être en mesure de produire des diamants de synthèse à partir de beurre de cacahuète. Le carbone qu'il contient peut en effet être transformé en gemmes, pour peu qu'on le soumette à 5 millions de fois la pression atmosphérique moyenne – soit davantage que celle qui règne au centre de la Terre.

POULETTE GENIALE

Une poule de Shenyang en Chine sait apparemment résoudre certaines opérations de calcul. Son propriétaire prétend qu'elle donne la bonne réponse en tapant du bec lorsqu'il lui montre des chiffres sur un tableau et lui pose une colle. Elle serait aussi capable de pointer les 26 lettres de l'alphabet.

TRAQUE AÉRIENNE

La police de Strathclyde en Écosse a adopté cet avion sans pilote pour l'aider à retrouver des personnes disparues. Léger, aisément transportable, l'engin peut effectuer des recherches en prenant photos et vidéos. L'avantage est qu'il peut voler par tous les temps, contrairement aux avions.

PIÈCE UNIQUE
La monnaie royale canadienne a frappé en 2007 une pièce d'or géante, de la taille d'une pizza, pesant 100 kg. D'une valeur de 2 millions de dollars, elle porte des feuilles d'érable côté pile et le profil de la reine Elizabeth II côté face.

ÉLECTROSOUTÉ
De l'électricité statique peut naître par contact entre la sueur et certaines pièces de monnaie de deux alliages différents, celles d'1 ou de 2 € par exemple.

MINICHASSE-NEIGE
Bill Lauver, de Middleburg en Pennsylvanie, a converti son ancienne voiturette de golf en un chasse-neige téléguidé qu'il peut actionner sans sortir de chez lui.

LUNETTES DE VÉRITÉ
Une société new-yorkaise a mis sur le marché une paire de lunettes de soleil faisant office de détecteur de mensonges. Elle analyse les conversations en temps réel et une diode s'allume en cas de baratin. Son efficacité serait de 95 %.

WC MULTIFONCTIONS
Le 1er prix d'un concours organisé en 2007 par une société de plomberie américaine a récompensé des WC faisant aussi télé HD, lecteur DVD, console de jeux vidéo, ordinateur portable, lecteur de fichiers numériques, presse de musculation, ventilateur et réfrigérateur.

DRING TRIBAL
La tribu brésilienne des Xavante commercialise sous forme de sonneries de portable ses chants traditionnels.

QUI EN VEUT ?
Un site Internet présente des photos de vêtements abandonnés par leur propriétaire dans la rue. Cela va du T-shirt aux baskets en passant par la casquette, et même une jambe artificielle à Singapour.

LANCE-BIÈRES
Un étudiant de Caroline du Nord a mis au point un frigo capable de lancer des boîtes de bière fraîche. John Cornwall a dépensé 3 000 $ pour construire cette machine télécommandée, qui tourne son bras mécanique pour se placer dans l'axe de celui qui la guide, avant de lui catapulter une canette (portée : 3 m).

CHAUFFE-EAU BRICOLO
Un fermier chinois produit son eau chaude grâce à un système de bouteilles de bière reliées par des tuyaux. Ma Yanjun a installé 66 bouteilles au toit de sa maison. Le soleil chauffe l'eau, qui traverse lentement ce circuit avant de redescendre bouillante dans la salle de bains.

BURGER MINUTE
Une société suisse a inventé le cheeseburger en boîte. Destiné aux campeurs, il se réchauffe au court-bouillon dans une simple casserole.

ROBOT SERVEUR
Des ingénieurs japonais ont conçu un robot de 1,2 m capable de servir le petit déjeuner. Twendy-One possède de longs bras, et 241 capteurs au niveau des mains, qui lui permettent de soulever une tranche de pain sans l'écraser, de déposer un toast sur une assiette, ou encore d'aller chercher du ketchup au frigo.

TALONS EN OPTION
Grâce à une nouvelle invention, les femmes peuvent passer des talons aiguilles aux talons plats sans changer de chaussures, au volant par exemple. Il s'agit d'un haut talon escamotable à l'intérieur de la semelle. Il suffit ensuite de pousser un bouton pour qu'il ressorte.

PYJAMA INTELLIGENT
Des stylistes anglais ont créé un pyjama qui régule la température corporelle. Cette invention, fondée sur un matériau innovant, suit une récente découverte selon laquelle la température de l'organisme fluctue constamment au cours de la nuit, ce qui perturbe le sommeil.

L'ŒUF IDÉAL

Des scientifiques britanniques ont mis au point des œufs dont la cuisson est toujours parfaite. Les consommateurs font leur choix au magasin, entre « mollets », « à point » et « durs ». Le logo en forme de lion affiché sur la coquille vire au noir lorsque les œufs sont prêts. Comptez de 3 minutes pour des œufs mollets à 7 minutes pour des œufs durs.

POMPES ASPIRANTES

On a inventé un nouveau modèle de chaussures bien pratique. La semelle des *Shoover* (c'est leur nom) est dotée d'un minuscule aspirateur rechargeable, ce qui aide en les portant chez soi à ramasser la poussière.

COMMENT FONT-ILS ?

Sony a dévoilé en 2007 une nouvelle télévision dont l'écran n'est pas plus épais qu'une pièce de monnaie.

PRESQUE IMMATÉRIEL

La masse de l'ensemble des électrons et protons circulant dans les fils, câbles et transistors du Net n'excède pas 57 g.

PENSEZ PETIT

Des chercheurs en nanotechnologies coréens ont réussi, à l'aide de lasers et de matériaux microscopiques, à créer une reproduction du *Penseur* de Rodin pas plus grande que 2 globules rouges.

CONGRÈS DE OUFS

Le Musée aérospatial de Niagara Falls organise chaque année une convention dédiée à ces fusées que l'on se fixe à la ceinture pour se propulser dans les airs…

MOUCHE ROBOT

Des scientifiques de Harvard ont créé une mouche robot de la taille d'une vraie. Les mouvements de ce minuscule insecte, d'un poids de 60 mg et d'une envergure de 3 cm, sont calqués sur la nature. On espère un jour pouvoir se servir de tels robots comme espions ou pour détecter des pollutions chimiques.

JAMAIS EN ÉCHEC

Des informaticiens de l'University of Alberta, au Canada, ont développé un programme imbattable aux échecs. Son nom est Chinook.

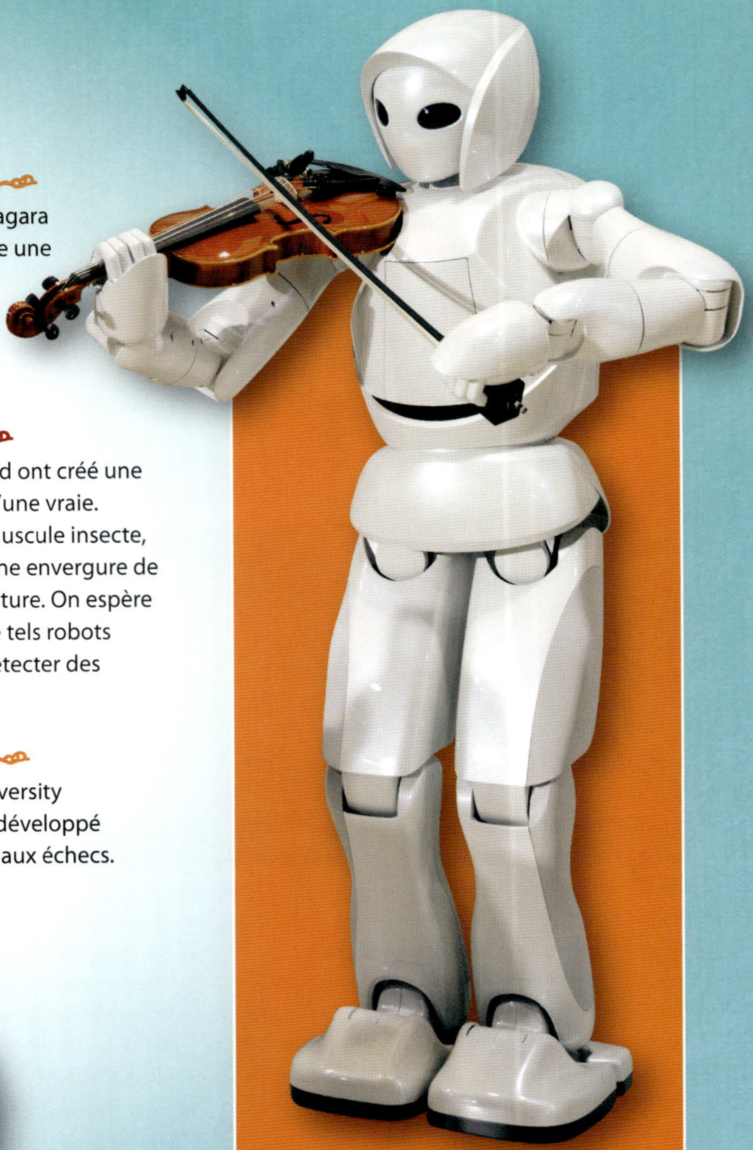

VIOLONISTE ROBOT

Une société japonaise a conçu un robot capable de jouer du violon. Créé par la Toyota Motor Corporation, ce robot d'1,5 m possède 17 articulations au niveau des mains et des bras, d'où sa dextérité presque humaine. Lors de son lancement, on l'a vu se servir de ses doigts pour pincer les cordes, tout en maniant l'archet de l'autre main. Il a livré une interprétation presque parfaite du « Pomp and Circumstance » d'Edward Elgar.

DOUBLE VISION

Lors d'un congrès sur les robots et autres systèmes intelligents, Zou Renti a présenté le sien : son jumeau. Pour lui donner une apparence encore plus humaine, il l'a recouvert d'une peau d'aspect organique, faite de gel de silice. (Si vous avez des doutes, le robot est à droite.)

MAINS BIONIQUES

Lindsay Block, d'Oklahoma City, dépourvue à la naissance de l'extrémité du bras gauche, exhibe ici sa toute nouvelle main bionique – une prothèse qui ressemble à une main humaine et remplit les mêmes fonctions. Ses doigts articulés peuvent saisir des objets. Ils fonctionnent au moyen de petites électrodes implantées dans l'avant-bras, qui transmettent leurs signaux à de minuscules moteurs.

REMÈDE GONFLÉ

Des scientifiques de Naples ont inventé une nouvelle pilule amaigrissante qui, dans l'estomac, prend la taille d'une balle de tennis. Elle procure pendant plusieurs heures la sensation d'avoir le ventre plein.

POUR LA SCIENCE

Isaac Newton (1642-1727) s'est un jour glissé une aiguille dans l'orbite oculaire pour créer des taches sur son champ de vision. Il voulait comprendre un phénomène optique.

EN DEUX TEMPS

Le rasoir de sûreté inventé par King Camp Gillette ne se vendit d'abord en 1903 qu'à 51 exemplaires. L'année suivante, Gilette en écoula 90 000 !

ROBOT SAUVETEUR

L'armée américaine travaille à un robot capable d'aller chercher un blessé sur le champ de bataille. Le BEAR pourrait soulever 135 kg et serait capable de gravir un escalier avec un mannequin dans les bras.

PLANTES PARLANTES

Des étudiants de la New York University ont inventé un mécanisme permettant à une plante assoiffée de « téléphoner » à son propriétaire. Alertée par des capteurs d'humidité, la plante envoie un signal grâce à un système sans-fil. Lorsque l'on décroche, la « voix » de la plante (un enregistrement) dit : « J'ai soif ! » La plante rappelle aussi pour remercier, une fois arrosée. Chacune a sa propre « voix ».

DOUBLE SOURIS

Christy Canida et Noah Weinsrein, deux Américains, ont inséré une souris d'ordinateur dans une vraie ! Ils se sont servis de la dépouille d'un rongeur acheté dans une animalerie.

SAVON AU CAFÉ

Think Geek a inventé un savon à la caféine qui se diffuse à travers la peau, procurant le même effet énergisant que 2 tasses de café. Il a été conçu pour ceux qui estiment ne pas avoir assez de temps le matin pour à la fois se laver et boire un café.

AUXILIAIRES MARINS

Kristin Laidre, de l'University of Washington, étudie les profondeurs de l'océan Arctique grâce à des capteurs fixés sur le dos des narvals.

ABEILLES ANTIMINES

En Croatie, on se sert d'abeilles pour repérer les mines disséminées lors de la guerre. Des scientifiques les ont entraînées à localiser certains produits chimiques que les mines contiennent, identifiés par les abeilles à une source de nourriture. Elles se posent là où les mines sont enterrées.

CHÈVRES ANTIGAZ

Une société de biotechnologie américaine élève des chèvres dont le lait contient un antidote au gaz neurotoxique.

ŒUFS D'AMPOULE

Simon Rhymes a mis au point une machine permettant de cuire les œufs à la coque grâce à des ampoules. On y glisse un œuf et il est chauffé par 4 ampoules halogènes. Lorsque c'est prêt, la machine coupe le haut de la coquille : l'utilisateur n'a ainsi plus qu'à y tremper sa mouillette de pain.

COOL POUR LES CHATS

Nohl Rosen, de Scottsdale en Arizona, est à la tête d'une Web radio pour chats, qui diffuse des interviews de vétérinaires ou de propriétaires de chats, ainsi que de la musique approuvée par la gent féline. Cat Galaxy est managée par la propre chatte de Rosen, Isis, qui aime le funk et Ozzy Osbourne. Son assistante et le directeur des programmes sont eux aussi des chats.

LA NATURE COPIÉE

Des scientifiques de la Northwestern University d'Evanston ont mis au point un nouveau matériau superadhésif en se basant sur les propriétés des geckos et des moules (*mussels* en anglais). Le « geckel » est constitué à la fois de silicone fibreux – une substance qui a la même structure que les pattes d'un gecko – et d'un polymère qui reproduit la « colle » fixant les moules aux rochers.

PIGEONS TÉLÉGUIDÉS

À Shandong en Chine, on a découvert comment contrôler le vol des pigeons en leur implantant des électrodes dans le cerveau. Un système informatique permet de transmettre des ordres aux volatiles : à droite, à gauche, monte, descend…

Le chat de droite (ci-contre) possède un gène « fluorescent » : sous des lampes à UV, il brille, contrairement au chat de gauche.

L'altération de la couleur de peau du chat fluorescent est visible, à droite, au niveau de son museau et de ses oreilles.

FÉLINS FLUO

Des scientifiques sud-coréens de la Gyeongsang National University ont créé des chats qui luisent dans le noir. Ils ont manipulé le génome de deux angoras blancs clonés pour modifier leur couleur de peau, de façon à ce qu'ils rougeoient sous la lumière UV.

BISON BLANC

Dans le Dakota du Nord, White Cloud, le seul bison femelle albinos d'Amérique, a donné naissance à un petit albinos, Dakota Miracle. Dans la nature, il n'y aurait qu'une chance sur dix millions de voir cela !

PONTS VIVANTS

Des scientifiques de l'université de Bristol ont observé que les fourmis légionnaires sont capables de former des ponts vivants. Lorsqu'elles avancent en terrain difficile, certaines se servent de leur corps pour boucher des trous, afin que les autres puissent leur passer dessus. On s'est même rendu compte que ces fourmis dévouées vont boucher le trou qui correspond le mieux à leur propre taille.

RÉACTEUR MAISON

Thiago Olson, 17 ans, du Michigan, s'est construit dans son garage un petit réacteur nucléaire. Cela lui a pris 2 ans et 17 000 heures de recherche.

RIRE = MAIGRIR

Des chercheurs de la Vanderbilt University à Nashville affirment que rire 15 minutes chaque jour aide à perdre du poids. D'après eux, rire permet de brûler jusqu'à 2,3 kg de graisse par an.

CHIENS ZOMBIES

Menant des tests pour tenter de développer l'hibernation chez l'homme, des scientifiques ont réussi à ressusciter des chiens. Le Safar Center for Resuscitation Research les a plongés dans un état de mort clinique en les vidant de leur sang, remplacé par une solution salée réfrigérante. Les chiens ont cessé de respirer, mais trois heures plus tard, lorsqu'on leur a réinjecté leur sang, ils sont revenus à la vie sans dommage.

DINO RAT

Un crâne retrouvé dans une musée de Montevideo a conduit à l'hypothèse qu'un rongeur gros comme une vache hantait les forêts sud-américaines il y a 4 millions d'années. Avec son 1,5 m de haut et ses 3 m de long, il pesait près d'1 t, soit 14 fois le poids du plus gros de nos rongeurs actuels.

TRADUCTEUR CANIN

Des chercheurs hongrois ont mis au point un logiciel destiné à interpréter le sens des aboiements canins. Se fondant sur l'analyse de 6 000 types d'aboiements, il sait reconnaître la manière dont un chien aboie lorsqu'il a retrouvé sa balle, ou lorsqu'il tombe sur un étranger, ou qu'il veut qu'on aille le promener.

SOURIS KAMIKAZES

Des scientifiques de l'université de Tokyo ont créé une variété de souris qui n'a pas peur de son principal prédateur : ils ont réussi à occulter dans son cerveau les récepteurs qui réagissent habituellement à l'odeur des chats. Le résultat est un animal génétiquement modifié qui, en face d'un félin, ne montre aucune crainte.

GRENOUILLE TRANSLUCIDE

Des scientifiques japonais ont obtenu une grenouille translucide : ses organes, ses vaisseaux sanguins, ses œufs même se voient à travers sa peau. Pas besoin de la disséquer pour analyser ses organes. Une très bonne nouvelle pour la recherche sur des maladies telles que le cancer… et pour elle-même.

TABLEAUX HUMAINS

Stop ! Regardez bien : sauriez-vous dire quelle partie du corps humain a été utilisée comme toile pour peindre ces étonnants tableaux ?

Chadwick Gray a dû rester immobile quinze heures durant, le temps que Laura Spector puisse le peindre. Résultat : ni un portrait ni une nature morte, puisque c'est Chadwick lui-même qui a servi de toile.

Cette réalisation se rattache à un projet collaboratif new-yorkais, le musée d'Anatomie, qui a débuté en 1996. Il s'agit de créer des toiles de maîtres à partir de supports humains.

Chadwick le reconnaît : il accepte de souffrir par amour pour l'art. Il lui faut entrer dans une sorte de transe méditative afin de demeurer si longtemps dans une immobilité parfaite. Parfois, il réalise cette performance en public. En 2001 par exemple, Laura lui a peint une jeune mariée du XIXe siècle sur le corps dans la vitrine d'un grand magasin new-yorkais.

Laura et Chadwick courent les musées du monde entier pour trouver des modèles qui leur conviennent. Souvent, ils demandent à voir certaines toiles controversées, reléguées dans les réserves. « Il nous a souvent fallu argumenter face à des conservateurs de musée, admet Chadwick, et même une fois, à Prague, devant une commission de religieuses, avant d'être autorisés à reproduire sur des chairs masculines nues de précieux portraits de femmes.

Uns fois achevé son « body art », Laura photographie Chadwick et réalise plusieurs tirages de la même taille que l'œuvre originale. Ces photographies aboutissent à une nouvelle forme d'art, dans laquelle le tableau acquiert ses propres courbes, rendant parfois méconnaissables les formes humaines sur lesquelles il a été peint.

« Chadwick a dû se raser les sourcils pour éviter à la femme peinte ici d'avoir de la moustache. Ils ont repoussé en trois semaines environ. »

Laura peint un portrait thaï sur Chadwick, en Thaïlande.

« Femme du Lanna », une fois terminé.

« Il est rare de trouver des portraits du XIXe siècle en Thaïlande. Cette œuvre a été peinte d'après une fresque d'un temple du nord du pays. La femme représentée, c'est Dame Nature version thaïe – celle qui arrose les rizières de ses cheveux. »

« L'œuvre originale à partir de laquelle cette peinture fut créée se trouve dans les catacombes, sous un couvent, à Prague en République tchèque. »

« Ceci est notre première œuvre, réalisée à San Francisco. L'œil qui y est peint forme un regard avec l'un des yeux de Chadwick. »

« L'original de ce tableau a été perdu durant la Seconde Guerre mondiale. Nous l'avons recréé d'après une photographie en noir et blanc. »

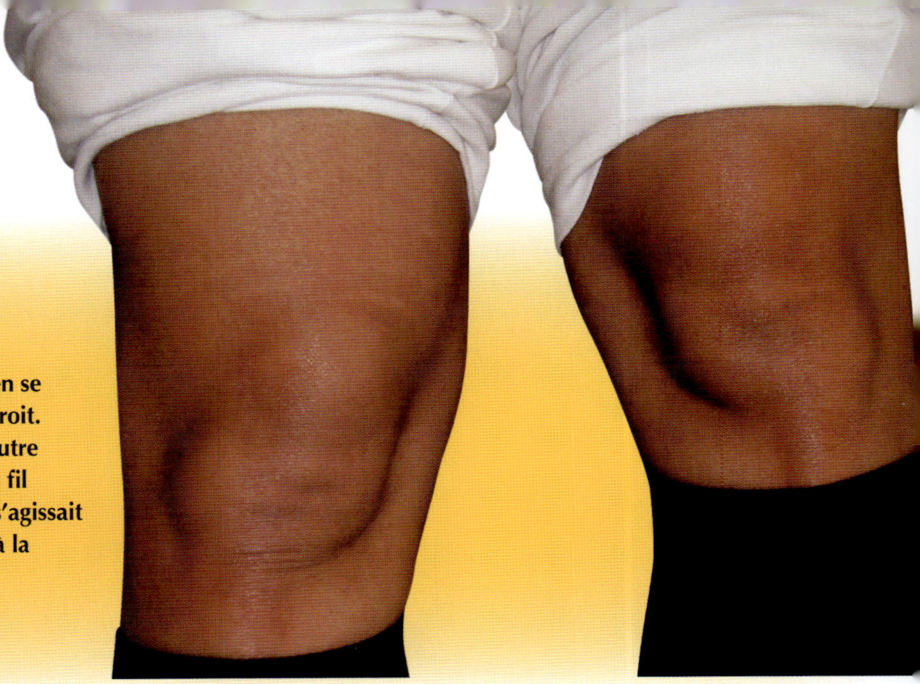

GENOUX DEVINS

En décembre 2006, Amia Fore, de Detroit, a découvert en se mirant dans la glace une sorte de visage sur son genou droit. Un mois plus tard, cette fois sur son genou gauche, un autre visage s'est dessiné, dont les traits devinrent plus nets au fil des semaines. Son conseiller spirituel lui a affirmé qu'il s'agissait de l'image de son futur petit-fils, et qu'elle disparaîtrait à la naissance de l'enfant.

L'HOMME-AIMANT

Aurel Raileanu, un Roumain, est souvent collé à son poste de télévision. Cet employé de l'hôpital de Bucarest est surnommé l'homme-aimant. Il attire tout : les cuillères, les briquets, et il est même resté collé à une télé de 23 kg.

DOIGTS GÉANTS

Liu Hua, du Jiangsu en Chine, avait des doigts plus épais que ses bras. Son pouce gauche, son index, son majeur, difformes à la naissance, étaient devenus énormes, jusqu'à ce que des chirurgiens lui retirent 5 kg d'os et de tissus en 2007.

LA FILLE-PINGOUIN

Dépourvue d'avant-bras, petite et n'ayant que trois doigts à chaque pied, d'où sa démarche singulière, Nany Mae Hill fut exhibée par des cirques, qui la présentait comme « la fille-pingouin ». Elle épousa dans les années 1940 Benjamin Hill, un fermier mesurant 2 m. Elle porta son alliance au pied.

ACROBATE SANS JAMBES

Né en 1844, Eli Bowen n'avait pas de jambes – juste deux pieds, rattachés à ses cuisses. Tout petit, il utilisait déjà ses bras pour marcher ; des blocs de bois à la main, il avançait en balançant les hanches. La force qu'il développa ainsi lui permit de devenir un acrobate réputé.

PHOQUE ET SINGE

Les mains de Stanislas Berent avaient germé directement de ses épaules : atteint de phocomélie, il n'avait pas de bras. Engagé par des forains, il se produisit sous le nom de « Sealo le Phoque ». Dans son numéro, il donnait des cookies à un singe.

COPIE CONFORME

John Joseph Conway, un pompier de Chicago, est allé se faire opérer en Inde pour ressembler à son idole, Bruce Willis. Il a dépensé 1 600 $ pour avoir, comme l'acteur, la mâchoire proéminente. Le look idéal selon lui pour un pompier.

LE GARÇON-HOMARD

Né en 1937, Grady Stiles Jr., de Pittsburgh en Pennsylvanie, était atteint d'ectrodactylie : ses doigts, soudés, formaient des espèces de pinces. Cela lui a permis de se faire engager par des forains, qui l'appelèrent « le garçon-homard ».

Ripley's Velu

Yu Zhenhuan souffre d'hypertrichose – ou « syndrome du loup-garou » –, ce qui lui vaut un excès de pilosité sur tout le corps. On a dénombré chez lui près de 40 poils par cm^2 de peau. L'hypertrichose est en général d'origine génétique..

KING KONG

Yu Zhenhuan a le corps couvert à 96 % d'épais poils noirs. Seule la paume de ses mains et la plante de ses pieds sont épargnées. Ses sourcils sont si longs qu'ils lui cachent les yeux. Chanteur de rock, il est connu en Chine sous le nom de King Kong. Il a subi cinq opérations pour se débarrasser de ses poils de nez et, plus récemment, un débroussaillage des oreilles : il était devenu sourd.

L'Homme cornu

Un villageois de 88 ans, vivant près de Zhengzhou en Chine, a une corne qui lui pousse sur la tête. Cela a commencé en 2006, lorsqu'il a senti une petite bosse sur son crâne ; elle a régulièrement grandi au cours des mois suivants. Les médecins pensent qu'il s'agit d'une forme d'hyperplasie, une prolifération de tissus sains.

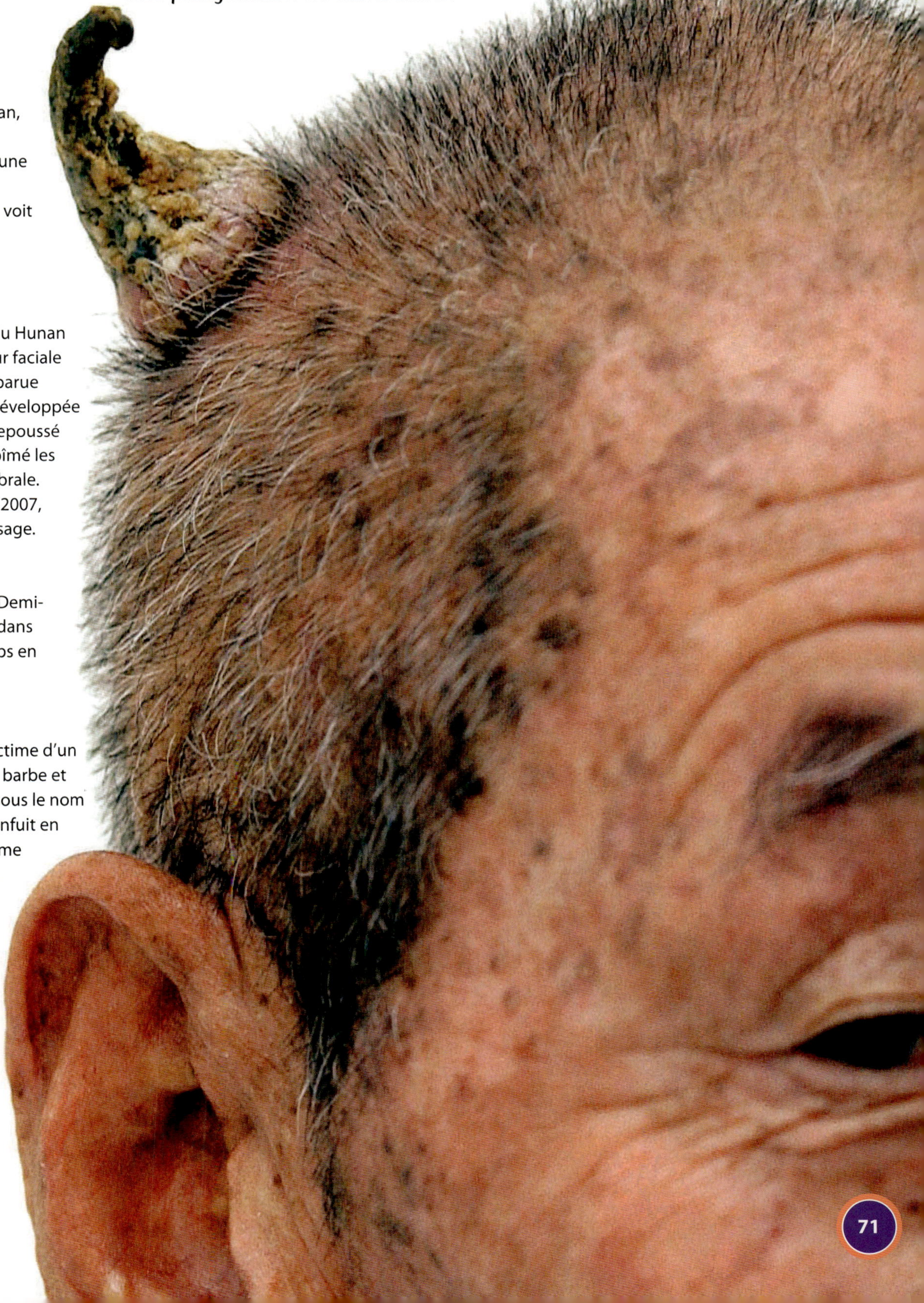

SERPILLIÈRES
Des milliers de prisonniers ont fait don de leurs cheveux pour aider au ramassage du fuel répandu lors du naufrage d'un pétrolier au large des Philippines en août 2006.

BON CALCUL
Des médecins israéliens ont retiré de la vésicule de Moneera Khalil un calcul biliaire de la taille d'un pamplemousse ! Cette « pierre » de 13 cm de diamètre pesait près d'1 kg.

DES BRAS EN RAB'
Rudy Santos, de Bacolad aux Philippines, est surnommé Octoman, « l'homme-pieuvre ». Il possède quatre bras et trois jambes, dont l'une s'arrête au niveau du genou. Deux bras lui pendent du ventre, où l'on voit également dépasser la petite tête et l'oreille de son jumeau parasite.

TUMEUR MASSIVE
Hunang Chuncai, 31 ans, 1,37 m, du Hunan en Chine, était affligé d'une tumeur faciale de 60 cm pesant 15 kg. Elle est apparue lorsqu'il avait 4 ans et s'est si vite développée qu'elle lui a obstrué l'œil gauche, repoussé l'oreille gauche jusqu'à l'épaule, abîmé les dents et déformé la colonne vertébrale. Au moment où on la lui a ôtée, en 2007, elle lui pendait littéralement du visage.

DEMI-PORTION
Johnny Gilmore – alias « Zandu la Demi-portion » – est né à Marshalltown dans l'Iowa, en 1913, avec le bas du corps en moins. Il marchait sur ses mains.

COUPLE BIZARRE
Percilla Lauther, de Puerto Rico, victime d'un déséquilibre hormonal, avait de la barbe et du poil sur tous le corps. Exhibée sous le nom de « Priscilla la Fille-singe », elle s'enfuit en 1938 avec un pensionnaire du même cirque, Emmitt Bejano, surnommé « l'alligator humain » parce qu'il souffrait d'ichtyosisme, ce qui rendait sa peau squameuse. Ils se produisirent plus tard ensemble, comme « les époux les plus bizarres du monde ».

BÉBÉ PRÉCOCE
En 2007 est né en Angleterre un bébé pourvu de dents. Megan Andrews, du Sussex, a étonné toute sa famille en naissant avec 7 dents de lait.

Cène de Tatouage

Chez InkLine Studio, à New York, Anil Gupta peut reproduire sur votre peau n'importe quel tableau de maître sans en omettre le moindre détail. Il a déjà réussi à dupliquer sous la forme de tatouages de la taille d'un timbre-poste des chefs-d'œuvre de Michel-Ange, de Van Gogh ou de Léonard de Vinci, dont une minuscule *Joconde* ainsi que, tatouée sur toute la largeur d'un dos, cette *Cène*.

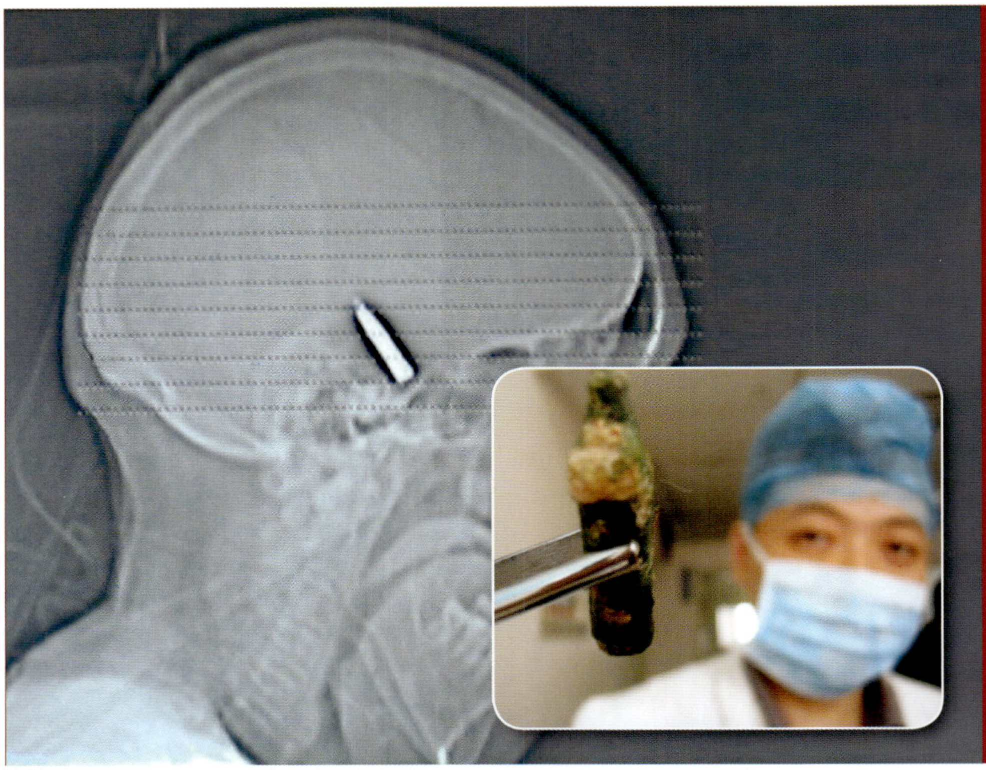

LONG FEU

En 2007, une mamie chinoise a fini par découvrir la raison des maux de tête récurrents dont elle souffrait depuis soixante-quatre ans : une balle logée dans son crâne en 1943.

Jin Guangying n'avait que 13 ans lorsqu'elle avait été touchée par des tirs japonais, alors qu'elle apportait des vivres à son père, un soldat stationné dans le Jiangsu. Si elle s'était remise de cette épreuve, elle n'en avait pas moins eu des migraines à répétition, si vives qu'elle en bredouillait, la bave aux lèvres, se frappant la tête du poing. Lorsque son état se détériora, sa famille emprunta de l'argent pour l'envoyer à l'hôpital, où 4 heures d'opération permirent de lui extraire du crâne une balle de 3 cm, toute rouillée. L'un des chirurgiens qualifia sa longévité de miracle.

NID D'ARAIGNÉES

Un couple d'araignées a fait son nid dans l'oreille d'un garçon de 9 ans. Jesse Courtney a d'abord senti de faibles *pop*, puis une douleur, et les médecins ont extrait de son oreille deux araignées, l'une morte, l'autre vivante. Elles lui ont été remises comme souvenir, et il les a apportées à son école pour les montrer à ses camarades.

DANS LA GUEULE

Un homme à moitié avalé par un grand requin blanc a réussi à échapper à ce monstre de 3 m en lui assénant des coups de burin sur la tête. Eric Nerhus, 41 ans, avait plongé en quête de mollusques au large de la Nouvelle-Galles-du-Sud, en juin 2007, lorsque le squale l'a avalé la tête la première. Il a réussi à enserrer sa tête, ses épaules et sa poitrine dans sa gueule, mais, frappé à plusieurs reprises, il a lâché prise. L'eau était rouge du sang d'Eric Nerhus, qui s'en est tiré avec le nez cassé et de profondes marques sur la poitrine.

UNE DENT CONTRE LUI

Un joueur de rugby australien a pratiqué son sport pendant 3 mois… sans se rendre compte qu'il avait la dent d'un adversaire plantée dans le front. Ce n'est que lorsque Ben Czislowski s'est plaint de douleurs lancinantes qu'on a découvert la dent de Matt Austin. Leurs têtes s'étaient cognées lors d'un match en avril 2007.

RÉACTION MOTARDIVE

Un motard japonais a roulé sur près de 2 km avant de réaliser qu'il avait perdu une jambe. Cet homme de 54 ans avait heurté une barrière de sécurité, mais ce n'est qu'en s'arrêtant qu'il s'est rendu compte que sa jambe avait été sectionnée sous le genou.

CRAYON EN TÊTE

En Allemagne, une femme a dû se faire retirer un crayon du crâne après avoir vécu 55 ans avec. À l'âge de 4 ans, Margaret Wegner avait fait une chute, un crayon à la main. Il lui avait transpercé la joue ; un morceau de bois était même allé se loger dans sa boîte crânienne, juste au-dessus de l'œil. Elle avait souffert de saignements de nez et de maux de tête toute sa vie, jusqu'à ce que des chirurgiens berlinois réussissent à tout enlever, sauf un petit morceau de 2 mm.

BON APPÉTIT

En 2007, dans un restaurent de Sydney, une femme a avalé accidentellement une cuillère de 15 cm, lors d'une crise de rire, alors qu'elle dégustait des spaghettis.

DRAME AMOUREUX

Lors d'un baiser particulièrement torride, une Roumaine de 38 ans a avalé le dentier de son partenaire. À l'hôpital, on l'a retrouvé dans son estomac.

Alien,

BEURK !

Les médecins pensaient que ces bosses douloureuses sur la tête d'Aaron Dallas étaient dues à des morsures d'insectes, ou peut-être à un zona. Puis elles se sont mises à bouger… et ils ont découvert 5 larves d'œstres bien vivantes dans une cavité de 3 mm au sommet de son crâne. « Je les sentais bouger, a-t-il déclaré, je pouvais même les entendre. J'ai réellement cru devenir fou. »

Ripley's Un parasite

L'œstre est une mouche dont la larve parasite les mammifères, en particulier le cheval. Parmi ses 150 variétés, une seule, *Dermatobia hominis*, s'en prend à l'homme. L'œstre femelle fait appel à un moustique pour transmettre ses œufs à leur hôte : le moustique le pique et les œufs tombent. La chaleur de l'organisme fait éclore les larves, qui se creusent un terrier, se nourrissant de chair durant 8 semaines, avant de quitter leur hôte pour se transformer en chrysalides, dont elles ressortiront mouches. Elles se plaisent partout où il y a à manger, même dans le nez ou la gorge. Bien arrimé, ce genre d'asticots ne peut être délogé par une simple pression. Nos conseils : aidez-vous d'une pompe à venin, ou enduisez la blessure de vaseline pour les étouffer, ce qui les obligera à refaire surface.

le retour

CORIACE

Attaqué par un requin de 60 cm alors qu'il barbotait au large de la Nouvelle-Galles-du-Sud, Luke Tresaglovic a dû nager 275 m jusqu'au rivage, regagner sa voiture à pied et rouler vers le club de surf le plus proche… tout ça avec le squale encore accroché à sa jambe. Ce bébé wobbegong avait planté ses dents aiguisées comme des rasoirs dans la chair de Luke. Il a refusé de le lâcher, même quand les maîtres nageurs ont aspergé ses ouïes d'eau pour qu'il se décontracte. Luke s'en est tiré avec des points de suture, mais pas le requin. Il repose aujourd'hui dans le jardin des Tresaglovic.

ERREUR MÉDICALE

En 2007, une Brésilienne a appris la cause de ses maux d'estomac persistants : un scalpel de 5 cm oublié dans son ventre lors d'une césarienne 23 ans plus tôt.

ÇA CHATOUILLE

Dans le corps de Bonnie Valle, dont elle avait fait don à la science, on retrouva, derrière son poumon gauche, un linge à usage chirurgical de la taille d'une grande serviette de toilette. Ce linge enroulé avait été placé là au cours d'une opération au poumon, 7 ans auparavant. D'après sa famille, Bonnie s'était souvent plainte de drôles de sensations au niveau de la poitrine.

DIFFÉRENCE de taille

Bao Xishun et Xia Shujuan ont célébré leur mariage en 2007, vêtus de costumes traditionnels mongols.

Rencontre entre l'un des hommes les plus grands au monde, le Mongol Bao Xishun (2,36 m), et son compatriote He Pingping (73 cm), qui fait moins du tiers de la taille de Bao.

Bao le berger était d'une taille normale jusqu'à l'âge de 16 ans. Il a alors connu une poussée de croissance aussi soudaine qu'inexpliquée. En 7 ans seulement, elle l'a conduit à sa taille actuelle. Au mois de juin 2007, après avoir cherché partout à travers le monde une épouse qui lui convienne, Bao Xishun, 56 ans, s'est uni à Xia Shujuan (1,68 m), une jeune femme de sa ville natale. Elle a presque la moitié de son âge et mesure 60 cm de moins que lui. 30 couturiers ont œuvré pendant trois jours pour créer le costume de mariage de Bao.

À sa naissance, He Pingping tenait dans la paume d'une main. Si ses deux sœurs ont connu un développement tout à fait normal, victime d'une malformation osseuse, il n'a grandi que très lentement.

TAILLES EXTRÊMES ▽

51 cm	Lucia Zarate, Mexique (1864-1890). Elle ne pesait que 227 g à la naissance et, à 12 ans, n'avait que 35 cm de tour de taille. Elle trouva la gloire avec le cirque Barnum, qui la présentait comme « la lilliputienne mexicaine », la payant 20 $ de l'heure.
91 cm	Michel Petrucciani, France (1962-1999). Petit par la taille, il n'en devint pas moins un grand pianiste de jazz. Dès l'adolescence, son père, également musicien, fabriqua des extensions spéciales pour que ses pieds puissent atteindre les pédales. Victime de la « maladie des os de verre » (ostéogénèse imparfaite), chaque récital lui coûtait des fractures. Il entrait sur scène dans les bras d'un assistant, qui l'installait au piano.
102 cm	Charles Stratton, États-Unis (1838-1883). Ce membre du cirque Barnum, plus connu sous le nom de « général Tom Pouce » épousa Lavinia Warren, une femme de sa taille, en 1863. Ils fêtèrent leur union au Metropolitan Hotel de New York, entourés de 2 000 invités.
2,72 m	Robert Wadlow, États-Unis (1918-1940). À 8 ans, il mesurait déjà 1,88 m. Il grandit tellement qu'il lui fut impossible de marcher sans béquille. Il fut inhumé dans un cercueil d'1 t, qui nécessita 12 porteurs.
2,67 m	Eddie Carmel, États-Unis (1936-1972). À sa mort, sa taille était tombée à 2,13 m : il souffrait d'une cypho-scoliose, d'où l'affaissement de sa colonne vertébrale.
2,64 m	Grady Patterson, États-Unis (1943-1968). À 13 ans, il prit 30 cm en une seule année.

MICROBE

Pour dormir, il faut à l'Ukrainien Leonid Stadnik (2,57 m) deux lits mis bout à bout. Il a dû renoncer à son travail comme vétérinaire dans un élevage bovin à la suite d'engelures aux pieds, faute de pouvoir s'offrir des chaussures correctes – il chausse du 43… cm ! Et pourtant, avant son opération du cerveau à l'âge de 14 ans, on le traitait à l'école de « microbe » en raison de sa petite taille.

GÉANT GERMANIQUE

Julius Koch (1872-1902), alias « le géant Constantin », de Reutlingen en Allemagne, avait des mains de 38 cm – deux fois la taille moyenne d'une main d'adulte. Il aurait mesuré jusqu'à 2,4 m, mais il ne s'agit que d'une estimation, Koch ayant dû être amputé d'une partie des jambes à la suite d'une gangrène.

JUMEAUX INÉGAUX

Donald Koehler (1925-1981) du Montana connut une poussée de croissance anormale à partir de l'âge de 10 ans, pour atteindre les 2,48 m. Sa sœur jumelle ne mesura cependant jamais plus d'1,75 m.

MÉGA MING

Sun Ming Ming, un joueur de basket chinois installé aux États-Unis, mesure 2,36 m et chausse du 55. Il ne pratique son sport que depuis ses 15 ans, âge auquel il atteignait déjà 2 m.

PETITE EDITH

En 1925, à sa naissance dans le Yorkshire en Angleterre, Edith Barlow ne pesait que 450 g. Elle était si minuscule qu'elle dut passer les six premiers mois de sa vie enveloppée dans de la ouate imprégnée d'huile d'olive. À sa mort à l'âge de 25 ans, elle ne dépassait pas 55 cm.

RECONVERSION

Né à San Francisco en 1858, Leopold Kahn fut découvert à l'âge de 4 ans par P. T. Barnum, qui le surnomma d'abord « l'elfe de l'Eldorado », puis « l'amiral Petit Point ». À 16 ans, Kahn faisait 63 cm, mais il finit par atteindre 1,2 m, ce qui lui permit de devenir shérif adjoint et pompier volontaire à White Plains, dans l'État de New York.

SA MOITIÉ

Fabien Pretou a épousé Natalie Lucius à Seysinnet-Pariset en 1990. Sur leur photo de mariage, il la domine de 91 cm. Il mesure en effet 1,85 m, contre 94 cm pour elle, soit environ la moitié.

IL AVAIT DU PIF

Thomas Wedders, qui vivait en Grande-Bretagne au XVIIIe siècle, avait un nez de19 cm de long. Un atout qu'il mit à profit en se joignant à une troupe de montreurs de foire.

Bien pourvu

BARBE D'ABEILLES
Steve Bryans, d'Alvinston, dans l'Ontario, s'est laissé recouvrir de 7 700 abeilles lors d'un championnat de « barbe d'abeilles » à Aylmer. Les abeilles, préalablement enfumées pour qu'elles se tiennent tranquilles, furent d'abord étalées sur le visage des concurrents, puis orientées à l'aide de plumes pour prendre la forme de barbes vivantes. La présence de leur reine, enfermée dans une petite cage fixée au cou des concurrents, les incitait à rester en place.

T'AS D'BEAUX CH'VEUX
Dae Yu Quin, une Chinoise de 41 ans vivant à Shanghai, possède une chevelure de 4,5 m de long. Elle ne s'est plus coupé les cheveux depuis le jour où, adolescente, elle dut se raser la tête, atteinte d'une maladie du cuir chevelu. Il lui faut la moitié de la journée pour se coiffer !

L'EXORBITEUR
Claudio Paulo Pinto, du Brésil, est capable de faire sortir ses yeux de leurs orbites. Il a travaillé dans une attraction à Belo Horizonte, une « maison hantée » où il devait faire peur aux visiteurs.

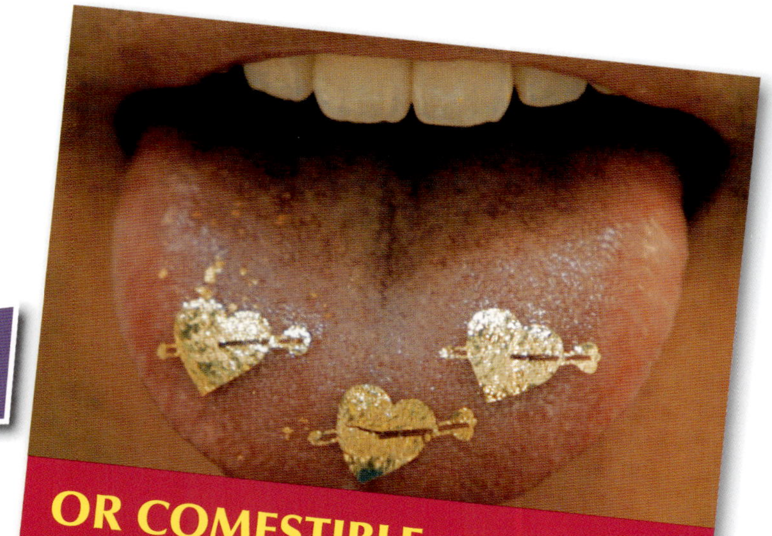

OR COMESTIBLE

Une société japonaise a mis au point de véritables feuilles d'or ultrafines que l'on peut appliquer sur sa langue ou laisser fondre dans son café. Synonyme de luxe, l'or est aussi réputé pour rafraîchir le corps.

DENTS DE LUXE

Cette Brésilienne s'est fait poser des couronnes dentaires dorées en forme de cœur.

TORDU DE LA LANGUE

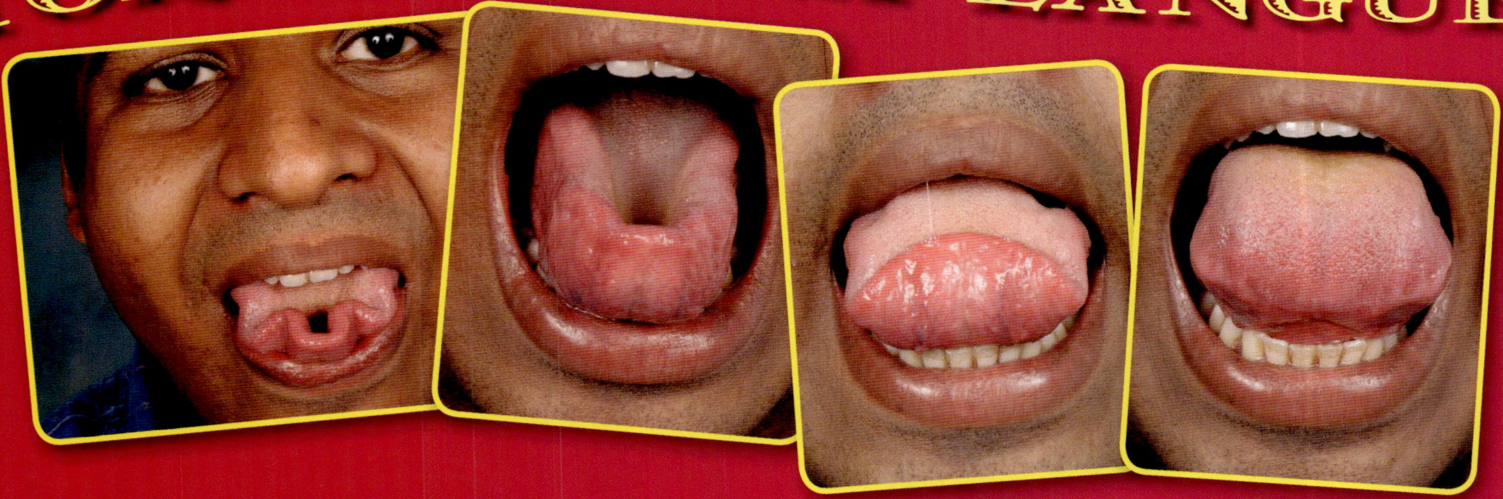

DENT DURE

Cai Donsheng, de Chongqing, en Chine, est capable de briser des clous entre ses dents, qu'il protège par une gaze. Il en est déjà à plus de 10 kg de clous brisés.

CRISE DE HOQUET

Celle de Jennifer Mee, de Saint Petersburg, en Floride, a débuté le 23 janvier 2007. Elle a duré 38 jours.

FAMILLE D'ALBINOS

Les 4 enfants de Mario et Angie Gaulin, du Canada, sont tous nés albinos, avec des yeux roses et des cheveux blancs.

TOTAL TATOO

Lucky Diamond Rich, un Australien, est tatoué sur chaque cm^2 de son corps – même dans la bouche et les oreilles. Il y a plusieurs couches d'encre à certains endroits. Il s'est fait tatouer par 136 artistes différents, dans 45 villes de 17 pays. Il a passé 1 150 heures entre leurs mains, ce qui fait presque 7 semaines.

ONGLES LONGS

Li Jianping, de Shishi, en Chine, a laissé pousser les ongles de sa main gauche pendant 15 ans. Ils mesurent aujourd'hui 1 m de long. Il évite la foule et dort toujours le poignet gauche sous la tête, pour empêcher sa main de bouger.

PLEIN DE DOIGTS

Jeshuah Fuller, de New York, est né en août 2007 avec six doigts aux mains et aux pieds.

MAXI-LANGUE

Stephen Taylor, un Anglais, possède une langue de 9,5 cm de long. Il peut se la rentrer dans les narines !

EFFET SIRÈNE

Une Néo-Zélandaise dépourvue de jambes s'est fait poser une queue de sirène pour continuer de vivre sa passion, la natation. Amputée des deux jambes à l'âge de 16 ans, Nadya Vessey a fait appel à la société qui a réalisé les effets spéciaux du *Seigneur des Anneaux* et de *King Kong*, afin de lui fabriquer une prothèse en forme de queue de sirène ajustée à son short de plongée.

ÇA REPOUSSE ?

Les Spievack, de Cincinnati, a perdu l'extrémité d'un doigt en août 2005 mais… son doigt a repoussé, reprenant sa longueur d'origine ! Et l'ongle de ce doigt croît maintenant deux fois plus vite que le reste de ses ongles.

TATOUAGE EXPRESS

La tatoueuse Kat Von D a fait homologuer en 2007 un nouveau record de vitesse : en 24 heures, à Los Angeles, elle a tatoué 400 volontaires recrutés sur Internet.

PANNEAU HUMAIN

Edson Alves, de Tanabi, au Brésil, gagne sa vie en faisant de la pub grâce à ses tatouages. Il se promène torse nu, exhibant plus de 20 tatouages promotionnels pour des magasins, restaurants ou entreprises locales.

LANGUE FOURCHUE

James Keen, du Kentucky, nous montre sa langue de vipère. Il l'a fait diviser par un spécialiste du piercing, qui s'est servi d'un scalpel chauffé au brûleur, sans anesthésie. Même s'il paraît que cela rend les baisers encore plus agréables, cette pratique est aujourd'hui illégale dans certains États américains, où elle est considérée comme une mutilation.

Mohammed Rafi, du Kerala, en Inde, peut tordre sa langue à 180 degrés et la retourner complètement. Il peut aussi se toucher le nez avec la langue et la rouler de toutes sortes de manières étranges – en forme de fleur, de coquillage et même de barque.

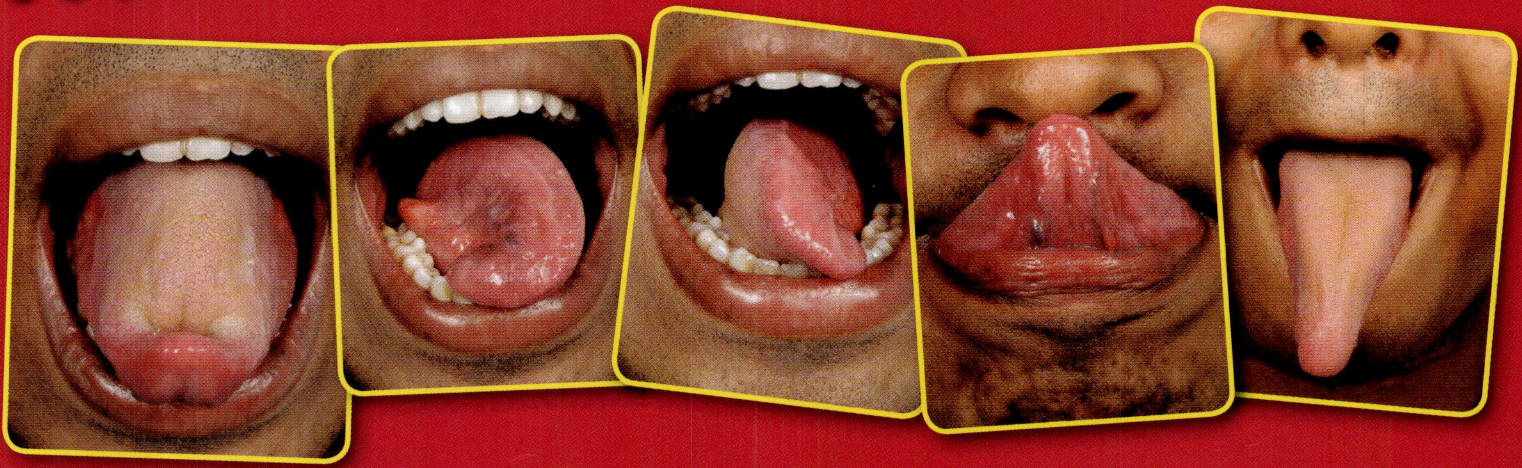

Caveau de famille

PETITS ET GRANDS

Deux couples extrêmes par leur différence de taille, Occidentaux à gauche (vers 1930) et Orientaux à droite (vers 1880).

DENTS DE LA MER

Cette huître avait adopté un vieux dentier tombé au fond de l'eau !

HEIN ?

Max Calvin n'a jamais eu besoin de chercher sa monnaie : il pouvait stocker jusqu'à 25 pièces dans son oreille !

SAUT CRÂNIEN

Le truc d'Alexandre Patty, en 1931, était de monter les escaliers en « marchant » sur la tête ! Il appelait ça le « saut crânien ».

INSÉPARABLES

Voici le portrait de deux jumelles fusionnées, Mary et Arrita, réalisé en 1924. Ces deux petites Mexicaines étaient reliées par la cage thoracique.

SUR LE MENTON

Robert Dotzauer parvient ici à tenir deux lourdes tondeuses à gazon en équilibre sur son menton.

ON A FAIT MIEUX

Deux Texans détenaient à une certaine époque le record de poids féminin et masculin. Sam Harris pesait 313 kg et Alice Dunbar, 311 kg. On a fait mieux depuis.

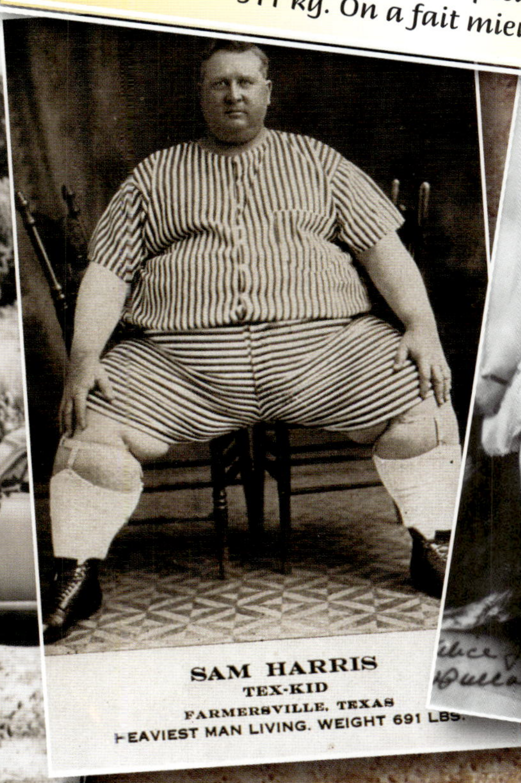

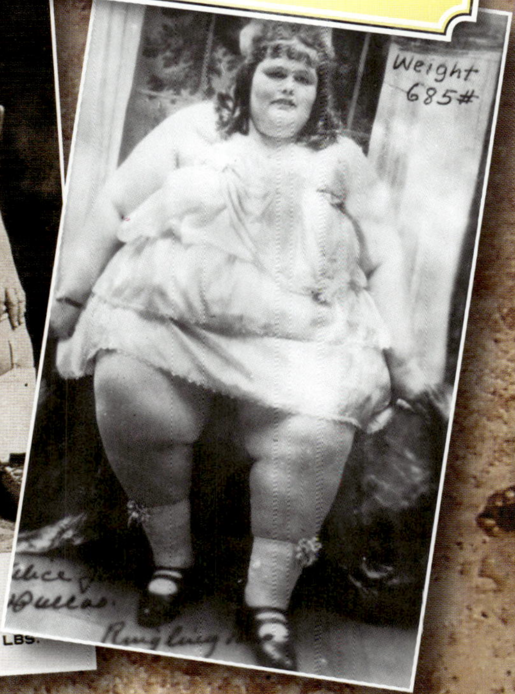

UN PEU RAIDE

Lawrence J. Frankel était capable de se tenir à l'horizontale, accroché à des espaliers, avec un poids de 50 kg dans le dos.

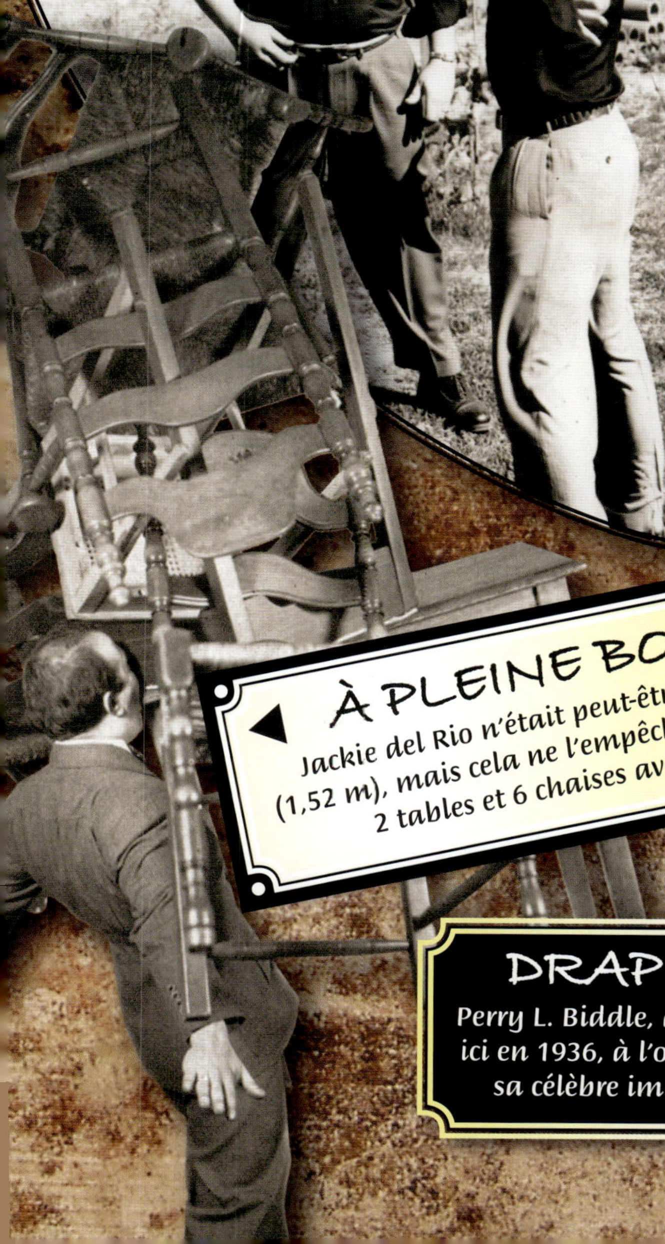

À PLEINE BOUCHE

Jackie del Rio n'était peut-être pas très grand (1,52 m), mais cela ne l'empêchait pas de soulever 2 tables et 6 chaises avec sa bouche.

DRAPEAU HUMAIN

Perry L. Biddle, de DeFuniack Springs, reproduit ici en 1936, à l'occasion de son 90e anniversaire, sa célèbre imitation : le drapeau humain.

PIERCING RECORD

En 2003, le Canadien Brent Moffatt s'est enfoncé 900 aiguilles chirurgicales dans la chair, lors d'une tentative pour battre son précédent record (702 aiguilles).

LICORNE CHINOISE

Une grand-mère chinoise a une corne de 13 cm qui lui pousse sur le front. Mamie Zhao, 95 ans, de Zhanjiang, prétend que cette corne en forme de queue de citrouille recourbée vers le bas est apparue il y a 3 ans. Elle n'est pas douloureuse mais gêne un peu sa vision.

SANG VERT

Les chirurgiens qui opéraient un homme de 42 ans, à Vancouver, se sont alarmés en s'apercevant qu'il avait le sang vert. Des tests en ont révélé la cause : il prenait trop de pilules contre les maux de tête.

ÇA CLAQUE !

Les claquements de doigts du Californien Robert Hatch sont impressionnants : à 108 dB, ils atteignent le niveau sonore d'un concert de rock.

PLUS GROSSE TU MEURS

17 ans après s'être découvert une drôle d'excroissance sur la nuque, Huang Liqian, 58 ans, se l'est finalement fait enlever, en 2007. C'était devenu entre-temps une énorme tumeur, d'un poids de 15 kg.

Crâne d'œuf

Un Britannique s'est fait tatouer un petit-déjeuner anglais complet sur le crâne. Dayne Gilbey, de Coventry, exhibe sur son cuir chevelu du bacon, des saucisses, des haricots et même des œufs, des couverts. Le tatoueur, Blane Dickinson, cherche maintenant un(e) volontaire pour se faire tatouer un second visage à l'arrière du crâne.

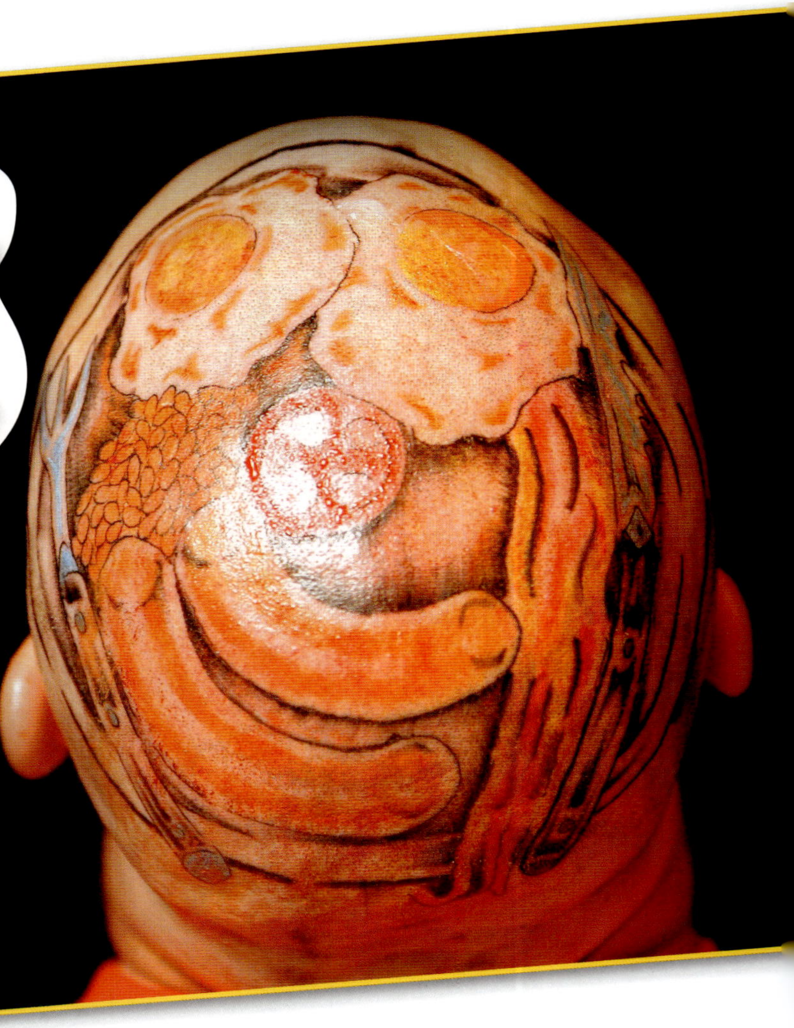

TOUR DE MAGIE
Daniel Radcliffe, plus connu pour avoir incarné Harry Potter au cinéma, est capable, en gardant sa main appuyée sur une surface plane, de la faire tourner à 360 degrés.

GROS VENTRE
Chen Huanxiang, du Wuhan, en Chine, a été admis à l'hôpital en avril 2007 pour l'ablation d'une monstrueuse tumeur abdominale de 50 kg.

TÊTE DE PIZZA
Pour fêter l'ouverture de son stand de pizzas, Colin Helsby, de Penmaenmawr, au pays de Galles, s'est fait tatouer derrière la tête une pizza jambon-ananas. Il a fallu 3 heures pour achever cette œuvre d'art, où l'on reconnaît trois sortes de jambon, de gros morceaux d'ananas et des filaments de fromage fondu.

CHIMÈRE
Lydia Fairchild, de l'État de Washington, est l'une des 50 personnes seulement à être nées avec deux ADN différents. Le corps médical l'a découvert en 2002, lors de tests ADN pour prouver qu'elle était bien la fille de sa mère.

DÉCOUVERTE CHOC
Des chirurgiens chinois qui opéraient une petite fille de 10 mois ont découvert une chose incroyable : une herbe de 3 cm lui poussait sur la paroi des poumons ! Cette herbe s'est révélée de la même variété que celle de son jardin Selon les médecins, l'enfant aurait aspiré par le nez une graine qui aurait ensuite trouvé dans son corps de bonnes conditions pour germer.

CORNE DE RECHANGE
Un Yéménite a vu deux cornes lui pousser sur la tête. Saleh, 102 ans, a souvent rêvé qu'une corne apparaissait sur son crâne. Ce rêve s'est réalisé il y a 25 ans. Elle a grandi de 50 cm avant de tomber. Mais depuis, une autre a pris sa place.

BÉBÉ PARASITE
Betty Lou Williams, née en 1932 à Albany, en Géorgie, avait un jumeau parasite qui lui pendait du torse. Ce jumeau possédait deux jambes, un bras doté de trois doigts et un second bras pas plus gros qu'un simple doigt. Elle l'exhibait sur scène vêtu d'habits miniatures. En dehors, elle le cachait sous une robe de maternité.

DOIGT LONG
Avant de se faire opérer, Liu Hua, du Jiangsu, en Chine, avait un index gauche de 30 cm.

RENDS-MOI MA JAMBE !
Deux hommes se sont disputé une jambe sectionnée devant les tribunaux en 2007. John Wood, de Caroline du Sud, s'était fait amputer à la suite d'un crash aérien, mais il avait récupéré sa jambe, qu'il avait conservée chez lui dans un barbecue, voulant être enterré « entier » à sa mort. Shannon Whisnant avait ensuite acquis ce barbecue d'occasion aux enchères – et il voulait garder la jambe.

MÉGAKYSTE
Quand le poids de Taquela Hilton grimpa à 254 kg et que son tour de taille atteignit 1,8 m, les médecins se dirent qu'elle mangeait trop. Ils changèrent d'avis en lui découvrant un kyste ovarien de 42 kg, rempli de 45 l de liquide. Ils le lui ôtèrent : « On aurait cru pratiquer une césarienne pour faire sortir un enfant de 12 ans. Elle transportait avec elle l'équivalent d'un véritable petit adulte. »

LA CRYPTE DE L'HORREUR

Plus de 2 000 momies sont alignées le long des murs d'une crypte souterraine à Palerme, en Sicile – dans leurs plus beaux atours. Un spectacle effrayant, d'autant qu'elles ont souvent la mâchoire pendante, ce qui leur donne l'air de montrer les dents aux visiteurs.

Certaines gisent à l'intérieur de niches creusées dans le calcaire, mais par manque de place, la plupart sont simplement debout, fixées par des crochets aux murs des catacombes. Les moines capucins les ont regroupées par âge, sexe et statut social : cela va des minuscules bébés dans leur berceau aux soldats en uniforme, en passant par les hommes de loi vêtus de leur habit de cérémonie. Il y a là également des centaines de cercueils, dont un côté est ouvert pour laisser voir le défunt !

Les moines de Palerme commencèrent à momifier leurs ouailles il y a quatre siècles. La première momification eut lieu par hasard. Frère Silvestro, un moine, mourut subitement en 1599. Quelques mois plus tard, on s'aperçut que le calcaire, combiné à l'air rare de la crypte, avait provoqué la momification de sa dépouille. Après cela, tous les moines voulurent eux aussi être momifiés. Et bientôt, les riches de Palerme exprimèrent le même souhait…

Cette pratique s'arrêta dans les années 1920. Rosalia Lombardo, 2 ans, dite « La Belle au bois dormant », fut l'une des dernières à en bénéficier. Sa famille venait souvent s'incliner devant son cercueil ouvert.

Même si l'air sec de la crypte a permis la préservation d'une grande partie des restes, au fil des ans, certains défunts ont perdu leurs oreilles ou leurs mains. Quelques momies, même, ne sont plus que des squelettes costumés.

Des centaines de cadavres embaumés par les capucins s'alignent le long des murs de la crypte. Curieusement, on ne sent pas d'odeur !

Ripley's Macabre défilé

La technique de momification la plus courante à Palerme consistait à enfermer le défunt 8 mois dans une cellule spéciale, puis à l'en retirer et à le laver au vinaigre. En cas d'épidémies, les corps étaient plongés dans l'arsenic ou la chaux. Le Dr Salofia, qui a momifié la petite Rosalia Lombardo, lui a injecté certains produits chimiques… Mais quoi ? Mystère.

Les Palermitains précisaient souvent dans quelle tenue ils voulaient être enterrés. Les défunts de Palerme sont vêtus comme ils l'étaient de leur vivant. Certains moines s'exhibent avec une corde autour du cou, un accessoire qu'ils portaient déjà avant de mourir, en signe de mortification.

MOMICAMENT

Au XVIe siècle, on attribuait aux momies des propriétés médicinales. Il se vendait de l'extrait de momie en poudre, enrobé de miel : à prendre comme anticoagulant, par voie orale.

TRAITE DES MORTS

À l'époque de la guerre de Sécession, les Américains importaient des momies : ils recyclaient leurs longues bandelettes de lin pour fabriquer du papier.

ENCORE FRAÎCHE

La momie d'une petite fille morte au IIe siècle et découverte près de Rome était si bien conservée qu'on a pu prendre ses empreintes digitales.

EMBALLAGE SOIGNÉ

On a mesuré la surface totale des bandelettes d'une momie d'Égypte ancienne : 835 m^2 !

Si les vêtements ont survécu aux injures du temps, leurs propriétaires sont souvent réduits à l'état de squelettes.

Chez les momies palermitaines les mieux conservées, la chair, les cheveux et même les yeux subsistent.

Le corps momifié d'un enfant, dans les catacombes des Capucins de Palerme. Alors que la plupart des adultes s'alignent en rangs, les enfants s'exhibent dans des poses étudiées.

DISTRACTION MORBIDE

Au XIXe siècle, certains nobles s'amusaient à acheter des momies dont ils ôtaient les bandelettes, et ils invitaient leurs amis à voir ce curieux spectacle. Trop souvent exposées à l'air, elles se désintégraient.

URNES CULINAIRES

Une tribu de Bornéo ensevelit ses morts dans d'énormes jarres en terre. Les fluides en putréfaction sont évacués, puis l'on place les restes desséchés dans d'autres jarres. Les premières sont réutilisées pour… faire la cuisine !

INOUÏS INUITS

Huit momies inuits de 500 ans d'âge bien préservées ont été découvertes en 1972 au Groenland : un bébé, un jeune garçon et six femmes. Leur momification s'est produite de façon naturelle, sous l'effet de la température glaciale et du manque d'air dans la grotte où ils vivaient.

Les moines de Palerme se faisaient ensevelir en habit ecclésiastique. Leurs successeurs pouvaient ainsi les reconnaître et prier pour leur âme.

AUTOMARIAGE

Un Chinois narcissique s'est marié… avec lui-même, devant 100 invités, à Zhuhai. Son effigie en mariée, grandeur nature, lui a servi de partenaire.

GARDE-ROBE DE MÉMÉ

Charlotte Middleton, d'York, est devenue la 6e femme de sa famille à se marier dans la même tenue : une robe de mousseline et de satin portée pour la première fois par son arrière-grand-mère en 1910.

MARIÉE À UN MORT

Tulsi Devipujak, d'Anand, en Inde, a épousé son fiancé Sanjay Dantania en mars 2007, malgré la mort accidentelle du jeune homme peu avant la cérémonie. La famille de la jeune mariée a revêtu Sanjay de ses habits de mariage et le rituel a été célébré dans les formes habituelles.

NOCES PROFONDES

À Merioneth, au pays de Galles, un couple a témoigné de son profond amour… en se mariant à 152 m au-dessous du sol, dans une mine d'ardoise abandonnée, devant 15 invités. Outre ses habits de mariage, tout le monde portait un casque et des bottes en caoutchouc.

RATÉ !

Phulram Chaudary, un Népalais de 75 ans, a épousé une chienne, selon une coutume locale voulant que cela porte chance. Pas de bol, elle est morte 3 jours plus tard !

AH ! LA TRAÎNE…

Un Chinois a fait coudre une robe de mariage de 200 m de long pour sa fiancée. Ken, ce jeune marié originaire de Guangzhou, souhaitait au départ une traîne de 2 008 m, allusion au millésime des JO de Pékin, mais il a décidé de réduire ses ambitions à 200,8 m. Il a fallu 3 mois pour la confectionner.

DE L'AMOUR DANS L'AIR

Un nettoyeur et une nettoyeuse de vitres spécialisés dans les travaux acrobatiques se sont unis en plein ciel ou presque. C'est juchés à 15 m du sol sur des planches de bois retenues par des cordes et des poulies que Jiang Dezhang et Tie Guangju se sont dit oui ! Les témoins étaient suspendus à leurs côtés.

LA POULE DU MARIÉ
Lors du mariage de Terry Morris et Renée Biwer, près de Bismarck, Dakota du Nord, en août 2006, la jeune fille d'honneur était… une poule. Henrietta la poule vivait chez le marié depuis 12 ans ; elle méritait bien de passer la nuit à l'hôtel avec le couple ! La cérémonie eut un petit côté fermier : les époux se dirent oui à cheval, sans descendre de leur selle.

ARBRACADABRANTESQUE
Persuadées que ce rituel éloignerait les mauvais esprits, des centaines de personnes se sont rassemblées en décembre 2006 à English Bazaar (*sic !*), en Inde, pour assister au mariage entre deux arbres.

CADEAU DE DIVORCE
En octobre 2006, un Autrichien s'est coupé l'annulaire et a offert son doigt, alliance comprise, à la femme dont il venait de divorcer.

MARIAGES SUCRÉS
Les employés de Voodoo Doughnut, à Portland, ne fabriquent pas seulement des beignets. Ils célèbrent aussi des mariages dans la chapelle de leur pâtisserie !

HEUREUX PRÉSAGE
En 2007, Alina Mocoran, une Roumaine, a passé l'épreuve écrite du concours d'entrée chez les pompiers… en robe de mariée. Venue directement de l'église, elle a préféré ne pas se changer, estimant que cela lui porterait chance.

UNION FUNÈBRE
P. Sanjeevi Rajan, de Port Klang, en Malaisie, a épousé sa fiancée lors des funérailles de sa mère. Elle avait toujours rêvé de le voir se marier...

CHIEN DE FIANCÉ !
Plaquée par son boyfriend 15 jours avant la date de leur mariage, l'Anglaise Emma Knight ne s'est pas démontée. Elle a maintenu la réception, porté sa robe de mariée à 3 000 $ et pris pour cavalier… son chien, vêtu en jeune marié.

MESSAGE PERSONNEL
Pour demander Jennie Bass en mariage, Eric Egmont, de Cambridge, Massachusetts, est passé par… une grille de mots croisés. À sa requête, le *Boston Globe* a publié dans son édition du dimanche une grille spéciale, dont la solution énonçait la demande d'Eric.

MAXIPOLYGAME
Shehu Malami, de Sokoto, au Nigeria, 68 ans, n'a plus que 4 épouses. Mais au cours de sa vie, il s'est marié 201 fois.

QUI A DIT QUOI ?
Lors du mariage d'Eyvonne Carter et Valentine Vox, à Las Vegas, leurs marionnettes – une poupée et un chien – étaient là elles aussi. Le témoin du marié, celui de la mariée, les demoiselles d'honneur et l'encadrement étaient également ventriloques, et la cérémonie fut célébrée par Sheila Loosley, pasteur et… ventriloque, assistée de sa marionnette, Digger.

NOCES DE BALLON

Lorsque Don Caldwell l'a conduite à l'autel, Laura Dakin était vêtue d'une robe entièrement faite en ballons à modeler. Pour ajouter à l'ambiance surréaliste de ce mariage aux couleurs hawaiiennes, célébré à Las Vegas, « Elvis » était aux commandes et le jeune marié portait un short à fleurs. Les mariés s'étaient rencontrés lors d'un salon du Ballon à modeler, et Caldwell avait fait sa demande en sautant d'un ballon rose d'1,8 m de haut.

À un mariage entre fondus de ballons à modeler, il est normal que les bouquets soient faits de ballons !

Le futur marié a eu besoin de 8 heures, pas moins, pour fabriquer la robe de sa promise. « J'avais travaillé sur toutes sortes d'opérations, raconte-t-il, mais c'était la première fois que je fabriquais une robe grandeur nature qui puisse être portée. »

FESTIVAL DE FEU

Pour célébrer la Saint-Antoine (patron des animaux), chevaux et cavaliers sautent par-dessus le feu dans le village espagnol de San Bartolomé de Pinares, chaque année au mois de janvier. Encouragés par les cris enthousiastes de la foule, plus de 100 cavaliers, certains accompagnés de jeunes enfants, bravent les flammes de 30 feux de joie jalonnant un parcours de plus d'1 km. Cette cérémonie controversée, vieille de plusieurs centaines d'années, dérive d'une croyance selon laquelle passer à travers le feu préservait les villageois de la maladie.

SAUNATAL
Jusqu'aux années 1920, en Finlande, les femmes accouchaient souvent au sauna : la chaleur était supposée les préserver, ainsi que leurs nouveau-nés, des infections.

NOMS PROSCRITS
En Malaisie, on distribue aux jeunes parents une liste de prénoms interdits – dont « Hitler », « Chien qui pue », « Bossu » et « 007 ».

RÉVEIL BRUTAL
Le 27 juillet, en Finlande, c'est le jour des Marmottes : la dernière personne de la maison à se réveiller est traînée hors de son lit puis jetée dans le lac le plus proche ou dans la mer.

MÉTÉO-RITE
Les Indiens Clackamas traversent chaque année les États-Unis pour aller s'incliner au muséum d'histoire naturelle de New York devant la météorite de Willamette (15,5 t) qu'ils considèrent comme sacrée.

LA FÊTE À LA GRENOUILLE
Dans le Rangpur, au Bangladesh, on célèbre des simulacres de mariages avec des grenouilles, pour faire tomber la pluie.

DU BALAI !
S'ils emménagent dans une nouvelle demeure, les Italiens passent un coup de balai pour chasser le mauvais œil et jettent du sel dans l'angle des pièces afin de les purifier.

PATRIOTE À HEURE FIXE
Chaque jour à midi, les clients du Liberty Street Diner, une cafétéria de Charles Town, en Virginie-Occidentale, sont invités par Judy Hawkins, la serveuse, à interrompre leur repas pour entonner avec elle l'hymne américain, « The Star-Spangled Banner ».

MAUVAISE PLACE
Selon une superstition islandaise, une célibataire qui s'assoit au coin de la table ne se mariera pas avant 7 ans...

ÇA MORD ?
Les Japonais pensent que saisir un peigne les dents tournées vers soi porte malheur.

Mini-Sumos

Voilà un genre de concours très populaire au Japon : deux sumos s'y affrontent par bébés interposés. Chacun tient un petit enfant qu'il encourage sans violence à pleurer. Le premier bambin à éclater en larmes a gagné ! La plupart de ces mini-sumos ont moins d'un an. Faire pleurer à grands cris les enfants en bas âge est considéré au Japon comme bon pour leur santé.

Un moine imprime une marque sur le front d'un enfant avant un concours de « sumos pleureurs », au Japon, en 2004.

ÉQUILIBRISME

La version moderne des anciens radeaux japonais, ici lors d'un festival à Tokyo : des poutres de bois dans un bassin, sur lesquelles grimpent les kawanami. Juchés sur des troncs flottants, les bûcherons du XVIIe siècle savaient fabriquer des radeaux.

SAUT DE BÉBÉS

Lors du festival d'El Colacho, à Castrillo de Murcia, près de Burgos, en Espagne, les parents qui veulent protéger leur nouveau-né des mauvais esprits le déposent sur le sol, et des adultes déguisés en diables sautent par-dessus.

NOCES DE CRACHAT

Un rite de mariage soudanais incite les jeunes époux à s'affronter dans un concours de crachat de lait pour déterminer qui dirigera le ménage.

CHAT MAUDIT

Dans certaines régions françaises, il paraît qu'un célibataire qui marche sur la queue d'un chat le restera encore un an de plus.

CYGNES FUNESTES

Pour les Écossais, la vision de 3 cygnes en vol groupé annonce un désastre national imminent.

DÉFENSE DE RIRE

Les 14 succursales de la Tari Bunia Bank, sur l'île de Pentecôte, au Vanuatu, utilisent une monnaie inhabituelle : la défense de porc. Les défenses apportées par les clients sont pesées et le montant correspondant est crédité sur leur compte.

MONTE-EN-L'AIR

Kent Couch a parcouru 322 km en 9 heures au-dessus de l'Oregon en juillet 2007… dans un aéronef constitué d'une chaise de jardin soulevée par 105 ballons multicolores gonflés à l'hélium !

Inspiré par Larry « Lawn Chair » Walters qui, suspendu à des ballons météo, avait flotté au-dessus de Los Angeles, Couch, 47 ans, a accroché sa propre chaise de jardin à une grappe de ballons d'1,2 m de circonférence et il s'est envolé depuis sa station-service de Bend, dans l'Oregon – muni d'un GPS, d'un émetteur-récepteur radio, d'un caméscope numérique, d'un téléphone portable et d'une paire de lunettes de soleil.

Il disposait également d'instruments pour mesurer son altitude et sa vitesse, et de 4 sacs en plastique remplis de 19 l d'eau servant de lest. Pour augmenter son altitude, il lui suffisait de lâcher un peu d'eau.

Il est monté jusqu'à 4 267 m en flottant vers l'est. Il a prétendu entendre, en traversant les nuages, des cris d'enfants et de bestiaux… Sur le vrai plancher des vaches, un convoi de véhicules réunissant ses parents et ses amis a accompagné sa progression.

Il avait l'intention de voler jusqu'en Idaho, mais sa provision d'eau s'est épuisée à l'approche des montagnes, et il s'est résolu à atterrir dans un champ près d'Union, dans l'Oregon. Il a achevé sa descente en crevant un par un ses ballons.

Ses premières paroles furent pour dire qu'il adorerait recommencer : « Quand vous êtes dans votre chaise de jardin, un jour d'été, à regarder les nuages, vous rêvez d'y grimper. Je me suis approché de ça le plus possible. C'était comme glisser sur de la glace, c'était agréable et doux. »

JUSQU'À…

Un avion à réaction	10 000 m
L'Everest	8 850 m
Le Mont-Blanc	4 811 m
Kent Couch	4 267 m
Un aigle américain	3 000 m

L'interview

« **Voler accroché à une grappe de ballons… D'où vous vient ce rêve ?** Je crois que j'ai fait ce rêve pour la première fois quand j'étais gamin, lors d'un anniversaire. On m'a demandé de tenir une grappe de ballons gonflés à l'hélium. Je les ai sentis tirer sur mon bras pour s'élever en l'air. Je me rappelle m'être dit : si seulement j'en avais un peu plus, je pourrais m'envoler !

Combien de temps a duré votre vol de 2007 ? J'ai volé 8 heures et 45 minutes.

N'avez-vous pas chancelé, à certains moments ? Si, deux fois ; la première en passant une chaîne de montagnes : il y avait des tourbillons d'air qui s'affrontaient, ils ont fait danser ma chaise et mes ballons. La seconde fois, lorsque je me suis penché en tendant la main pour en récupérer deux ou trois. Ma chaise a failli basculer avec moi.

L'instant le plus mémorable ? Probablement quand j'ai pu admirer la crête bleue des montagnes, à 4 200 m de haut. Je me suis alors senti tellement loin de la terre… Juste à cause de l'absence totale de bruit, de gens. Je me sentais relax, dans ma chaise longue, à admirer l'œuvre de Dieu. C'est dur de trouver les mots pour exprimer ce que j'ai ressenti.

Étiez-vous confortablement installé ? Plutôt, oui. Mais je ne crois pas être resté si longtemps assis auparavant. Je me suis tortillé le plus que j'ai pu.

Comment avez-vous fait pour redescendre ? J'ai effectué une descente contrôlée en crevant mes ballons au fur et à mesure.

Prêt à le refaire ? Si l'occasion se présente à nouveau, certainement ! »

Ripley's Focus

Le dresseur de serpents parvient à réaliser ce tour si spectaculaire grâce à sa cavité nasale, l'espace rempli d'air situé au-dessus et en arrière du nez. Il met le reptile dans sa bouche, contracte sa gorge et, ne pouvant aller nulle part ailleurs, l'animal remonte dans la cavité nasale et ressort par une narine.

SEXY

En septembre 2007, un grand magazine a rassemblé sur une plage d'Australie 1 010 femmes en bikini pour une photo.

ÉTENDARD

Le 2 août 2007, des Russes ont planté leur drapeau à 4 267 m au-dessous du pôle Nord, au fond de l'océan Arctique.

RENVERSANT

Erik Kloeker, un artiste de cirque de 17 ans, ne se contente pas de cracher du feu, de s'allonger sur un lit de clous ou d'avaler des épées : il jongle également la tête en bas ! En septembre 2007, suspendu à un échafaudage au sommet de l'USS Nightmare, à Newport dans l'Ohio, il a réussi à jongler avec 3 balles pendant plus de 4 minutes. Un extraordinaire exploit qui nécessite de puissants abdominaux, de la coordination et de la concentration.

DE VRAIS GOSSES

Une gigantesque bataille d'oreillers a été organisée devant l'hôtel de ville de Toronto, au Canada, en mai 2007. Pendant qu'environ 200 parfaits inconnus se frappaient à coups de coussins, les plumes envahissaient l'air. Certains participants s'étaient d'ailleurs équipés de foulards ou de lunettes de ski.

PAS DOUILLET

En mai 2007, lors d'une exposition à Moscou, un membre de la police spéciale s'est allongé sur un lit de verre brisé et de clous.

GROS BISOUS

En août 2007, à Budapest en Hongrie, 7 451 couples se sont embrassés en même temps lors d'un festival de musique.

TOURNIS

En 2007, Don Claps, de Brighton au Colorado, a fait 1 293 roues en une heure pour une émission de télévision.

HOMME-SERPENT

À Nanjing en Chine, un artiste populaire s'amuse à mettre un serpent dans sa bouche et à le faire ressortir par une de ses narines.

OBJECTIF

Yang Yuyin, de la province de Jiangsu en Chine, peut fendre des briques de la main. Son but est d'en briser 10 000 en 7 heures.

DR FORCE

En 2006, Isaac Nesser s'est glissé sous une camionnette et en a soulevé l'avant. Il ne sait pas combien elle pesait, mais le poids moyen de ce genre de véhicule est de 900 kg. Nesser, de Scottdale en Pennsylvanie, soulève des haltères depuis qu'il a 9 ans et sa musculature – 164 kg, 189 cm de tour de poitrine, 60 cm de tour de cou, 74 cm de tour de biceps – lui a valu le surnom de Dr Force.

LE CLAN DES GALLAGHER

En septembre 2007, 1 488 personnes portant le nom de Gallagher se sont retrouvées à Letterkenny en Irlande. Elles venaient d'Irlande, de Grande-Bretagne, et même de Nouvelle-Zélande et des États-Unis.

PASTEUR TIREUR

C'est grâce à sa foi que le révérend Kevin Fast de Cobourg, au Canada, a réussi à tirer deux camions de pompier, d'un poids total de 69 t, sur plus de 30 m. Il a réalisé cet exploit en 1 minute 15 lors de sa deuxième tentative. La première avait échoué à cause d'un nid-de-poule.

BIEN AU CHAUD

Le Néo-Zélandais Alastair Galpin aime avoir chaud ! En 2006, il portait 74 chaussettes à un même pied. Une autre fois, il avait enfilé 7 gants sur une main et 120 T-shirts.

QUE DE DOLLARS !

Le 24 septembre 2006, les habitants de Saint-Michael, à la Barbade, ont aligné des pièces de monnaie sur 1,73 km, totalisant la somme de 67 000 $.

GRAND PIED

En novembre 2007, le Centre Sony des arts d'interprétation de Toronto au Canada a dévoilé un bas de 27,5 m de long et 11,3 m de large.

POMME PASSION

En septembre 2007, Claude Breton, un Québécois de 50 ans, a ramassé 30 240 pommes, soit 365 kg, en 8 heures dans le verger où il travaille. La cueillette des pommes est sa passion depuis 30 ans. Il en cueille même pendant ses vacances.

CHARMEUR DE SERPENTS

En 2007, au Texas, le dresseur de serpents Jackie Bibby a passé 45 minutes dans une baignoire sans eau avec 87 crotales venimeux. Les reptiles se mouvaient tout autour de lui, mais ne l'ont jamais mordu. « Le secret pour qu'ils ne vous attaquent pas, affirme Bibby, est de ne pas bouger. »

SACRÉES PAUPIÈRES

Nous avons tous besoin de nos deux mains pour soulever deux seaux d'eau. Mais pas Li Chuanyong, de Guangxi en Chine, qui préfère utiliser ses paupières ! Il peut, de la même façon, tirer une voiture sur 5 m.

Caveau de famille

LONGUE BARBE

Edwin Smith, qui participa à la ruée vers l'or en Californie au milieu du XIXe siècle, aimait tellement sa barbe qu'il la laissa pousser pendant 16 ans. Elle était si longue (2,4 m) que Smith dut engager une servante juste pour la laver et la peigner.

DANS LES ARBRES

Cette cabane perchée dans un arbre, à Horatio dans l'Arkansas, appartenait à Fred Brown, surnommé l'« homme-hibou ». Personne ne savait qui il était ni d'où il venait, mais il a vécu dans cet arbre plus de 10 ans.

HAUT PERCHÉ

En 1940, on pouvait voir Fred Steinlauf, originaire de Chicago et âgé de 18 ans, parcourir les rues de sa ville natale les yeux bandés et perché sur un monocycle de 3 m de haut.

UN SACRÉ CHIEN

En 1954, Peppy, le dalmatien de Bill Fontana, à Fort Frances dans l'Oregon, a parcouru 1,5 km en une heure sur ce rondin.

▲ VIGIE

Dans les années 1930, à Portsmouth dans le Rhodes Island, l'« homme-singe » passait tous ses dimanches debout dans un arbre à regarder rouler les voitures.

À L'ENVERS

Dans les années 1930, Arthur Schultz, de Hamtramck dans le Michigan, jouait du piano avec l'envers de ses doigts lors de ses récitals.

△ COUPE LES CARTES

En 1931, le New-Yorkais W. M. Wright était capable de déchirer un jeu de cartes en huit à mains nues. Les morceaux obtenus n'étaient pas plus grands que l'ongle de son pouce.

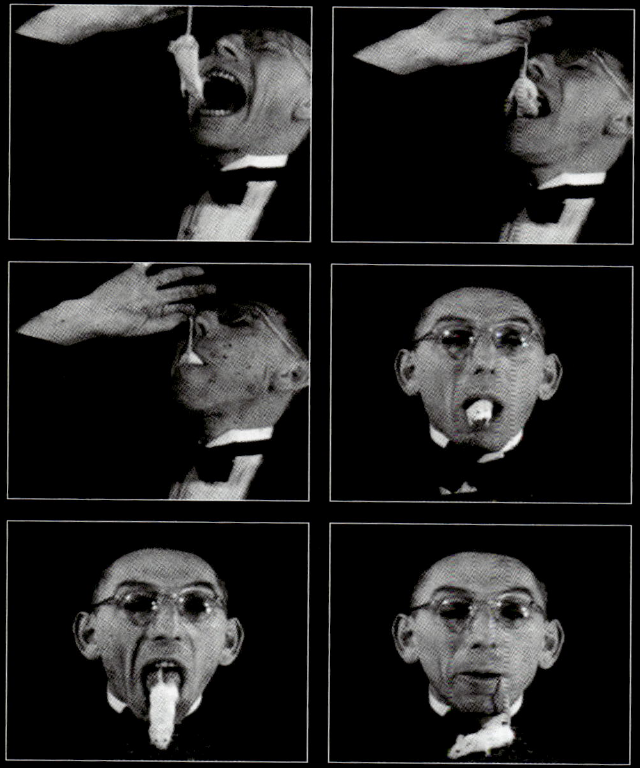

LE RÉGURGITATEUR

En 1939, dans le musée Ripley de New York, Dagmar Rothman avalait une souris vivante devant une foule de spectateurs médusés, fumait tranquillement une cigarette, puis régurgitait l'animal. Rothman, qui était capable de mettre un citron entier dans sa bouche, aimait également les poissons, les grenouilles, voire même les rats !

BULLES DE LA MORT
Brad Byers, un artiste de Moscow, Idaho, aime faire des bulles de savon avec une araignée ou un scorpion vénéneux dans la bouche.

JOLIE CAGNOTTE
Pensant que le métal pourrait résoudre ses problèmes intestinaux, Pradeep Hode, de Diva, en Inde, a avalé 117 pièces en l'espace de quelques mois. Malheureusement, les choses ne se sont pas passées comme il l'espérait. Il a fallu l'opérer pour l'en débarrasser.

BIEN ALLUMÉ
Harry Rifas, un ancien parachutiste du Bronx, peut avaler 7 ampoules de lampe de poche et les régurgiter ensuite.

JUSTE UN PETIT VERRE
Le verre brisé fait partie du régime alimentaire quotidien de Dashrath, que les habitants de Kanpur, en Inde, ont surnommé l'« homme de verre ». Il aime particulièrement les ampoules et les bouteilles, mais mange aussi des balles en plomb. Il assure que son alimentation ne lui a jamais causé de problèmes de santé !

DENTS D'ACIER
Cai Dongsheng, de Chongqing, Chine, brise des clous avec ses dents. Il en a fait la démonstration en 2007 : pour se protéger la bouche, il a enveloppé de gaze 4 clous enserrés dans un étau, les a agrippés fermement entre ses dents, et deux minutes plus tard, les clous étaient cassés !

ACROBATE BUCCAL
Ray Steele, d'Alva, Oklahoma, peut siffler en tirant la langue… tout en mâchant du chewing-gum.

Drogué au ketchup

Le témoignage de Huenefeld…

« Un jour, au restaurant, j'ai parié 5 $ que je boirais la bouteille de ketchup. C'est comme ça que tout a commencé. Je supporte bien cette "boisson", sauf si j'en abuse. J'ai été malade une seule fois, mais j'en avais ingurgité 1 litre. J'ai mis un week-end pour me remettre et ne plus être ballonné. Actuellement, je m'entraîne afin d'améliorer mon métabolisme, ce qui m'aidera à respirer et à boire plus vite. Mon but est de battre tous les records existant à ce jour et d'être connu comme le plus grand buveur de ketchup au monde. »

Nicholas Huenefeld se considère lui-même comme une « machine à boire du ketchup »… À juste titre. Son record personnel : 384 ml de ketchup ingurgités en 33 secondes !

Il finit les plats

Pour fêter le Nouvel An chinois 2007, cet homme croque dans un couvercle de casserole. Sa puissante mâchoire lui permet de le déchirer à belles dents.

DUR À AVALER

Un immense aquarium dans lequel nagent tranquillement 80 requins et autres raies géantes sert de scène à Dan Meyer, avaleur de sabres mondialement connu. Meyer, de Nashville, Tennessee, est devenu le premier Nord-Américain à avaler des sabres immergé dans l'eau à 4,5 m de profondeur. À l'Aquarium Ripley de Myrtle Beach, en Caroline du Sud, il a avalé un sabre de 61 cm, exercice d'autant plus périlleux que Meyer était entouré d'impressionnants poissons.

PIMENTS SANS SEL

Manuel Quiroz, un chauffeur de taxi mexicain de 54 ans, peut manger des douzaines de piments, les frotter sur sa peau, et même s'en mettre dans les yeux sans ressentir le moindre désagrément. Quiroz a découvert sa particularité quand il avait 7 ans. « Les piments ne me piquent pas, dit-il. Ils n'ont pas plus d'effet sur moi qu'un simple fruit. »

ENFANT DE LA BALLE

Francisco Tebar Honrubia, alias « Paco », un Espagnol qui se produit au Big Apple Circus de New York, jongle uniquement avec la bouche. Il est ainsi capable de faire voltiger 5 balles de ping-pong à 15 m en l'air. Son secret : ne jamais avoir la bouche sèche.

LE ROI DE LA BOULE

Au billard, Larry Grindinger, de Duluth, Géorgie, préfère utiliser sa bouche plutôt qu'une queue ! Les yeux bandés, il parvient à casser 5 rangées de boules et à en faire entrer 4 dans 2 des trous.

STYLE LÉCHÉ

Andrian Wigley, des West Midlands, en Angleterre, peut jouer de l'orgue pendant 2 heures sans faire usage de ses doigts : il appuie sur les touches avec la langue !

ÇA EN BOUCHE UN COIN

À Chennai, en Inde, en 2006, S. Rajendran a peint le portrait d'A.P.J. Abdul Kalam, le président indien de l'époque, en 151 heures… avec la bouche. Il a réalisé son incroyable tableau en tenant le pinceau avec la langue.

DU BILLARD

Sam Simpson, d'Avalon, Californie, peut mettre une balle de baseball ou trois boules de billard en même temps dans sa bouche. Un exploit qu'il a réalisé en 1933 à la Foire internationale de Chicago, Illinois.

COMPLÈTEMENT GRILLÉ

Un cruciverbiste yéménite a créé un mot-croisé géant, 178 fois plus grand qu'un mot-croisé ordinaire. Abdul-Karim Qasem a mis 7 ans pour concevoir cette grille constituée de 320 000 cases dont les définitions contiennent 800 720 termes. Il a passé des heures à surfer sur Internet pour trouver les mots et les informations nécessaires à la rédaction des définitions. Et le jeu ne présente aucun doublon !

BIEN DANS SON BAIN

À Wuhan, en Chine, Su Chuandong prend un bain et crache du feu… en même temps ! Cet ancien acrobate et garde du corps de 63 ans peut également fumer, lire le journal et jouer du clairon tout en flottant sur l'eau.

LONGUE CORDÉE

En juillet 2007, plus de 3 000 personnes de 10 à 68 ans, rangées par âge, ont sauté à la corde pendant 3 minutes sur la place centrale de Changsha, en Chine.

TOUR DE FAT

Plus de 3 600 cyclistes, certains montés sur des engins faits maison, d'autres déguisés, ont arpenté les rues de Fort Collins, Colorado, en septembre 2007, pour le Tour de Fat, une manifestation ayant pour but de promouvoir le vélo comme alternative à la voiture.

VOITURE À BRAS

En mai 2007, Arpad Nick, un Hongrois très musclé, a tiré sur 50 m un tramway de 70 t dans les rues de Budapest.

DENT DE ROI

Un Malaisien surnommé « Dent de roi » a tiré un train de sept wagons à la seule force de ses mâchoires : dans une gare de Kuala Lumpur, en août 2007, Rathakrishnan Velu a tracté ces 325 t sur 2,8 m, à l'aide d'un câble d'acier.

IL FAIT FLIPPER LES DAUPHINS

Ashrita Furman, de l'État de New York, a fait du hula hoop sous l'eau pendant 2 minutes 20 au milieu des dauphins, à Key Largo, Floride. Pendant que Furman, équipé de bouteilles de plongée, exécutait son tour grâce à un cerceau en métal, les dauphins le regardaient avec attention. « Ils me croyaient probablement fou, a conclu Furman, mais qui sait, peut-être vont-ils essayer d'en faire autant ! »

OREILLES QUI TRAÎNENT

Manjit Singh, 57 ans, de Leicester, en Angleterre, a tiré un avion de 7 400 kg sur 3,6 mètres sur la piste de l'aéroport d'East Midlands en 2007… avec ses oreilles. Avant cet exploit, il avait prouvé sa force en traînant un bus à impériale avec ses cheveux et en soulevant 85 kg avec (encore) ses oreilles.

DUR DE LA FEUILLE

En janvier 2007, Wang Lianhai, de Qiqihaer, en Chine, a déplacé une voiture avec ses oreilles tout en conduisant une moto. Des câbles d'acier reliés à des anneaux posés sur ses oreilles ont permis à Lianhai de tirer la voiture d'1,25 t et son conducteur sur plus de 200 m dans les rues de Pékin.

À FOND LA FORME

Rien d'étonnant si les habitants de Xi'an, Chine, accourent pour regarder cet homme de 75 ans faire ses exercices du matin !

EN PLEIN DANS LE MILLE

En août 2007, Mike Campbell, un passionné de basket originaire de Denver, Colorado, a marqué 1 338 paniers en une heure, soit plus d'un panier toutes les 3 secondes. Au cours de ces 60 minutes, son taux de réussite a atteint les 90 %.

PAS PRESSÉ

Greg Billingham, de Cheshire, Angleterre, a délibérément couru le marathon de Londres de 2007 au ralenti. À raison d'un pas toutes les 6 secondes, il a passé la ligne d'arrivée 7 jours après les autres concurrents.

QUEL PIF !

Un Chinois a tiré un camion d'1,7 t et son conducteur sur 12 m avec son nez. Fu Yingjie a fait passer une fine corde dans sa narine droite jusqu'à son estomac, et, grâce à ses muscles abdominaux, il a maintenu le câble et traîné le véhicule.

BONNE CLAQUE

Les applaudissements de Zhang Quan sont presque aussi bruyants que le vrombissement des pales d'un hélicoptère. Quand ce Chinois de 70 ans tape dans ses mains, il produit 107 décibels, soit 3 de moins que le bruit d'un hélicoptère. Mais Zhang n'applaudit pas souvent : ça lui casse les oreilles !

D'UNE SEULE MAIN ▼

328 pièces	Dean Gould, Felixstowe, Angleterre, 1993
205 gobelets sur 41 plateaux	Abul Hashani, Londres, 1985
25 balles de tennis	Julius B. Shuster, Jeannette, Pennsylvanie, 1931
23 pinces à linge	Alastair Galpin, Auckland, Nouvelle-Zélande, 2006
23 tasses	Blanche Lowe, Tyler, Texas, 1940
20 balles de baseball	Julius B. Shuster, Jeannette, Pennsylvanie, 1931
7 bouteilles de lait pleines	Joe E. Wiedenmayer, Bloomfield, New Jersey, 1932

FABUL' ŒUF !

Guo Huochun, de Zhejiang, Chine, peut ramasser et tenir 12 œufs d'une seule main… sans les casser.

CÂLINTHON

En 2007, Jordan Pearce, une étudiante de l'université d'Utah, a serré dans ses bras 765 personnes en 30 minutes. Mais tous les câlins n'ont pas été agréables : un garçon lui a donné un coup de pied et a hurlé, un autre a renversé sa boisson sur elle, et une fille a refusé qu'elle la touche.

MOUSTACHE VIRILE

En 2007, pour fêter le 60e anniversaire de l'indépendance de l'Inde, Siba Prasad Mallick, de Balasore, a tiré deux motos sur 2 km avec sa moustache. Il fait pousser ses bacchantes – qui mesurent maintenant 60 cm – depuis sept ans et les entretient avec de l'huile de moutarde.

FORÊT-MINUTE

Le 1er juillet 2007, dans l'Uttar Pradesh, en Inde, des fermiers, étudiants et gardes forestiers ont planté plus de 10 millions d'arbres !

TOURNEBOULÉ !

Plutôt que de regarder des tigres et des lions parqués dans une cage, Arnd Drossel a préféré s'enfermer lui-même dans une boule de fils de fer avant de s'approcher au plus près de ces gros matous. Et il a parcouru là-dedans 355 km à travers la Rhénanie-du-Nord-Westphalie !

Cet artiste allemand de 38 ans a fait cet incroyable voyage afin de récolter de l'argent contre les maladies mentales et sensibiliser les gens à ce fléau. Des patients des hôpitaux psychiatriques de la région l'ont aidé à fabriquer une sorte d'énorme pelote de laine de 1,8 m de diamètre et de 12 kg, constituée de 250 tiges d'acier inoxydable recourbées.

Drossel est parti en avril 2007 de Dorsten, sa ville natale, et a achevé son périple à Warburg, où il habite. Il a parcouru environ 21 km par jour. La sphère, qui lui servait de chambre, de salle à manger et de véhicule, se déplaçait tout simplement grâce au mouvement de sa marche. Pendant son voyage, Drossel a traversé de nombreuses villes, mais le moment le plus terrifiant a sans aucun doute été la visite du parc safari de Stukenbrock, où il s'est retrouvé nez à nez avec plusieurs tigres, sans parler des lions… Il était bien content d'être enfermé dans une cage résistante !

Arnd passant rapidement devant la porte de Brandebourg, à Berlin.

Après une dure journée de marche, il est bon de s'allonger, même sur un lit improvisé !

Arnd émergeant après une nuit passée dans sa boule.

Au cours de son voyage, Arnd a traversé toutes sortes de terrains.

Les tigres du parc safari de Stukenbrock sont intrigués par cet étranger qui traverse leur territoire.

UN VRAI COW-BOY

Max Mobley, de Kennett dans le Missouri, est un des membres du Wild West Arts alors qu'il n'a que… 8 ans. Sa passion pour la culture cow-boy n'est pas nouvelle puisqu'il manie le lasso depuis qu'il sait marcher.

PETIT MAIS COSTAUD

Il ne mesure que 1,37 m, mais David Moyer, de Reading en Pennsylvanie, détient 23 titres nationaux et des records mondiaux d'haltérophilie. Au développé-couché, il soulève plus de deux fois son poids.

JACQUES A DIT

En août 2007, 1 100 bizuts de l'université de Miami se sont rassemblés au Bank United Center pour jouer à Jacques a dit.

DACTYLOMANIAC

Les Stewart, de Mudjimba en Australie, a passé 15 ans à dactylographier tous les chiffres de un à un million en lettres, simplement parce qu'il « voulait faire quelque chose ». De 1983 à 1998, quand il était éveillé, il tapait 20 minutes. Il a ainsi rempli 19 890 pages. Une fois le travail achevé, Stewart a jeté toutes les feuilles, excepté la première et la dernière. C'est un habitué des records : il a également collé 3 400 timbres sur une enveloppe.

BIEN ÉVEILLÉ

En mai 2007, Tony Wright, de Penzance en Angleterre, n'a pas dormi pendant 11 jours et 11 nuits, soit 266 heures. Pour réussir cet exploit, il a mangé des légumes crus, des fruits, des noix et des graines, qui, selon lui, ont aidé son cerveau à rester éveillé et opérationnel pendant cette longue période. Il a également combattu les vagues de sommeil en buvant du thé, en jouant au billard et en tenant son journal intime.

SMSEUSE

Une jeune fille de 13 ans qui envoie une moyenne de 8 000 textos par mois a remporté le championnat américain de SMS 2007. Morgan Pozgar, de Clayburg en Pennsylvanie, a battu 300 concurrents pour emporter le titre à New York. Elle ne manquait pas de pratique : elle envoie environ 260 messages par jour (soit un toutes les cinq minutes) à ses amis

POUSSE-POUSSE

En septembre 2006, Rob Kmet et Teri Starr, de Winnipeg au Canada, ont poussé une Dodge Neon sur plus de 80 km pendant 21 heures. Ils s'étaient entraînés en faisant de la musculation et du jogging dans les eaux peu profondes d'un lac.

RÉGIME

Manuel Uribe, de Monterrey au Mexique, a perdu 200 kg en un an ! Début 2006, il pesait 560 kg. En 12 mois, grâce à son régime pauvre en glucides, il avait atteint la moitié de son objectif qui était de perdre 460 kg.

DANCING GÉANT

En août 2007, à Atlanta en Géorgie, plus de 17 000 personnes ont dansé ensemble sur la même chorégraphie, lors de l'Ebony Black Family Reunion Tour.

BONNE BLAGUE

À Washington D.C., dans le parking de la société où il travaille, Walt, un joyeux luron, a eu la surprise de retrouver sa Jaguar adorée entièrement recouverte de 14 000 Post-it multicolores. Chaque cm² du véhicule – y compris les pneus – était recouvert, excepté l'insigne Jaguar et la plaque d'immatriculation. Scott Ableman et 12 de ses collègues ont mis moins de 2 heures pour réaliser leur farce. Walt a tellement apprécié la blague que, après avoir dégagé le pare-brise, il a ramené sa voiture chez lui pour la montrer à sa famille.

INVINCIBLE

Quand Patrick Chege, un Kenyan, se fait renverser par un camion, il se relève sans la moindre blessure !

EN DIRECT

Jimmy Kimmel, un présentateur télé, a fait 36 060 km en une semaine en octobre 2007. Il remplaçait chaque jour Regis Philbin dans l'émission « Live with Regis & Kelly », à New York, et sautait ensuite dans un avion pour présenter son émission à Los Angeles.

PLANCHE OSCILLANTE

487 élèves, enseignants et adultes se sont rassemblés à l'école Eisenhower à Taylorsville dans l'Utah, en novembre 2007, pour former un grand ensemble de « planches oscillantes ». Créée par l'artiste australien Rolf Harris, la planche oscillante est un instrument de musique fait d'une planche d'aggloméré de 60 x 90 cm. On y joue en la tenant des deux mains et en la faisant vibrer dans un mouvement de va-et-vient.

SANTÉ !

En 2007, en Australie, Reinhard Wurz a porté 20 doubles pintes de bière sur 40 m.

VAISSELLE CASSÉE

Dan Wilson, de Lodi en Californie, s'est cassé 64 assiettes sur le front en 41 secondes en 2007. Ce père de famille âgé de 47 ans, qui utilise également sa tête pour briser des bouteilles, des briques et des planches, dit de sa prouesse : « Je voulais faire parler de moi avant ma mort. Et comme je n'ai pas de compétences intellectuelles particulières, j'ai dû trouver quelque chose de physique. » Il se prépare pendant 2 heures avant chaque défi, concentrant toute son énergie sur un point au sommet de son front.

DOMINOS

En 2007, dans une publicité tournée à Salta en Argentine, on pouvait voir pendant 14 secondes la chute de 6 000 dominos. L'installation des dominos a nécessité 10 000 livres, 400 pneus, 45 commodes, 6 voitures et deux jours de travail.

ÉCHEC ET MAT

En novembre 2007, Frank Stoldt a été couronné champion du monde de boxe-échecs. Ce sport allie combat physique et intellectuel. Le principe : 11 rounds, 6 aux échecs, 5 à la boxe, qui alternent. Après avoir esquivé les coups de poing de son adversaire américain, Stoldt a décroché le titre en le mettant échec et mat au septième round.

GRAND DRIBBLE

À l'initiative de l'équipe de basket des Indiana Pacers, 4 600 personnes ont dribblé à travers Indianapolis en octobre 2007.

DANSE DU VER

En 2007, James Rubec a parcouru 30 m sur la pelouse du Centre Rogers, le stade de Toronto au Canada, en faisant la « danse du ver ».

LES YEUX FERMÉS

Elliot Nichols, un Néo-Zélandais de 17 ans, a mis 45 secondes pour écrire un SMS de 160 caractères… les yeux bandés. Il envoie environ 50 textos par jour et est déjà venu à bout des claviers de 4 téléphones portables.

INCOGNITO

En juillet 2007, pour ne pas être reconnu, le champion de Formule 1 Kimi Raikkonen a participé à une course de hors-bord à Hanko, en Finlande, déguisé en gorille.

BUTS !

En 2007, les 12 membres de l'équipe de foot junior des Bridlington Rangers Blues ont marqué dans le match qui les a opposés aux Hutton Cranswick United à Yorkshire en Angleterre. Le score : 23 à 0 ! Comme les joueurs ont changé de position au cours du match, même le goal a mis 3 buts.

TWISTER

Plus de 1 400 personnes ont participé à une partie de twister géant au stade Centre Rogers de Toronto, au Canada, en 2007.

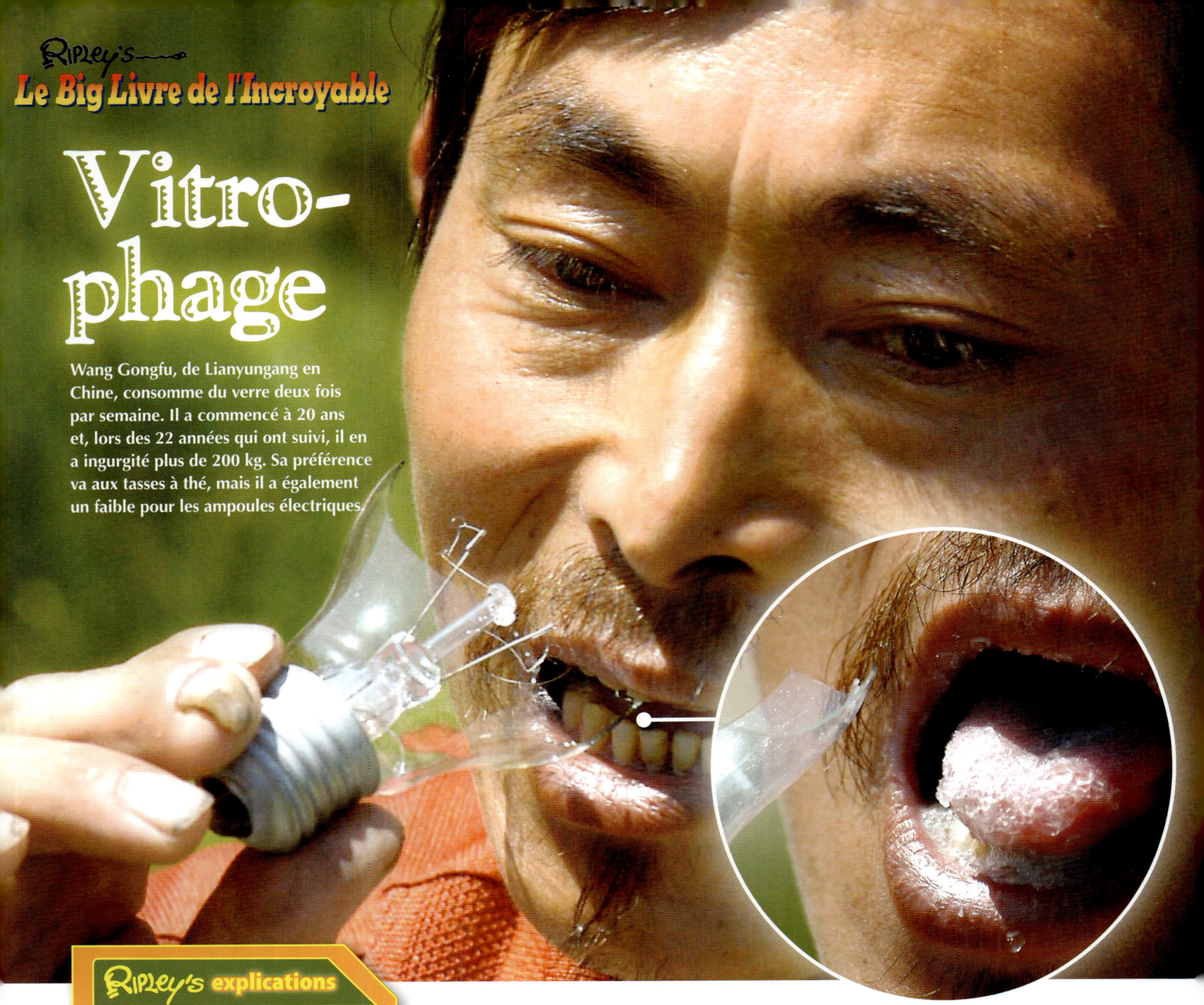

Vitro-phage

Wang Gongfu, de Lianyungang en Chine, consomme du verre deux fois par semaine. Il a commencé à 20 ans et, lors des 22 années qui ont suivi, il en a ingurgité plus de 200 kg. Sa préférence va aux tasses à thé, mais il a également un faible pour les ampoules électriques.

Ripley's explications

Les risques quand on mange du verre dépendent de la taille, de la forme et de la finesse des morceaux : les plus réguliers sont les moins dangereux. Le système digestif humain peut faire face à beaucoup de choses – notamment aux os ou aux arêtes – et de petits bouts de verre peuvent voyager sans encombre à travers les intestins et ressortir par les voies naturelles. Les avaleurs de sabres doivent d'abord apprendre à contrôler les haut-le-cœur. Pour cela, ils s'enfoncent les doigts dans la gorge, puis une cuillère, des aiguilles à tricoter et éventuellement des cintres. Ils doivent également se détendre le pharynx, l'œsophage et les muscles du cou, et s'assurer que l'épée est parfaitement alignée. Une autre astuce consiste à enduire préalablement le sabre de salive ou de beurre.

BAUDRUCHE

À Woodston en Angleterre, un ballon gonflé à l'hélium a été lâché dans les airs par Kelvin Bielunski, 5 ans. Trois semaines plus tard, il était retrouvé en Iraq, à 4 000 km de là !

BIEN ARROSÉ

En 2007, la cérémonie de remise des diplômes de l'université des sciences marines de Taiwan a eu lieu sous l'eau, dans l'aquarium du musée de Biologie marine. Le président de l'université, vêtu d'une tenue de plongée, a remis des diplômes plastifiés à des étudiants équipés de palmes et de masques à oxygène.

DANS UNE BULLE

En 2006, lors du Stockholm International Horse Show, en Suède, le Français Olivier Garcia a fait du cheval dans une bulle de plastique géante.

ANTIQUITÉS

À Cooley en Irlande, en 2007, un champ a été labouré par 4 572 vieux tracteurs, tous construits avant 1977. Le plus ancien avait plus de 100 ans. Pour participer à cet événement, des fermiers n'ont pas hésité à venir d'Afrique du Sud, d'Australie, des États-Unis et du Canada.

QUELLE HORREUR !

C'est grâce à des algues arrosées d'urine que Lloyd Godson, un biologiste marin, a passé 13 jours dans un caisson métallique de 3 m de long immergé dans un lac. À 4,5 m de profondeur, la survie de cet Australien dépendait d'algues vertes sur lesquelles il devait uriner pour produire de l'oxygène. Ses repas lui arrivaient par un regard percé dans la capsule et, pour recharger son ordinateur portable, il devait pédaler sur son vélo.

BUVEUR NASAL

Non, cet homme, originaire de Hefei en Chine, ne renifle pas sa boisson. Il la boit en aspirant le liquide par le nez.

AVALEUR DE MÉTAL

Ce Chinois peut avaler une poignée de fils de fer… sans en ressentir le moindre désagrément.

SUPERMAN

Pendant cinq minutes, Rick Ellis, de Chatham-Kent au Canada, est resté suspendu dans les airs, maintenu par 8 crochets enfoncés dans le corps : 6 dans le dos et un dans chaque mollet. Ellis a hurlé de douleur quand les crochets ont pénétré sa peau, mais une fois suspendu, il se sentait bien : « Je ne ressentais aucune douleur », témoigne-t-il. « J'étais en paix avec moi-même. Je me sentais léger, comme si je volais. »

GOLF AQUATIQUE

L'aquarium sous-marin de Fuzhou en Chine a organisé le premier tournoi de golf aquatique du monde. Cinq joueurs ont affronté les poissons et la gêne due à l'équipement de plongée et les courants marins pour jouer à 15 m de profondeur. Pour gagner, il fallait être le plus rapide à mettre la balle dans le trou. Le vainqueur a mis 1 minute 20.

GRANDE ÉVASION

Il n'a pas fallu plus de 15 secondes à Akash, un magicien indien, pour se libérer de ses entraves alors qu'il était enchaîné sous l'eau.

CHEVEUX MOUILLÉS

En 2006, Jurijus Levcenkovas, de Vilnius en Lituanie, a fait une coupe de cheveux en 6 minutes… immergé dans un aquarium.

COMME DIOGÈNE

En avril 2007, à l'université de Leeuwarden, le philosophe néerlandais Eric Hoekstra a vécu une semaine entière dans un tonneau de 2 m.

OBSTINÉ

Stuart Burrel, d'Essex en Angleterre, a soulevé un poids de 22 kg 522 fois en une heure.

TONNERRE D'APPLAUDISSEMENTS

Paramjit Singh, en Inde, peut taper des mains plus de 11 600 fois en une heure !

OBSÉDÉ

Thomas Vogel, un Allemand, dégrafe 56 soutiens-gorge en une minute… d'une seule main !

CAMISOLE

Un officier de l'US Navy s'est libéré en 20 secondes d'une camisole de force – soit en moins de temps qu'il n'en faut à une porte de garage pour s'ouvrir et se refermer. Jonathan Edmiston a réalisé cet exploit en 2007, lors des festivités du 4 Juillet, sur la base navale de Yokosuka.

AS DU CLAVIER

En 2007, à Manhattan, les passants ont pu voir pendant 5 jours consécutifs, à la fenêtre d'un bureau, un acteur taper sur le clavier d'un ordinateur sans discontinuer. Norman Perez – qui s'accordait une pause de 5 minutes toutes les heures – s'est maintenu éveillé en discutant avec des inconnus sur le Net. Il a même reçu une demande en mariage.

de contorsionner son corps dans des poses toutes plus étranges et fantastiques les unes que les autres, à l'intérieur d'un tube multicolore. Sa « danse de la pieuvre », réalisée avec l'aide de son assistante, est spectaculaire.

Oprea et son assistante dans leur « tube »

Non content d'avoir fait exploser une bouillotte en la gonflant avec la bouche, le Chinois Zhang Zhenghui, 52 ans, a récidi avec son nez ! Après 3 ans d'entraînement, 2 minutes lui ont suffi pour faire éclater l'objet. Avec son nez toujours, il a gonflé un pneu de camion en 10 minutes, battant deux jeunes concurrents munis d'une pompe à vélo !

BAVARDS !

Subhash Chandra Agrawal et sa femme Madhu, de New Dehli, ne sont jamais à cou de mots. À eux deux, ils ont écrit plus de 18 000 « courriers des lecteurs » publiés dan des journaux et magazines.

ÉCHECS OU SUCCÈS ?

Le 23 octobre 2006, 13 446 personnes se sont rassemblées pour jouer aux échecs sur la place du Zócalo, à Mexico.

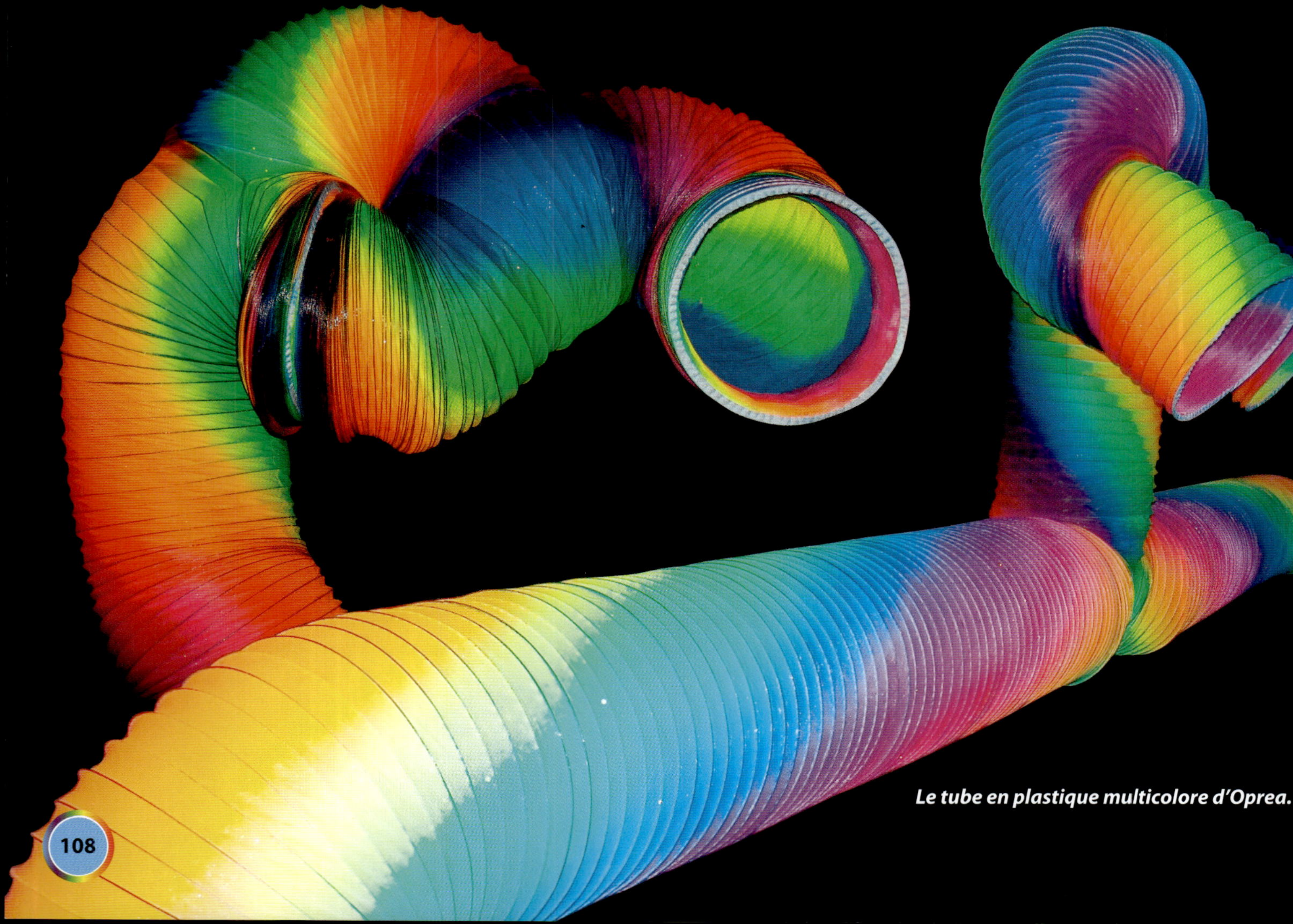

Le tube en plastique multicolore d'Oprea.

INCROYABLE !

À RECULONS

Le 20 août 2006 a eu lieu une course à pied à reculons sur les pentes du mont Stanserhorn, dans les Alpes suisses.

UN DISCOURS À COUPER LE SOUFFLE

Sans jamais s'interrompre plus de 30 secondes, l'Indien Jayasimha Ravirala a discouru 111 heures de suite. Son exposé sur les concepts du développement de la personnalité a duré 6 jours et 5 nuits.

PONT SAUTEUR

En avril 2007, 600 personnes à cheval sur des ballons sauteurs ont pris part à un gigantesque bond simultané sur le pont du Millenium de Londres. Le choix du lieu s'explique par les oscillations alarmantes du pont à son ouverture au public, en 2000.

DÎNER AQUATIQUE

En septembre 2007, 500 personnes ont participé à un somptueux dîner... sous l'eau. Le festin se tenait au fond d'une piscine londonienne, mais en raison de la difficulté de manger sous l'eau, chaque plat ne consistait qu'en une seule et unique bouchée.

MAISON DE VERRE

Durant 1 mois, Ye Fu et Hairong Tiantian ont vécu dans une pièce en verre installée sur un trottoir de Pékin, séparés l'un de l'autre par une cloison transparente. Une métaphore, disent-ils, des relations au sein de la famille moderne chinoise.

HOCKEY SOUS GLACE

En février 2007, 3 équipes internationales ont bravé les températures glaciales d'un lac autrichien à l'occasion du 1er championnat du monde de hockey subaquatique. Sous 30 cm de glace, les joueurs, en tenue de plongée, masque et palmes, se sont disputé un palet en polystyrène sur un terrain de 6 m sur 8. Sans bouteilles, ils remontaient respirer à la surface toutes les 30 secondes.

LA RUÉE VERS LA LAINE

À Jamestown, en Australie, Garry Hebberman a tondu 1 054 moutons en 40 heures – soit un toutes les 2 minutes 17 !

VAGUE SURPEUPLÉE

En 2007, à Quebra Mar, au Brésil, 84 surfeurs parfaitement synchronisés ont surfé la même vague simultanément.

ROCKEUR SECOUÉ

Le 27 janvier 2007, lors d'un concert de rock à LaCrosse, Wisconsin, Pat Callan a secoué la tête 35 minutes durant.

TÊTE DURE !

En 2007, les téléspectateurs allemands ont pu voir Kevin Shelley, de l'Indiana, briser avec la tête 46 abattants de WC en bois en 60 secondes ! Ce n'était pas une première pour lui : avant cela, il avait déjà pulvérisé 10 planches de pin en 7 secondes.

BÉBÉ NAGEUR

En mai 2007, Leah Robbins, du Norfolk, en Angleterre, a parcouru 50 m à la nage, à seulement 2 ans ! Elle a nagé en dos crawlé, une technique normalement abordée par des enfants 3 fois plus agés!

CORDE À SAUTER

À Cologne, en septembre 2007, Olga Berberich, une coach de fitness de 23 ans, a exécuté 251 sauts en 1 minute.

MONTAGNES RUSSES

Cela ne fait aucun doute, Richard Rodriguez connaît bien les hauts et les bas de la vie. En 2007, cet Américain de 48 ans, fan de montagnes russes, a passé 17 jours consécutifs sur le Big One, le grand huit du parc de Pleasure Beach à Blackpool, dans le nord de l'Angleterre.

Avec 5 minutes de pause par heure (qu'il pouvait choisir d'économiser pour des pauses plus longues), il mangeait, buvait et dormait dans les wagons. Rodriguez fit ainsi pas loin de 8 000 tours, soit plus de 10 140 km – une distance presque équivalente à son voyage aller-retour Brooklyn-Blackpool.

L'interview

« **Quand vous êtes-vous mis aux montagnes russes, et pourquoi ?** Avant, les montagnes russes me faisaient peur, je n'ai connu mon premier manège à sensations fortes qu'à 16 ans. Quand j'étais petit, Charles Lindbergh était mon héros. En 1977, pour le 50e anniversaire de sa traversée en solo et sans escale de l'Atlantique, j'ai voulu lui rendre hommage, lui qui était monté sur le grand Cyclone du parc de Coney Island, et j'ai fait mon premier marathon de montagnes russes.

Avez-vous été malade sur le Big One ? Je n'ai encore jamais été malade. Seule la pression de l'air sur le visage m'indispose. Imaginez garder la tête à travers la vitre d'une portière de voiture pendant X temps, et à 130 km/h !

Vous êtes-vous ennuyé ? Oui, mais moins la journée car le public était là. Un petit garçon m'a même demandé si les gens dans le parc étaient au courant pour le marathon ou bien si c'était un secret !

Avez-vous eu mal au dos ? Ce serait probablement le cas… si je ne m'asseyais pas sur des protections en mousse. Je suis très exigeant sur ce point, il faut que ce soit une mousse d'emballage spécifique, découpée à mes dimensions exactes.

Aviez-vous le tournis en descendant du train pour prendre vos pauses ? Il m'est arrivé de tanguer un peu, oui ! À force, on se sent plus à l'aise dans les airs que sur la terre ferme.

Comment dormiez-vous ? Sporadiquement, mais la première nuit est toujours la plus dure. Cependant, je ne dormais pas sur le Big One, mais sur le Big Dipper, son voisin, car on l'arrête la nuit pour cause de nuisance sonore. Chaque soir je prenais ma correspondance !

Y a-t-il un grand huit particulier que vous voudriez essayer ? J'aimerais tenter un défi dans un pays exotique, comme le Japon ou l'Inde. »

Richard se prépare à passer la nuit sur le Big Dipper, entouré de ses protections rembourrées.

Le Big One domine majestueusement la plage de Blackpool.

TRACTEUR HUMAIN

Bill Kazmaier, de Burlington, dans le Wisconsin, est capable de tracter un bus rempli d'écoliers ! Sacré 3 fois l'homme le plus fort du monde, il soulève un enfant par une simple corde reliée à son petit doigt.

RETENEZ VOTRE SOUFFLE !

En 2007, dans une piscine de Wellington, en Nouvelle-Zélande, le plongeur Dave Mullins a nagé 226 m – sans respirer ! Son apnée a duré 3 minutes et 42 secondes.

DÉCOLLAGE RETARDÉ

En 2007, à Superior, dans le Minnesota, Chad Netherland a retenu durant 60 secondes, par la seule force de ses bras, 2 Stationair Cessna 206 prêts à décoller.

DÉROULEZ LE PAPIER WC !

En juillet 2007, un rouleau de papier-toilette de 18 km de long s'est vu « déroulé » au stade Wembley de Londres. Le rouleau de 653 kg et 1,5 m de diamètre était presque aussi long que la Victoria Line, la grande ligne de métro londonienne.

CANNE À PERCHE

Dave Romeo, un féru de pêche de Mount Joy Township, en Pennsylvanie, a attrapé plus de 25 000 perches en 25 ans ! Il a même consigné les détails de chacune de ses prises dans un carnet.

MAJEUR

Ji Fengshan de Harbin, en Chine, est capable de tracter 4 taxis en même temps avec un seul doigt ! Depuis 40 ans, il muscle son majeur droit tous les jours en soulevant un seau d'eau.

ŒUFS VERTICAUX

Le 21 juin 2005 à midi, pour marquer le solstice d'été, les habitants du comté de Chiayi, à Taiwan, ont fait tenir droit 1 972 œufs en même temps.

POIDS D'ACIER

Dans le Yorkshire, en Angleterre, Mark Anglesey a soulevé une voiture par l'arrière 30 cm au-dessus du sol, décollant les 204 kg 580 fois en 1 heure.

RICOCHETS

Russ Byars, de Venango County, en Pennsylvanie, peut faire ricocher une pierre 51 fois sur l'eau – soit une distance de 76 m ! Il a découvert ce sport il y a 8 ans en cherchant une distraction pendant qu'il promenait son chien. Il choisit des pierres lisses et rondes de 7 à 10 cm qu'il saisit entre le pouce et l'index et lance avec un petit effet, en accompagnant le mouvement, pour une distance maximum.

FIL(E) DE CUIVRE

En 2007, sur un parking de Hancock, dans le Maine, 80 enfants de moins de 10 ans ont aligné par terre 878 m de piécettes (pennies) en 2 heures et 26 minutes.

DÉHANCHÉ VERTIGINEUX

Si beaucoup de gens sont incapables de courir le marathon, Paul Blair, lui, le peut – et en houla-hoop ! Originaire de San Francisco, Mister Houla-Hoop (Dizzy Hips) se déhanche sur patins à roulettes, skis ou planche de snowboard. Il fait même un numéro spécial avec un anneau de 13 m de circonférence.

L'hypnose C'EST DE LA BOMBE !

L'hypnotiseur canadien Ian Stewart croit fermement au pouvoir de l'esprit sur le corps. Il en fait la démonstration avec une séance d'autohypnose où il résiste à l'explosion d'une centaine de pétards scotchés sur sa poitrine.

MARCHE ARRIÈRE
Une Allemande, Isabella Wagner, court le 100 m en moins de 17 secondes – en marche arrière !

BAISERS POUR DE FAUX
En septembre 2007, 3 249 habitants de Taiwan ont pratiqué un bouche-à-bouche géant. De la fillette de 4 ans à la grand-mère de 97 ans, les volontaires simulaient des réanimations cardiaques sur des mannequins en plastique.

PARADE DE DOS
En juin 2005, sur la plage de Zandvoort aux Pays-Bas, une foule de gens ont fait parade de leurs dos tatoués lors d'un défilé s'étalant sur plus de 5 km.

RETOUR AU LYCÉE !
Pour célébrer son 100e anniversaire en 2007, le Stadium High School de Tacoma, dans l'État de Washington, a réuni pas moins de 3 299 de ses anciens élèves !

PAS FROID AUX PIEDS !
En décembre 2006, le Néerlandais Nico Surings, de Eindhoven, a affronté le froid pour courir un 100 m pieds nus sur la glace, en 17 secondes et 35 centièmes.

PYJAMA PARTY
En juin 2007, 35 000 enfants à travers tout le Royaume-Uni ont participé à une pyjama party nationale – soit 1 000 invitations à dormir parmi les scouts et les écoliers du pays.

TEA PARTY
À Nishio au Japon, près de 15 000 participants ont pris part à un tea-time géant en octobre 2006. Assis ou bien agenouillés, ils ont bu leur thé vert sur un tapis rouge de 1,5 km de long.

MARATHONIEN DU DRIBBLE
En février 2006, Joseph Odhiambo, un instituteur de 41 ans de Phénix dans l'Arizona, a parcouru les rues de Houston, au Texas, en dribblant un ballon de basket durant 26 heures et 40 minutes. Au total, le ballon aura rebondi environ 140 000 fois !

BALÈZE !
Chris Rider est le Monsieur Muscle de York en Pennsylvanie : il peut briser en deux 2 plaques d'immatriculation superposées, rompre une batte de base-ball sur son genou, incurver une clé anglaise de 20 cm, tordre un fer à cheval en forme de cœur en seulement 7 secondes et fendre en deux un marteau de 567 grammes.

PAPILLONS DE NEIGE
En février 2007, à Bismarck dans le Dakota du Nord, 8 962 personnes ont battu des bras allongées dans la neige, dessinant ainsi une multitude de papillons blancs.

COLLECTOR
En 2007, en l'espace d'un mois, des écoles sud-africaines ont collecté près de 2 millions de boîtes de conserves à recycler.

TGV-TRICOT À GRANDE VITESSE
Tout en courant le marathon de Londres 2007, une Anglaise de 49 ans, Susie Hewer, tricotait une écharpe d'1,2 m de long ! Celle qui se décrit comme une « tricoteuse de l'extrême » a même fini sa course en moins de 6 heures.

LE ROI DES NOUILLES

Avec un seul kilo de farine, le Chinois Li Enhai peut confectionner plus de 2 090 000 nouilles ! Des nouilles si fines qu'on peut en faire passer 39 en même temps dans le chas d'une aiguille.

ALBUM DE L'ANNÉE

Le chanteur-compositeur canadien Kevin Bath a enregistré un album par semaine pendant un an – pour un total, à raison de 8 chansons par disque, de 416 chansons en 365 jours ! Travaillant dans le studio de son domicile, il finissait d'écrire le jeudi et enregistrait le week-end pour une sortie le dimanche. Cessant de se raser pour gagner du temps, il s'est laissé pousser la barbe.

RUBAN VÉGÉTAL

Pour symboliser la lutte contre le cancer du sein, un groupe médical de Dubaï a créé un « ruban » rose de 29 m de longueur composé de 105 000 œillets.

MISS HERCULE

À Krivoy Rog en Ukraine, Varya Akulova, 13 ans, est capable de soulever 350 kg – presque 3 fois son poids. Cette lutteuse accomplie, surnommée « Miss Hercule », pouvait déjà porter 3 enfants sur ses épaules à l'âge de 10 ans.

TERRE SACRÉE

En 2007, à Jaipur en Inde, une cérémonie religieuse a rassemblé 3 500 prêtres. « Bhoomi Poojan » avait pour but de sanctifier un terrain vierge avant son exploitation, ce que les prêtres firent à grands coups de pioche et de sarcloir.

OREILLE CONTRE HÉLICOPTÈRE

À Tbilisi, en Georgie, Lasha Pataraia a tiré un hélicoptère militaire de 7 734 kg sur une distance stupéfiante de 26,3 m. Une corde le reliait par l'oreille à la roue avant de l'appareil.

JONGLAGE AU SOL

Adepte du jonglage au sol (art de jongler en faisant rebondir les objets au sol), Tim Nolan, de Virginia Beach en Virginie, jongle avec 11 balles en même temps.

PURS BALLONS

En 2007, à Philadelphie, John Cassidy a réalisé en une heure 747 animaux en ballons – chiens, tortues, escargots et poissons. Son secret, dit-il : « Bien rentrer les joues, souffler de toutes ses forces et purifier son esprit. »

FOIN EN BALADE

En 2007, pour le Festival fermier de DeFuniak Springs, en Floride, Bill Buckelew et son armée de volontaires ont promené 1 042 personnes sur des camions et charrettes à foin – un cortège de 150 m de long.

LADY SUMO

En décembre 2007, à San Francisco, le Dr Tienna, une experte en fitness d'origine vietnamienne et proche de la quarantaine, a réalisé 5 135 squats « sumo » en une heure.

JOGGING ÉTASUNIEN

Six mois, c'est le temps qu'il a fallu en 2007 à Reza Baluchi, 36 ans, du Colorado, pour couvrir le périmètre des États-Unis – un jogging de 17 700 km. Parti de New York, il rallia sa ville de départ grâce à un rythme moyen de 90 km par jour.

ARRÊT SUR IMAGE

Plutôt que d'appuyer sur le bouton « off » de son ventilateur électrique, l'Allemand Marco Boehm l'arrête avec sa langue ! Un art déconcertant filmé à Majorque en juin 2007 et diffusé par une chaîne allemande.

LIMBO !

Rollers au pieds, les jambes en grand écart, le buste à l'horizontal et le menton au ras du sol, Aniket Chindak, un petit Indien de 6 ans, est si souple qu'il peut passer sous une voiture. Roi du limbo sur rollers, Aniket se glisse aussi sous des barres placées à 20 cm du sol. « Il m'a fallu 3 mois pour trouver la bonne position », déclare-t-il au sujet du limbo sous voiture, « le plus difficile étant de prendre suffisamment de vitesse avant de s'aplatir, car c'est le seul moyen d'émerger de l'autre côté. »

Aniket nous fait la démonstration de son incroyable talent : ici, en limbo, aplati sous une voiture à 24 cm du sol.

NÉE AVEC 8 MEMBRES

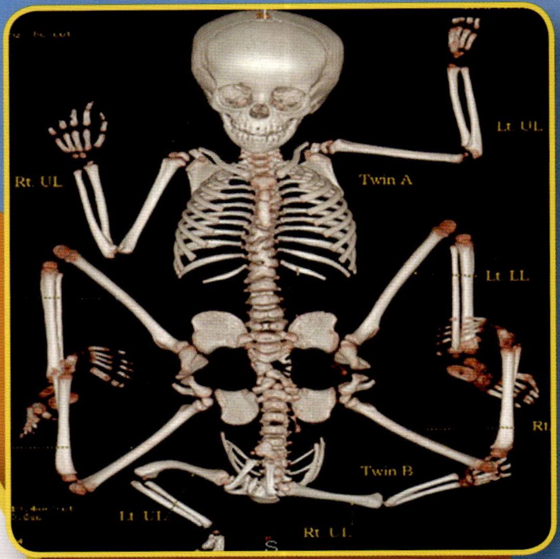

En Inde, une fillette née avec 4 bras et 4 jambes a subi pendant 27 heures une opération sans précédent. Peu après, elle a pu se tenir debout et faire ses premiers pas.

Lakshmi Tatma est née siamoise au Bihar, région pauvre du nord de l'Inde. Elle souffre d'un phénomène très rare, appelé « isciopagus » : sa jumelle a stoppé son développement dans le ventre de la mère. Le fœtus survivant a absorbé les membres, les reins et les autres parties de son jumeau parasite. Privé de tête, le corps de ce dernier s'est greffé au pelvis de Lakshmi.

Prénommée d'après le nom de la déesse hindoue de la richesse, dotée de 4 bras, la fillette est née avec 2 colonnes vertébrales, 4 reins, des nerfs emmêlés, 2 cavités stomacales et 2 poitrines, en plus de ses 8 membres. Les habitants de son village la révéraient déjà comme une déesse et sollicitaient sa bénédiction, mais son père, Shambhu, a préféré la cacher quand un cirque a voulu l'acheter pour l'exhiber.

En novembre 2007, âgée de 2 ans, Lakshmi a été opérée à l'hôpital de Bangalore. Outre l'amputation de ses membres en trop, les chirurgiens lui ont transplanté l'un des reins de sa jumelle, et ses organes et intestins ont été recentrés, pour la débarrasser de ce corps parasite.

Poonam, sa mère, se rappelant l'instant où Lakshmi a réussi à se mettre debout pour attraper un jouet, a déclaré : « J'avais les larmes aux yeux, mon rêve était devenu réalité. »

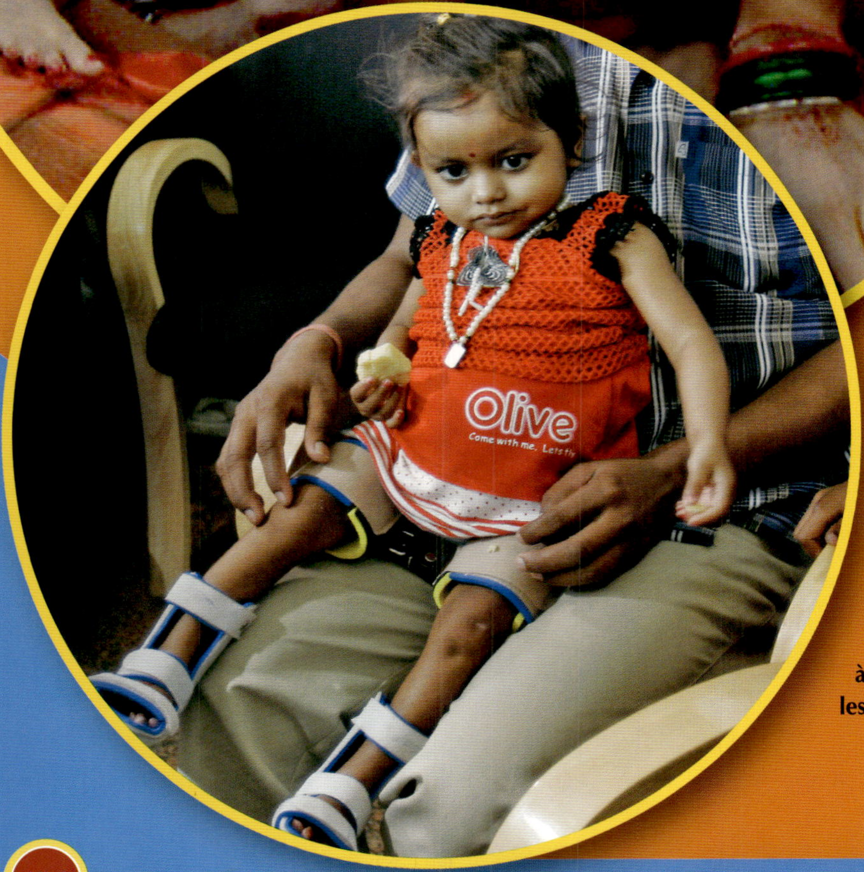

FAKIR DU BARREAU

Cette radio est celle du barreau de chaise en métal qui a transpercé l'œil gauche de Shafique el-Fahkri lors d'une bagarre à la sortie d'une boîte de nuit à Melbourne. Pénétrant par son orbite gauche en poussant l'œil sur le côté, le barreau est ressorti par le cou. Fait inouï, l'homme a recouvré 95 % de sa vision – même s'il garde la voix rauque.

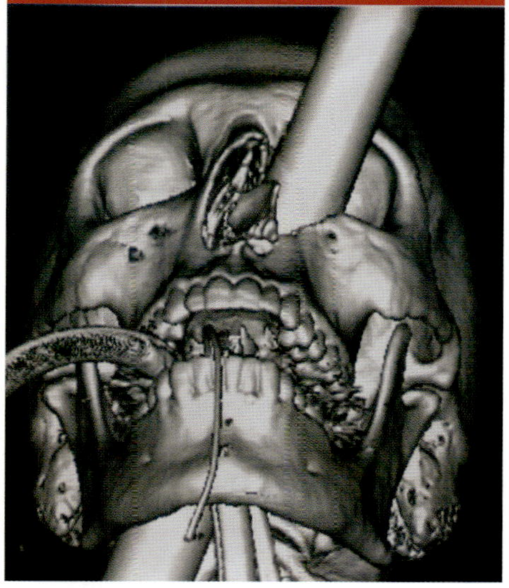

L'HOMME BIONIQUE

12 ans après un accident qui a fait perdre à Peng Shulin la partie inférieure de son corps, des médecins de Pékin l'ont doté en 2007 de jambes bioniques.

COUSU MAIN

En 2004, pour sauver le bras d'Israel Sarrio, sectionné lors d'un accident, des médecins espagnols le lui ont d'abord cousu à la jambe, le temps de le recoudre en suite au bon endroit.

IL ÉTAIT MOINS UNE !

Au Venezuela, Carlos Camejo, déclaré mort après un accident de voiture en septembre 2007, s'est réveillé juste avant le début de son autopsie.

À EN PERDRE LA TÊTE

Shannon Malloy a survécu à un accident de voiture au cours duquel son crâne s'est désolidarisé de sa colonne vertébrale, un phénomène appelé « dislocation atlanto-occipitale ». Les médecins d'un service de chirurgie spécialisé de Denver ont dû lui percer 5 vis dans le cou et 4 autres dans le crâne pour tout rattacher, avant de l'appareiller d'une armature en métal pour lui maintenir la tête… laquelle n'arrêtait pas de glisser durant l'opération.

CISEAUX SURPRISE

En novembre 2006, à Thenpattinam, en Inde, des médecins ont découvert des ciseaux chirurgicaux dans le ventre d'une patiente. Ils s'y trouvaient depuis une précédente intervention, 12 ans plus tôt.

CASSE-COU

Grand sportif de 14 ans, Alfie Tyson-Brown, du Dorset, Angleterre, a mené une vie trépidante durant 10 ans (rugby, surf, VTT, montagnes russes) avant que les médecins ne lui diagnostiquent une fracture des cervicales qui aurait pu être fatale à n'importe quel moment…

LIVRAISON DANGEREUSE

Ezra Bias, de Spokane, État de Washington, a miraculeusement survécu à un empalement. Il allait livrer une pizza lorsqu'une voiture a roulé sur une barre de fer de 60 cm qui se trouvait sur la chaussée et l'a envoyée se ficher en plein dans sa tête.

PROTHÈSES INTELLIGENTES

Jesse Sullivan, de Dayton, Tennessee, possède des bras prosthétiques phénoménaux, capables de réagir à la seule commande de sa pensée.

ŒIL DE VERRE

Le Chinois Xiao Zhu s'était toujours demandé pourquoi il ne pleurait que d'un seul œil… jusqu'au jour où les médecins ont trouvé un morceau de verre de 3,5 cm logé sous son œil droit. Opéré 6 ans plus tôt pour une blessure lors d'une bagarre, le tesson était passé inaperçu !

ACCIDENT MIRACLE

En Angleterre, Frazer Simpson a eu le visage aspergé de produit chimique corrosif par accident. Sauf qu'au lieu de lui brûler les yeux, le produit a miraculeusement amélioré sa vue : il conduit désormais sans lunettes.

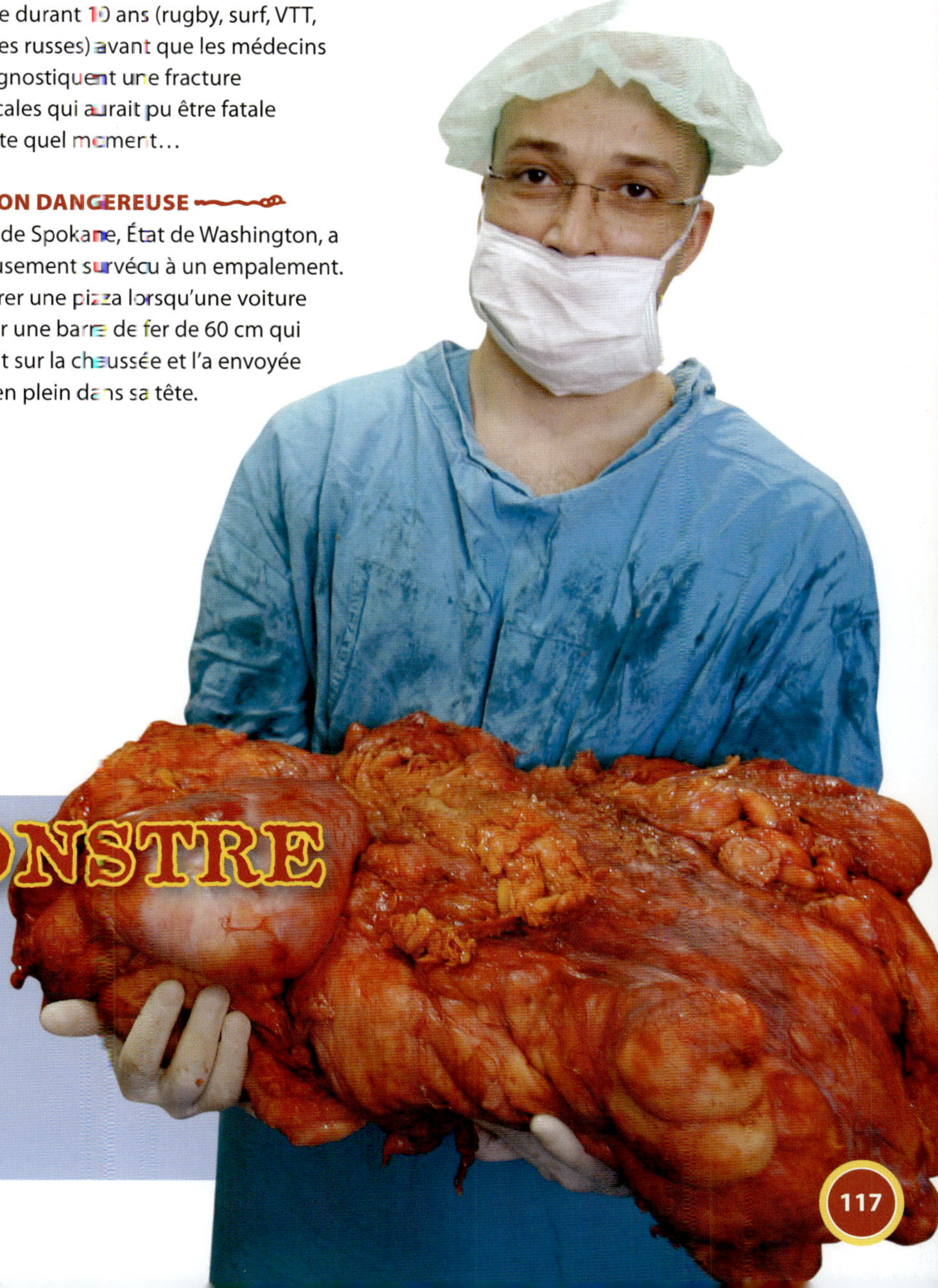

TUMEUR MONSTRE

Ce médecin d'un hôpital de Belgrade, Serbie, tient une tumeur géante extraite de l'abdomen d'une femme de 54 ans. La tumeur, bénigne, pesait 39 kg, le poids d'un enfant de 11 ans ! Encore plus fou : la patiente a survécu.

RÉVEIL MAL RÉGLÉ

À Colorado Springs, Christa Lilly s'est réveillée d'un coma de 6 ans… mais seulement pour 3 jours. Plongée dans le coma depuis une crise cardiaque en 2000, elle s'est réveillée comme une fleur et s'est mise à discuter avec ses médecins et ses proches. Trois jours plus tard, elle retombait mystérieusement dans un état végétatif.

BECS SUCRÉS

Les humains dotés d'un sens du goût développé peuvent détecter la présence de sucre dans une solution même en faible quantité, à raison d'1 unité pour 200 unités d'eau. Mais certaines espèces de papillons arrivent au même exploit avec un rapport de 1 pour 300 000 !

FLOU LINGUISTIQUE

Après avoir perdu connaissance lors d'une course de *speedway* (moto) à Glasgow, Écosse, le pilote tchèque Matej Kus, revenu à lui, s'est mis à s'exprimer en un anglais parfait… alors qu'il le parlait à peine avant l'accident. Mais ses nouveaux talents linguistiques n'ont pas duré, et il a tout perdu une fois rétabli.

POULS POUSSIF

Greffé d'un cœur tout neuf, le Québécois Gérard Langevin n'a pas de pouls.

IL ÉTAIT DEUX FOIES

Jenna Hopkins, de Crab Orchard, Kentucky, est née avec un second foie situé dans le poumon droit.

TORCHE MOBILE

Victimes d'une coupure d'électricité, des chirurgiens de l'hôpital de Villa Mercedes, en Argentine, ont dû achever une opération à la lueur des écrans de leurs téléphones portables !

TOUS MILLIARDAIRES

Notre galaxie compte plus de 100 milliards d'étoiles. Le corps humain, lui, a 100 milliards de milliards de cellules.

LA POMPE HUMAINE

Le cœur humain produit une telle pression en pompant le sang dans les vaisseaux qu'il peut théoriquement le faire gicler jusqu'à 9 mètres.

MOUSTIQUES VAMPIRES

Il faudrait environ 1,2 million de moustiques pour vider un homme de taille moyenne de tout son sang.

PAS 100 DU MÊME SANG

Le groupe sanguin le plus rare est le « phénotype Bombay », dit aussi « génotype Hh », découvert à Bombay en 1950. Il n'y aurait que 57 individus concernés dans toute l'Inde.

ÇA CROQUE !

Les muscles de notre mâchoire peuvent exercer jusqu'à 72,5 kg de pression, soit le poids de 35 briques de construction.

ENCORE UNE TOUFFE ?

En 2007, à Chicago, une adolescente de 18 ans s'est fait extraire de l'estomac une pelote de cheveux de 4,5 kg. La jeune fille, qui avait pour manie de se manger les cheveux, s'était plainte de douleurs au ventre. Ces cheveux noirs et frisés, à l'intérieur d'elle, c'était les siens.

CRA-CRA LES BRAS

Dans chaque cm^2 du creux de nos aisselles nichent 80 000 bactéries.

TÊTE DE SCHTROUMPF

Paul Karason, de Madera, Californie, a la peau bleue. Cela fait 15 ans qu'il est atteint de cette maladie, depuis qu'il traite son eczéma au visage à l'aide d'un remède maison, à base de sels d'argent. Malgré l'effet secondaire regrettable de cette préparation insolite, il ne jure que par elle. On l'appelle « Grand Schtroumpf », mais lui, ça l'amuse !

Ripley's L'enquête

Atteint d'eczéma dû au stress après le décès de son père, Paul Karason s'est soigné avec une solution de sels d'argent. Remède très utilisé avant la découverte de la pénicilline, les sels d'argent ont été proscrits de la pharmacopée américaine en 1999 car responsables de l'argyrie, une intoxication caractérisée par une coloration bleu ardoise de la peau. Paul a sans doute aggravé le phénomène en absorbant les sels par voie orale et en les appliquant sur les lésions de son visage.

PLONGÉE MIRACULEUSE

À 34 ans, Mark Chenoweth, né avec une malformation de la colonne vertébrale, une *spina bifida*, s'était résigné à passer le restant de sa vie en fauteuil roulant. D'après les médecins, il ne marcherait jamais.

En 1998, en vacances à Minorque, il a convaincu un centre de plongée, contre l'avis médical, de le laisser plonger avec un tuba. Il est descendu jusqu'à 17 m, avant de découvrir, à sa sortie de l'eau, qu'il marchait !

« À peine sorti de l'eau, a-t-il raconté, j'ai senti mes jambes pour la première fois. Elles fonctionnaient ! L'instructeur n'en revenait pas, lui non plus. Il m'avait vu arriver en fauteuil, et je repartais sans ! »

Au bout de 3 jours, les jambes de Mark étaient redevenues inertes, mais à son retour en Angleterre, il s'est empressé de réserver un nouveau séjour de plongée. Depuis, il s'est aperçu que plus il plonge profond, plus il remarche longtemps. Son fauteuil roulant ne lui sert désormais que 2 fois par an.

Profondeur de plongée	*Période de marche consécutive*
17 m	3-4 jours
30 m	2-3 mois
40 m	4 mois
50 m	8 mois

Ripley's L'enquête

Plus un plongeur va profond, plus l'oxygène contenu dans ses bouteilles s'enrichit. Il semblerait que cet oxygène enrichi affecte les cellules endommagées par la maladie de Mark et les rende temporairement fonctionnelles.

À LA CUILLÈRE

En 1942, Wheeler Lipes, un marin de 23 ans, a réalisé une appendicectomie d'urgence sur l'un de ses camarades de bord, avec des cuillères en guise d'écarteurs et une lame de scalpel sans manche. Lipes n'était même pas médecin (seulement le compagnon d'une pharmacienne). Pourtant, l'opération, réalisée dans un sous-marin à 35 m de profondeur, fut un succès.

RESSOURCE NATURELLE

Avec tout le fer contenu dans le corps humain, il y aurait de quoi fabriquer un clou.

MINI PRÉMATURÉE

En octobre 2006, à Miami, la petite Amillia Sonja Taylor a survécu à une gestation inférieure à 5 mois. Après seulement 21 semaines et 6 jours dans le ventre maternel (les naissances à terme s'effectuant normalement entre la 37e et la 40e semaine), elle pesait 284 g et mesurait 24 cm : à peine plus long qu'une règle.

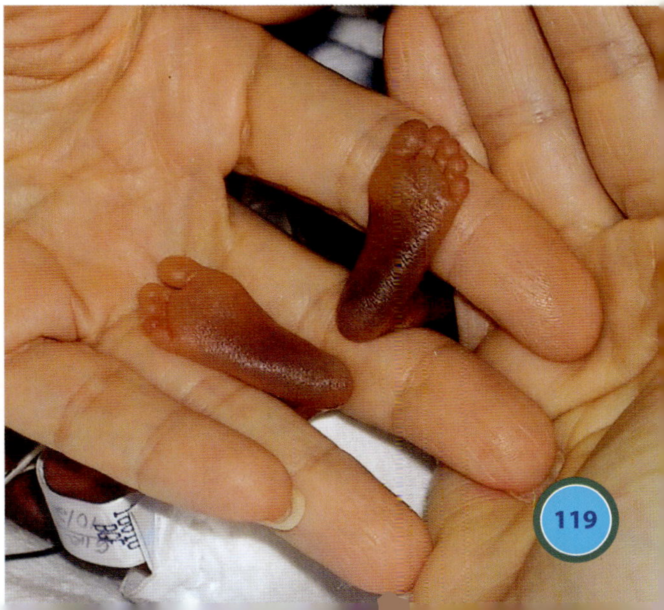

BIEN NOIR, LE THÉ...
En Louisiane, au XIXe siècle, on utilisait le thé aux cafards contre le tétanos, tandis que les cancrelats frits à l'ail servaient de remède contre l'indigestion.

PAR HORUS, GUÉRIS !
Durant des siècles, pour soigner morsures de serpents et piqûres de scorpions, les Égyptiens buvaient l'eau versée sur une statue recouverte d'inscriptions magiques.

AU POIL !
Pour soigner la toux, dans l'Angleterre médiévale, on glissait un cheveu du malade dans un sandwich donné au chien.

GROSSESSE À (LONG) TERME
Dans le Sichuan, en Chine, la radio d'une femme de 90 ans a révélé une grossesse de 58 ans ! Les médecins qui l'examinaient ont découvert dans son utérus un fœtus déformé datant de 1949, année de sa mort *in utero*.

VISAGE PORTE-BONHEUR
Certaines Chinoises font de la chirurgie esthétique pour attirer la chance : des pommettes moins saillantes pour éviter de porter malheur à leur mari, et un gommage des imperfections autour de la bouche et des yeux, réputées de mauvais augure.

THÉ VER
Le Chong Cha, un thé noir à base de déjections de chenilles, se boit en Chine pour prévenir les coups de chaleur. Plus connu sous le nom de « thé de ver », il combattrait aussi diarrhées, hémorroïdes et saignements de nez.

LA BEAUTÉ CRACHÉE
En Chine, les décoctions à base de salive de martinet sont réputées embellir la peau. Les débris dont les oiseaux font leur nid, agglomérés avec leur salive, sont ainsi récupérés, bouillis et remis à profit.

LÉZARD HILARANT
Dans la Sierra Madre, au Mexique, l'iguane noir à queue épineuse est consommé comme antidépresseur.

ŒUF DE SOULAGEMENT
Un remède américain pour faire baisser la fièvre : appliquer sous chaque pied un linge imbibé de blanc d'œuf. Les blancs font aussitôt un appel de chaleur vers les pieds.

SOS scorpions !

Les scorpions morts et les tranches de gingembre sur le visage de cette Chinoise sont censés soigner sa paralysie faciale.

INFAILLIBLE (OU PRESQUE)

- Faire passer 3 fois un enfant sous le ventre d'un âne le guérit de la coqueluche.
- Extraire et porter la dent d'une taupe encore vivante calme les rages de dent.
- Se nouer la corde d'un pendu autour des tempes soulage le mal de tête.
- Uriner au-dessus d'une tombe à ciel ouvert remédie à l'incontinence.
- Conserver une musaraigne morte dans sa poche prévient les rhumatismes.
- Pour soigner la tuberculose, rentrer la tête dans la carcasse encore fumante d'une vache, rabattre les chairs autour de son cou et inhaler.

RACINE À DENTS
Plutôt que de se brosser les dents, certaines tribus du Tchad ou du Soudan mâchent la racine du *Salvadora persica*, ou « racine-brosse à dents ». Les bâtonnets libèrent une substance antibactérienne qui prévient les infections et les caries.

HIRONDEAU EN RONDELLES
En Angleterre, au XVIe siècle, pour soigner son vertige, on conseillait de s'emparer d'un oisillon d'hirondelle à la lune montante, de le décapiter en faisant s'écouler le sang dans un récipient avec de l'encens, puis de prendre cette potion à la lune descendante.

STEAK'UNE VERRUE
Deux remèdes archaïques contre les verrues : abandonner sur un sentier une bourse avec une pièce d'argent et des cailloux pour que celui qui la trouve reparte aussi avec la verrue. Sinon, voler un steak et l'enterrer au carrefour de 3 chemins.

ANTI-ASTHME
Dans certaines régions de l'Inde, des poissons vivants trempés dans une pâte médicinale sont réputés soigner l'asthme.

DE MAL EN PISSE
La croyance selon laquelle boire sa propre urine soignerait diverses affections (morsures de serpents, maladies cardiaques, varicelle, stérilité, calvitie…) est très répandue en Asie. Certaines Japonaises prennent même des bains à l'urine pour embellir leur peau.

VERRE À L'ŒIL
En Mongolie, un œil de mouton vinaigré avalé avec un verre de jus de tomate vous débarrasse de la gueule de bois.

HIPPOCAMPES
Pour certains Chinois, la consommation d'hippocampes séchés guérit asthme et impuissance. La médecine traditionnelle en prescrit 2 t par an.

IL A BON DOS !
Lorsqu'une maladie s'abat sur leur tribu, les Bhar, en Inde, conduisent un buffle noir jusqu'à la sortie de leur village, afin qu'il emporte la maladie avec lui.

THÉRAPIE DE CHOC
Réponse de la tribu malgache des Betsiléo à la maladie : mettre le malade en état de transe en l'obligeant à quitter son lit pour danser. Au bout d'une semaine de traitement, le malade est souvent guéri – ou mort.

REMÈDE DE COUPLE
À Taiwan, une soupe à base d'herbes et de lézards arboricoles est réputée efficace contre l'asthme et le rhume, surtout si l'on se sert d'un couple mixte de lézards.

THÉ DE VACHE
On trouve dans le Sud des États-Unis un remède plutôt inhabituel contre le rhume : un thé à base de fumier séché.

COUPS DE BALAI
Au Niger, un homme qui reçoit un coup de balai deviendra impuissant, à moins qu'il ne rende 7 fois son coup de balai à son agresseur.

ÇA NE S'ORANGE PAS !
Durant l'année 1938, à Aspinwall, en Pennsylvanie, en guise de cure anti-diabète, Sara Jane Trout a mangé 3 248 oranges.

AMÈRE GUÉRISON
Certains affirment que se mettre du cérumen dans la bouche calmerait les rages de dent : cela aurait un effet anesthésiant.

GRENOUILLITE AIGUË

Depuis 40 ans, le Chinois Jiang Musheng soigne sa toux en avalant des grenouilles vivantes.

REMÈDE DE SABLE

On vient de loin dans la province thaïlandaise du Buriram pour se faire enterrer jusqu'au cou dans du sable brûlant avant de se laisser marcher sur la tête par un médecin traditionnel, le docteur Pan Rerngprasam. Celui-ci est convaincu que les vieilles méthodes cambodgiennes peuvent tout guérir, du cancer aux maladies mentales.

ÇA TOMBE BIEN

Les habitants de Launceston, en Angleterre, disent que la rosée déposée sur les tombes fraîchement creusées de leur église ont le pouvoir de guérir le torticolis en applications !

DU BON TABAC

En 1588, le croyant propice au traitement du cancer, Jean Nicot, ambassadeur de France au Portugal, expédia dans son pays natal des plants de… tabac !

UNE BELLE JAMBE !

Au lieu de corriger son boitement, une équipe de chirurgiens chinois a rallongé par erreur la jambe la moins courte d'un garçon de 5 ans. Ils l'avaient opéré allongé sur le ventre, alors qu'il avait été anesthésié sur le dos ! Résultat : le garçonnet a dû être opéré deux fois de plus, la première pour rectifier l'erreur, la seconde pour rallonger l'autre jambe.

DOUBLE UTÉRUS

En décembre 2006, dans un hôpital de Bristol, Hannah Kersey a donné vie à trois bébés issus de deux utérus distincts. Ruby et Tilly, vrais jumeaux, sont sortis de l'un, et Grace, une petite fille, de l'autre. Un miracle qui s'explique par l'*uterus didelphus* dont Mme Kersey est affligée depuis la naissance, et que caractérise un surdéveloppement des organes reproductifs.

MÊME PAS MORT !

Quelle ne fut pas la frayeur de Gina Partington, en octobre 2007, d'avoir des nouvelles de son fils Thomas, alors qu'elle venait d'assister, la veille, à sa crémation ! En réalité, le corps de l'homme de 39 ans qu'elle avait identifié à la morgue était celui d'un autre. Son fils, bien vivant, se trouvait à 137 km de là, à Nottingham.

BOUCHE-À-BOUCHE

Matt Wilkinson est resté 3 jours dans le coma, en 2007, après avoir placé dans sa bouche son animal favori… un crotale diamantin de 51 cm ! Ce garçon de Portland, Oregon, est arrivé juste à temps à l'hôpital : les morsures avaient causé l'obstruction des voies respiratoires.

DEMI-CERVEAU

Une Chinoise de Wuhan vit normalement avec un seul hémisphère sous le crâne. La moitié gauche de son cerveau, invisible au scanner, est pourtant celle qui commande au langage… faculté dont cette femme de 39 ans n'a jamais manqué !

GRANDES OREILLES

Le sorcier de l'ancienne tribu Kuria, en Tanzanie, était capable d'étirer ses lobes d'oreilles jusqu'à y faire passer un enfant – une méthode comme une autre pour le guérir de tous ses maux.

GRÈVE DU CŒUR

Alberto Salazar, triple vainqueur du marathon de New York, a survécu à une attaque cardiaque survenue en 2007 à Beaverton, dans l'Oregon : son cœur avait cessé de battre pendant 16 minutes !

BIDON D'OURS

Pour ranimer les personnes évanouies, on préconisait au XVIe siècle d'appliquer sur la plante des pieds une décoction de poils de ventre d'ours bouillis dans l'alcool.

REMÈDE DE FEU

Braises de noix et de feuilles de moxa : tel est le traitement appliqué à ce patient atteint de maux oculaires à Jinan, en Chine. Les feuilles de moxa brûlées sont un des remèdes de base de l'*Artemisia chinensis*, la médecine traditionnelle chinoise.

MERCI BEAU COU
Un Australien de 5 ans, natif de Sydney, a failli périr égorgé en juillet 2007 par la pointe d'une grille en fer forgé qui lui était entré de 5 cm dans le gosier. L'objet a miraculeusement évité la carotide, l'œsophage, la trachée et les principaux nerfs du petit Hugo Borbilas, et ne s'est arrêté qu'à quelques centimètres du cerveau. L'enfant n'a dû la vie sauve qu'au fait de s'être immédiatement désempalé pour appeler à l'aide.

GOUTTE À GOUTTE
Des médecins de Brisbane, en Australie, ont mis un touriste italien victime d'empoisonnement sous perfusion de… vodka, l'hôpital étant en rupture de flacons d'alcool médical !

LA RAGE DE VIVRE
Jeanna Giese, une adolescente du Wisconsin, a dû réapprendre à marcher, à parler et à vivre après avoir contracté la rage, suite à une morsure de chauve-souris en 2004. Il lui a fallu plus d'un an pour remarcher sans aide, ce qui ne l'a pas empêché de réussir ses examens avec mention en 2007. Elle est sans doute la seule personne non vaccinée à avoir jamais survécu à cette maladie mortelle, qui détruit le système nerveux.

GASTÉROPATHE
Depuis des siècles, on vient de toute la Bretagne à l'église de Saint-Léonard, à Guingamp, dans l'espoir d'y trouver dans une certaine cavité un escargot que l'on emportera dans un sac. Car ce gastéropode est réputé guérir la fièvre.

POTION FOSSILE
La collecte d'os de dinosaures à des fins médicinales a longtemps été pratiquée par les paysans chinois. Riches en calcium, ces fossiles sont bouillis avec d'autres ingrédients et donnés aux enfants en remède contre les vertiges et les crampes. Réduits en pâte, on les applique aussi sur les plaies pour consolider les os brisés.

COASSER LA VOIX
Les médecins romains traitaient les maux dentaires en plaçant dans la bouche une grenouille bouillie dans l'eau vinaigrée.

JEUNE DIPLÔMÉ
Maurice Yankow, un Américain de Valhalla, a commencé à exercer comme chirurgien à 70 ans. Il s'était inscrit à la faculté de médecine à 63 ans.

DEBOUT EN BOUE

Ces visiteurs d'un site réputé du Sichuan, en Chine, s'enduisent de boue noire de la tête aux pieds. Riche en minéraux, elle passe pour régénérer la peau.

VILLE, EN GELÉE

San Francisco vit sous la menace permanente d'un nouveau séisme… mais que dire de sa tremblante jumelle ?

Liz Hicock a reproduit à l'identique la ville de San Francisco en gelée, à l'aide de moules réalisés sur des maquettes à l'échelle. Elle a ensuite disposé ses créations devant un décor peint et les a éclairées par derrière ou de l'intérieur. Puis elle s'est dépêchée de prendre une photo avant que le tout ne s'avachisse.

Ripley's interview

« **Combien de temps cela vous a-t-il pris ?** Je n'ai pas tout réalisé d'une seule pièce, mais par tranches, une scène par photo environ. Et chaque scène représente environ 3 mois de travail.

Quelle est la durée de vie d'une scène ? Environ une semaine. Ensuite, elle tombe en ruine.

Où avez vous préparé et stocké toute cette gelée ? Je travaille dans un atelier. Comme je réalise une scène après l'autre, le stockage n'est pas un problème : au bout d'un moment, je jette et je remplace ! »

Cette incroyable vue aérienne de San Francisco est en réalité une maquette de 3 m^2 entièrement réalisée en gelée aux fruits !

Un défi à la pesanteur : le pont suspendu de Liz's Bay tout en gelée !

TRANCHES DE L'ART

CALEÇON CARNÉ

Kasey McMahon, artiste de Los Angeles, s'est taillé une culotte sur mesure à l'aide de lanières de viande séchée collées ou cousues sur un authentique caleçon.

HARRY POT D'BEURRE

À l'occasion de la fête nationale de l'Iowa, à Des Moines, il a été procédé à l'érection d'un Harry Potter entièrement réalisé en beurre frais, lunettes et baguette comprises. Magique !

AUTO À MANGER

Une équipe de pâtissiers anglais a confectionné un gâteau en forme de Skoda grandeur nature. Ingrédients : 180 œufs, 125 pots de confiture et 100 kg de sucre. Les pneus étaient en chocolat, les lanternes en gelée, les essuie-glaces en réglisse… et le plein de sirop !

CHOCO-JÉSUS

Un Christ de 1,80 m et 90 kg en chocolat au lait : c'est le chef-d'œuvre de Cosimo Cavallero, artiste canadien.

CHEDD'ART

En 4 jours, Troy Landwehr a reproduit dans une meule de cheddar de 320 kg les effigies monumentales du Mont Rushmore, qui figurent les visages des présidents Washington, Jefferson, Lincoln et Roosevelt.

CECI EST MON CORPS

Un sculpteur britannique a réalisé son autoportrait en pied avec de la mie de pain. Puis il a demandé à ses admirateurs de le manger.

ART MOU

À Londres, les artistes de rue ne reculent devant rien pour s'exprimer. Témoins, ces résidus de chewing-gum peints à la main. Sachant que 300 000 de ces déchets joncheraient la seule Oxford Street, ces peintres minimalistes ont encore de beaux jours devant eux !

MINILIVRE

Le plus petit livre du monde est canadien : réalisé par le laboratoire nanotechnologique de l'université Simon Frasier, en Colombie-Britannique, il en tient 20 exemplaires sur une tête d'épingle.

HABITS À LIRE

L'ingénieux Ed Livingston, de Boston Harbor, habille les femmes de vêtements lisibles, puisqu'ils sont confectionnés à partir de papier journal.

POST-IT ON MY MIND

David Alvarez, un jeune Américain de Leavenworth, a passé 3 mois à réaliser un portrait de Ray Charles en trois dimensions à l'aide de 2 000 Post-it®. On l'applaudit bien fort.

GARDEZ LA MONNAIE

Six ans : il n'en a pas fallu moins à Mike et Annie Moore pour recouvrir leur bar de McKittrick, en Californie, d'un million de pièces de 1 cent, collées sur les murs, le sol, le plafond et les meubles.

LANGUE ORIENTALE

Zhang Yongyang a découvert un matin qu'il pouvait écrire avec la langue. Ce Chinois de Xi'an, constatant qu'il pouvait toucher son nez avec son appendice, a décidé de conjuguer ce don avec sa passion pour la calligraphie. Un peu d'encre, et le tour est joué !

PAS DE GACHIS
Justin Gignac a mis l'ordure à la mode. Cet artiste new-yorkais collecte le contenu des poubelles et le conditionne en boîtes transparentes qu'il vend 100 $!

COUP DE COUDE
Le nabab des casinos de Las Vegas, Steve Wynn, venait de trouver preneur à 139 millions de dollars pour *Le Rêve*, un Picasso dont il était propriétaire, quand il l'a troué par mégarde. Il présentait l'œuvre à quelques *happy few*, en 2006, quand un coup de son coude gauche a fait un trou dans la toile, de la grosseur d'une pièce de 2 euros.

REPTILES VIGILES
Pour veiller sur une paire d'escarpins incrustés de diamants, rubis et saphirs, d'une valeur de 120 000 dollars, les grands magasins Harrods de Londres ont fait appel aux services de cobras vivants.

ROBE CHEVELUE
Lors d'un défilé à Zagreb, en 2007, un mannequin croate est apparu vêtu d'une robe tout en cheveux humains, réalisée par les créateurs d'Artidjana à l'aide de 50 m de crinières blondes.

ART COLLECTIF
En 2007 à Wakayama, au Japon, 3 500 personnes ont conjugué leurs talents pour réaliser une peinture de 4 663 m de long, en un peu plus d'un mois.

ROBES DE FÉES
En 2007, les studios Disney ont exposé une collection de robes de mariée inspirées de contes de fées tels que *La Belle au bois dormant*. Chacune de ces parures, créées par Kirstie Kelly, coûtait 1 500 $.

LAISSE GLISSER
En octobre 2006, l'artiste allemand Carsten Hoeller a installé à la Tate Modern de Londres cinq gigantesques toboggans en spirale, dont le plus grand mesurait 55 m de haut.

GARDEZ LA MONNAIE
Jay Lonewolf Morales, artiste de Floride, est l'auteur de peintures étonnamment bariolées, compte tenu du fait qu'il souffre d'une chromopathie le privant de toute notion de couleur ! Il ne voit en effet qu'en noir, gris et blanc. « Chaque fois que je peins, je pleure, dit-il, car je ne peux voir les teintes de mon œuvre. »

CEINTURE CHIC
Sean Taylor, du New Jersey, s'est fabriqué une ceinture en opercules de canettes de soda.

AMOUR DE L'ART
La police d'Avignon a dû interpeller une femme qui venait d'embrasser une toile du peintre abstrait américain Cy Twombly. Il semble qu'elle ait succombé à l'irrésistible beauté de ce chef-d'œuvre estimé à 2 millions de dollars.

SARI GÉANT
Une équipe de tisserands indiens a mis 14 jours de l'année 2007 à confectionner un spectaculaire sari en soie vert et rouge de 685 m de long.

ONGLE PEINTRE

Nangaji Bhati n'a pas besoin de pinceau pour peindre : cet artiste indien préfère enduire de couleur l'ongle de son pouce, qui mesure 10 cm, pour réaliser de superbes toiles.

BRIQ' ART

Surnommé « le Picasso du Lego® », Nathan Sawaya, un avocat de Wall Street reconverti dans l'art, réalise d'étonnantes sculptures à l'aide de petites briques d'assemblage dont la réputation n'est plus à faire auprès des enfants du monde entier. Chacune de ses créations requiert des heures de construction et se compose de plus de 250 000 pièces. En 2004, Sawaya s'est vu décerner par Legoland, en Californie, le titre de grand maître du Lego®. Les deux personnages ci-contre faisaient partie de sa première exposition personnelle au musée Lancaster de Philadelphie, en 2007, intitulée « L'Art de la brique ».

Body

LEGO® DES MERS

En août 2007, un personnage souriant en Lego®, mesurant environ 2,4 m, s'est échoué sur la côte des Pays-Bas, où l'ont repêché des ouvriers du secteur de Zandvoort. Sa tête était jaune et son corps bleu. On ne sait rien de la créature, mais on suppose qu'elle aurait flotté jusque-là depuis l'Angleterre…

ÉCHEC ET MIAM

Une artiste anglaise du Gloucestershire a conçu un jeu d'échecs en chocolat, qui permet de dévorer les pièces prises à l'adversaire. Prudence Emma Staite a façonné des figures en chocolat noir et blanc, disposées sur un plateau en chocolat à dessert. On lui doit aussi un lit en chocolat belge de 200 kg (avec ses oreillers et son édredon à croquer) réalisé pour le parc à thème Alton Towers.

GÉANTS D'IF

Un astucieux jardinier anglais a reproduit à l'identique les fameux géants de l'île de Pâques. Armé d'une cisaille, Michael Geiger, banquier dans une première vie, a taillé 6 de ces statues dans la haie d'if de 3,60 m qui borde son jardin de Billericay.

GARDEZ LA MONNAIE

Une Volvo XC90 grandeur nature a été exhibée lors du Salon de l'auto de New York en 2004. Elle était composée de plus de 200 000 Lego® assemblés pendant 2 mois par 5 passionnés.

Art

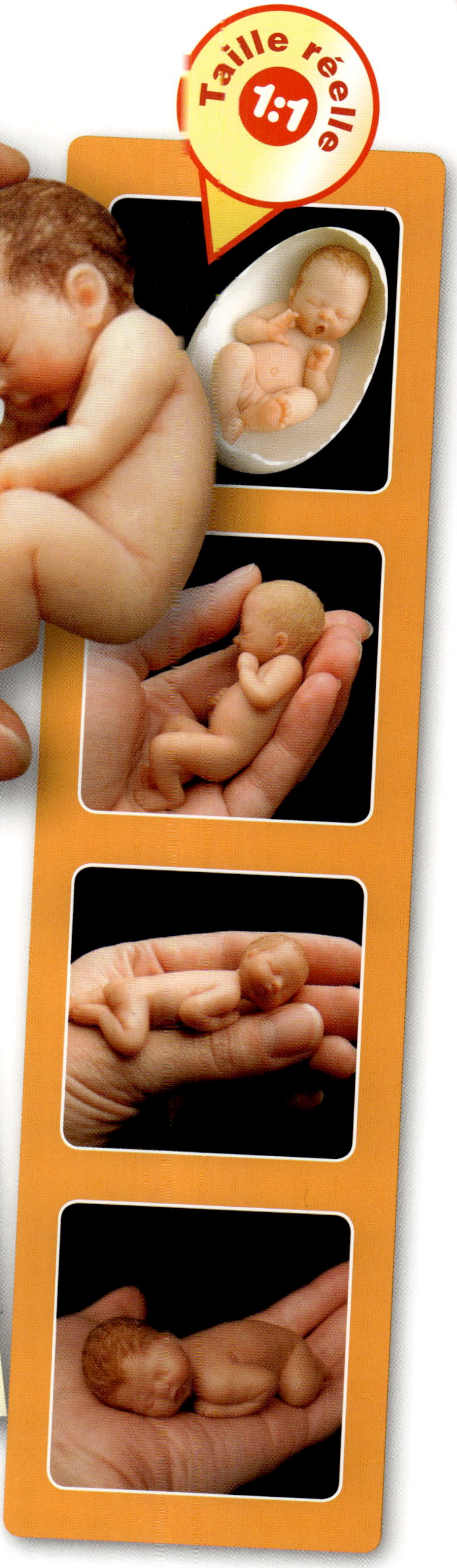

P'tit bébé !

Camille Allen, une créatrice de poupées canadienne, use de tout son savoir-faire pour réaliser de minuscules et hyperréalistes bébés en pâte à modeler. L'idée lui en est venue par hasard, en travaillant des chutes de matière à l'aide d'outils de dentiste, indispensables pour réaliser les infimes détails de telles œuvres d'art. Pour imiter les fins cheveux de bébé, elle utilise des fils de mohair implantés un à un !

ET QUE ÇA BRIQUE !

En mai 2007, 465 000 briques de Lego® ont été mises à la disposition du public de Legoland, en Californie, pour élever une tour de 29 m !

FACES DE TERRE

Plusieurs milliers d'étudiants de l'université technologique de Zhongyuan ont passé une journée de mars 2007 à sculpter dans le sol 96 visages, en hommage aux paysans de Chine.

DOUBLE MONSTRE

John Dobson, sujet du Sussex, a passé 17 ans à bichonner de la gueule au bout de la queue le monstre du Loch Ness de 4,50 m taillé dans la haie de son jardin. Son voisin lui ayant demandé le même, M. Dobson s'est mis à l'ouvrage

LEGO® ET LES COULEURS

C'est sous le pseudonyme d'Udronotto que l'artiste italien Marco Pece a reproduit *La Cène* de Léonard de Vinci à l'aide de briques de Lego®. Il s'était fait la main avec la *Joconde* et certaines scènes des *Blues Brothers* et du *Lauréat*.

JEU DE CARTES

Les cartes postales sont la matière première de l'artiste anglais David Mach. En 2007, il a réalisé l'image d'un pur-sang de 3,6 sur 2,7 m à l'aide de 8 000 cartes représentant les Emirates Towers de Jumeirah, à Dubaï.

HOMMES DE TERRE

Voyant qu'en trois décennies sa Teococuilco natale était devenue une ville fantôme, le sculpteur mexicain Alejandro Santiago l'a repeuplée de 2 051 effigies de terre cuite.

BEAU BUREAU

À la demande d'une entreprise de Seattle, le designer Eric Harshbarger a réalisé un bureau à l'aide de 35 000 briques de Lego®. Ce meuble de 55 kg a requis pas moins de 7 dessinateurs. Après avoir monté le prototype, il a fallu le casser pour le coller pièce par pièce.

ART ÉMERGEANT

Il aura fallu une sécheresse prolongée pour que le Grand Lac salé d'Utah laisse apparaître une sculpture noyée sous sa surface depuis plus de 30 ans. Il s'agit d'une structure de 460 m en terre et basalte noir, en forme de crosse, baptisée *Spiral Jetty*, créée en 1970 par l'artiste Robert Smithson, qui n'était visible jusque-là que depuis le ciel. Un caprice climatique l'aura démocratisée.

MAISON AU POINT

Quelque 500 femmes du monde entier – États-Unis, Canada, Europe – ont passé des milliers d'heures à tricoter une maison de 13 m² à la pointe de leurs aiguilles, conçue par l'Anglaise Alison Murray en 2007. Baptisée « Maison en pain d'épices », cette douillette habitation s'élevait dans le Devon. Son toit était composé de 1 000 tuiles au crochet. Il ne manquait pas même le jardin, planté de fleurs et d'arbres de 3,6 m, tous en tricot !

Tricot miniature

Imaginez un gilet plus petit qu'une pièce d'un euro, ou une mini-paire de gants dont un grain de riz remplirait chaque doigt. Vous ne rêvez pas : ces merveilles sont l'œuvre d'Althea Crome Merback, microtricoteuse de son état !

À Bloomington, Indiana, Althea tricote des gilets, des pulls et des vestons à l'échelle 1/144, ainsi que des gants au 1/12e, à l'aide de fil de soie surfin et d'aiguilles en fil d'acier médical inoxydable, d'une épaisseur de 30 microns. Elle peut ainsi aligner 30 mailles par cm !

La taille minuscule de ses « vêtements d'insectes » ne sont pas le seul objet d'étonnement du public : ils sont aussi à la mode ! Althea a par exemple reproduit sur ce cardigan (ci-contre) un portrait de Picasso. Voyez aussi ce gilet décoré de motifs imités d'une amphore grecque. Un autre de ses gilets, d'une hauteur de 5,7 cm, s'orne de motifs inspirés du tombeau de Toutankhamon. Quant à ses chaussettes « des villes et des champs », chaque paire est à vendre au prix de 750 dollars.

Depuis l'an 2000, Althea a conçu des milliers de modèles pour maisons de poupées. Ses œuvres ont été exposées au musée d'Artisanat de New York, dans le cadre d'une exposition intitulée « Dentelle radicale et tricot subversif ».

« J'adore créer des vêtements importables, aime à déclarer Althea. Mon plaisir est de créer l'illusion qu'ils sont de taille normale. Et puis, le fil ne me revient pas cher : il me suffit de quelques brins ! »

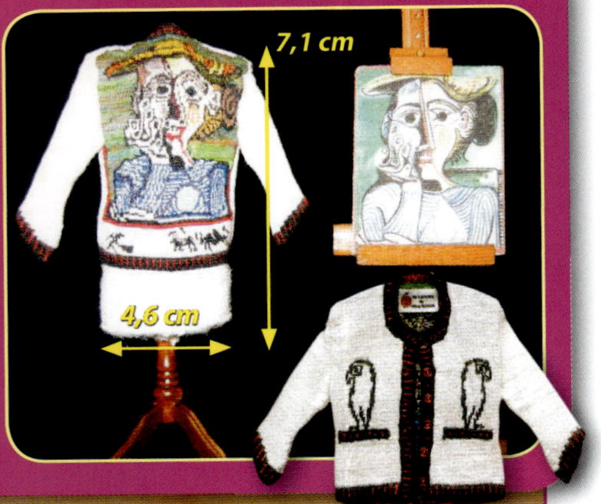

Taille réelle 1:1

« Je crois bien que ces gilets sont parmi les plus petits au monde ! »

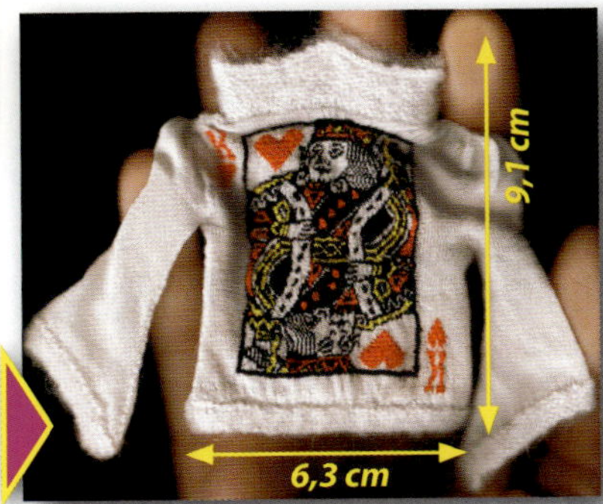

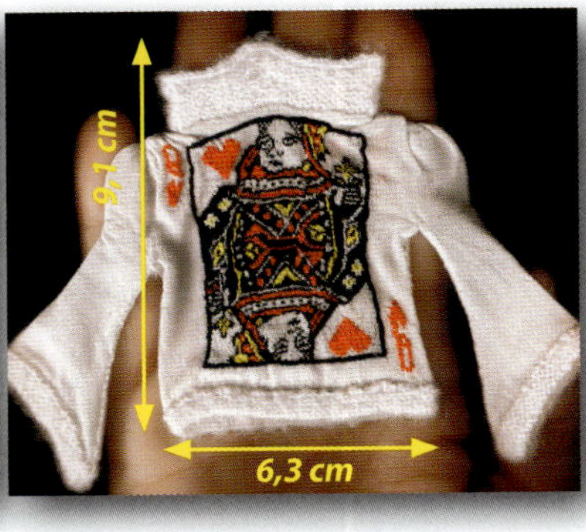

« Ce pull est orné d'un roi de cœur et d'une dame de cœur. Il est si fin qu'on peut voir au travers. »

« Ces chaussettes "des villes et des champs" sont mon souvenir de Chicago et de l'Indiana. »

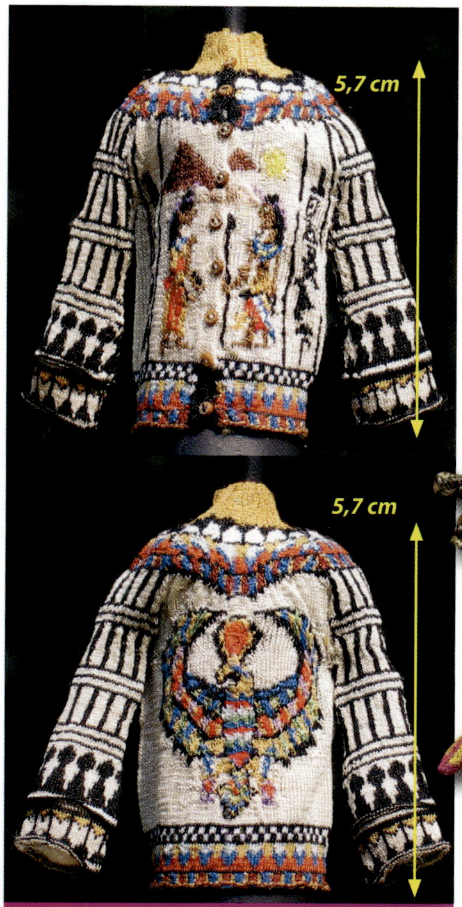

« Ce petit cardigan égyptien représente la déesse Nout accueillant le roi Toutankhamon ; au dos, une amulette égyptienne. »

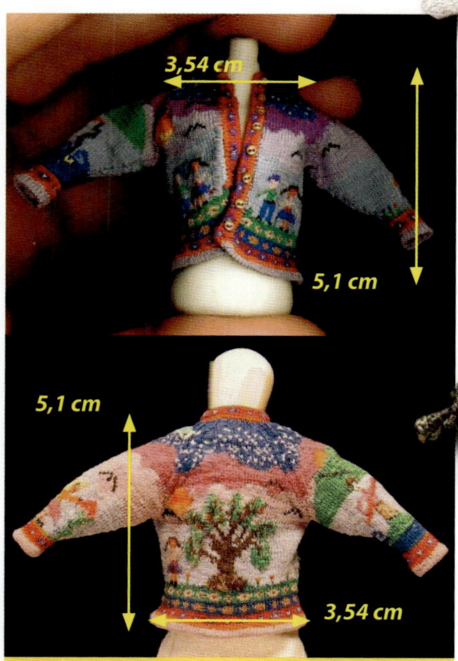

« Ce gilet "terre et ciel" représente un voyage des profondeurs de la terre au plus haut des cieux. C'est un pull cosmogonique. »

L'interview

Comment vous est venue l'idée de tricoter des modèles réduits ? Avant, je faisais des vêtements de taille adulte pour mes proches, puis j'ai tricoté des pulls pour mes enfants et, de fil en aiguille, j'ai voulu faire encore plus petit, par défi ! J'ai commencé par des gants pour ma mère. En 2000, pour ma maison de poupées, j'ai acheté en ligne un pull tricoté, tout ce qu'il y a de basique. Ça a été le déclic. Je me suis dit : « Eh, je peux en faire autant ! » Je me suis procuré des aiguilles minuscules et du fil pour bébé – c'était encore très grossier – et, la nuit même, je tricotais un pull pour homme. J'étais mordue. Je ne me suis plus arrêtée.

Utilisez-vous des aiguilles spéciales ? Bien sûr. Je les fabrique moi-même à l'aide de fil d'acier chirurgical que j'achète par sections de 1,8 m, que je découpe en morceaux de 10 à 15 cm. Certaines, après polissage, ne sont épaisses que de 20 microns. Je m'en sers pour les plus petits pulls. Mais elles sont très solides et peuvent se plier et se tordre sans rompre.

Quelle laine utilisez-vous ? En fait, j'utilise plutôt des brins de soie, mais il m'arrive d'employer des laines ou des cotons surfins. Je pense notamment à une laine, qui ne se fabrique plus, de 16 800 m/kg. C'est dire si elle est fine !

Combien de temps vous faut-il pour tricoter un pull à motifs ? Six mois est le maximum qu'il m'ait fallu. Six semaines sont un minimum.

Dessinez-vous des patrons ou préférez-vous improviser ? Je dessine tous mes modèles en détail. En général, j'ai une idée précise en tête que je m'efforce de suivre avec mes aiguilles. Mais je préfère travailler sur un canevas précis. Par exemple, le gilet à motifs grecs est entièrement inspiré d'une poterie antique, jusqu'au col et aux manches. Tout a été dessiné.

Pourquoi parlez-vous de « vêtements pour insectes » ? Parce qu'ils sont minuscules, tout simplement ! La plupart de mes vêtements sont réalisés à l'échelle 1/12, qui est celle des maisons de poupées. Parfois, je descends au 1/44ᵉ et, exceptionnellement, au 1/144ᵉ !

Quelles sont les réactions du public ? Les gens sont estomaqués. Sans rire ! Ils me félicitent, ils m'encouragent. Chaque fois, j'en suis étonnée. Je reçois quantité d'e-mails de personnes qui me disent : « Quel régal pour les yeux ! Merci. » Ça fait toujours plaisir.

Y a-t-il un vêtement que vous rêveriez de tricoter ? Il y en a tellement ! J'ai des tonnes d'idées. Par exemple, un bas-relief romain, des grues du Japon, des Picasso, des Warhol… Heureusement, mes mains, mes yeux et mon cerveau sont en assez bon état et devraient m'aider à réaliser quelques-uns de ces rêves !

MONDE GELÉ

Chaque année, en janvier, la ville chinoise de Harbin, au nord-ouest du pays, se transforme en royaume de glace. Des sculpteurs du monde entier y réalisent des monuments, des animaux, des héros de dessins animés et des divinités en glace et en neige compactée.

La sculpture sur glace et sur neige est une tradition qui remonte à 1 400 ans, mais le festival de Harbin ne date que de 1985. En 2007, on a pu y admirer plus de 2 000 sculptures, soit 120 000 m^3 de glace et 90 000 m^3 de neige !

Chaque année, 5 millions de visiteurs convergent du monde entier vers Harbin. À la nuit tombée, la plupart des sculptures, éclairées de l'intérieur, se parent de lueurs rouges, jaunes, roses ou bleues.

L'édition 2007 avait pour thème le Canada, en hommage à Norman Bethune, qui passe pour avoir introduit la médecine moderne en Chine en 1938. D'où la présence d'une statue du Dr Bethune, d'une réplique du Château-Frontenac de Québec, de chutes du Niagara en neige durcie de 27 m de haut et 144 m de large, et d'une allégorie de la traversée du détroit de Behring ayant requis 13 000 m^3 de neige.

L'année précédente, des répliques de la Grande Muraille et de l'Arc de triomphe de Paris n'avaient pas laissé de glace !

On mentionnera enfin la présence d'un mur d'escalade, d'un restaurant et d'un bar plutôt frisquet !

Des poissons rouges morts ont été inclus dans cet aquarium-luminaire facile d'entretien .

Cette petite fille à la balançoire faisait partie d'une exposition de sculptures lumineuses consacrée aux contes de fées du monde.

Brisons la glace

Comment font-ils ?

La neige et la glace sont extraits de la rivière Songhua, gelée en hiver, dont l'épaisseur peut atteindre plusieurs mètres et que l'on débite en blocs, à la tronçonneuse. Chaque équipe – certaines viennent du Canada, de France, d'Afrique du Sud ou de Russie – commence par travailler des blocs de 3 m³, qui sont ensuite assemblés pour former de véritables monuments.

Il y a peu de risque que ces édifices ne se mettent à fondre, car la température moyenne à Harbin, en hiver, n'excède jamais -15 °C ! Les autochtones y congèlent leurs aliments sur les balcons. Néanmoins, un coup de chaud, en février 2007, a provoqué la brusque inclinaison des têtes de statues. 2 000 ouvriers ont été appelés pour consolider ce monde provisoire !

Ces magnifiques monuments sont le résultat de centaines d'heures d'efforts.

La fameuse basilique Sainte-Sophie de Harbin était l'un des clous du festival 2007.

VOL DE VALEUR

L'artiste norvégien Jan Christensen exposait un tableau composé de 100 000 couronnes en billets de banque, soit environ 16 300 $, intitulé *Valeur relative*. Des malfaiteurs l'ont pris au mot.

COMBIEN DE DOIGTS ?

Quelque 1 800 personnes, y compris des enfants de 2 ans et des vieillards chenus, ont réalisé avec leurs doigts une peinture de 1 858 m^2 à New Paltz, dans l'État de New York, en septembre 2007.

L'ART OU COCHON ?

Des étudiants des Beaux-Arts du Sichuan se sont amusés à peindre des cochons afin de créer des tableaux vivants. Pourquoi des cochons ? Ils sont en Chine symbole d'harmonie et de félicité.

CRAYONS SCULPTÉS

Ces étranges crayons ne sortent pas d'une trousse d'écolier, mais de l'atelier de Pete Goldlust, un sculpteur américain qui s'est amusé à prendre l'art à son piège en chantournant des crayons gras.

NUS ENSEMBLE

Plus de 600 personnes se sont laissé photographier nues sur un glacier suisse, en 2007, en guise de sculpture vivante. Derrière l'objectif, le New-Yorkais Spencer Tunick entendait alerter les consciences sur le réchauffement global.

FRIGOS CELTIQUES

Une réplique du cercle mégalithique de Stonehenge composée de 100 réfrigérateurs usagés : tel est le chef-d'œuvre d'Adam Horowitz, artiste de Santa Fe, au Nouveau-Mexique. Le site a attiré pendant une décennie des centaines de visiteurs, jusqu'à ce que des vents violents – et la volonté municipale – aient eu raison de ce faux lieu de culte celtique.

VISAGES PEINTS

Juin 2006 : en 4 heures, un escadron de 5 portraitistes anglais peint 989 visages à Longlet House. Véridique !

QUI DORT PEINT

Lee Hadwin, de Henlann dans les Galles du Nord, devient un artiste inspiré dès qu'il s'endort. Mais réveillez-le et ce somnambule devient incapable de dessiner ! Dans son sommeil, au contraire, il erre dans sa maison et crayonne sur les murs et sur les meubles. Nul expert n'a pu expliquer ce don nocturne qui disparaît avec le soleil.

TONTE EN GRAND

Armé d'une tondeuse à gazon, Roger Baker a dessiné dans un champ de trèfle du Thomas Bull Memorial Park de New York une médaille à l'image de la Purple Heart, décernée aux militaires morts en service. La sienne mesurait 79 000 m^2 !

LAIT TOURNÉ

Martin White n'est pas du genre à pleurer sur le lait gâché. Cet artiste anglais du Devon a laissé surir 5 000 litres de lait dans un récipient de 9 m de diamètre. Intitulée *Le Lait répandu*, cette œuvre d'art était censée souligner les difficultés rencontrées par les producteurs laitiers.

RÉCUPÉRATION

À Boise, dans l'Idaho, Millie Hilgert s'est fait une spécialité de transformer les rebuts en bijoux. Les disques en vinyle deviennent boucles d'oreilles et bagues ; les pièces de domino ou de Scrabble, des bracelets ; les bouchons en plastique, des colliers ; et les couvercles de bocaux, des boucles de ceinture !

STAR À CROQUER

En 2005, le musée de cire londonien Mme Tussaud a mis sur pied un sosie de la pop-star Elton John… en chocolat ! Réplique exacte du chanteur, elle pesait 103 kg et avait demandé 1 000 heures de travail. Afin d'éviter qu'elle ne fonde, il fallut l'exposer sous une tente réfrigérée.

CŒUR EN BOCAL

Jennifer Sutton a eu en 2007 l'étrange privilège d'admirer dans une exposition londonienne un objet insolite : son propre cœur ! Cette étudiante en médecine du Hampshire, âgée de 23 ans, avait subi une transplantation cardiaque quelques mois plus tôt et accepté que son ancien muscle soit exhibé dans un bocal pour les besoins d'une exposition sur la place du cœur humain dans l'art, la littérature et la médecine.

ILLUSION D'OPTIQUE

Gala regardant la mer Méditerranée qui à 20 m se transforme en portrait d'Abraham Lincoln : comme son nom l'indique, ce tableau du peintre catalan Salvador Dalí, réalisé en 1976, représente deux sujets à la fois !

ROBOT POUR ÊTRE VRAI

Leonel Moura, artiste portugais, a mis au point un robot capable de réaliser ses propres œuvres d'*action painting*. On lui doit également le premier « zoo pour la vie artificielle », dont les pensionnaires sont 45 robots encagés comme des fauves.

MATE LES STIGMATES

Les curieux ont afflué au domicile d'Eric Nathaniel, dans les îles indiennes d'Andaman, après que deux de ses portraits du Christ se furent mis à exsuder un liquide rouge. Les experts ont déclaré qu'il s'agissait de pigments liquéfiés par l'humidité.

MARILYN ON ICE

Ilvo Piazza et Rainer Kasslatter ont façonné en 2007 une gigantesque effigie de Marilyn Monroe. Elle leur a valu le premier prix d'un concours autrichien annuel de sculpture sur glace.

DRAGON EN BRIQUES

Ce « dragon de glace », qui règne sur le parc Legoland de Windsor, en Angleterre, se compose d'un bon million de briques de Lego® ! Il mesure 9 m de longueur, pèse environ 3 t et a nécessité 2 200 heures d'assemblage. Il est si imposant qu'il a fallu le construire en neuf morceaux, puis le hisser avec un treuil !

Bijoux insolites

Hans van Bentem, verrier graveur néerlandais, réalise de magnifiques lustres d'avant-garde en forme de bouteille de champagne ou de tête de mort. Abandonnant les formes classiques, il façonne aussi des globes, des araignées, une palette et des pinceaux, un lion d'écu, un avion de chasse, un hippocampe, un violon, une pipe et même un revolver. Son inspiration, il la puise dans l'histoire de l'art, les bandes dessinées et la culture médiatique. Chacune de ses réalisations est le résultat de deux mois de travail et coûte 16 000 $.

TOUT SHAKESPEARE
En février 2004, 150 membres du Club Shakespeare du Wellesley College du Massachusetts ont lu à haute voix l'œuvre complet du « grand Will » – 39 pièces, 154 sonnets – en 22 heures et 5 minutes.

UN PRÊTÉ POUR UN RENDU
L'infortuné Robert Nuranen a rendu un livre à la bibliothèque municipale de Hancock, Michigan, avec 47 années de retard. Montant de l'amende : 171 $!

Ripley's Et la lumière fut...

Un an : c'est le temps qu'il a fallu à Mark Beeman pour épingler *la Cène* de Vinci sur son tableau Lite-Brite®. Premier défi : dévaliser les boutiques de jouets ! Puis, mettre au point un immense panneau composé de milliers de petits tubes en aluminium plantés sur une grande feuille de papier métallisé. Pour la partie artistique, il a imprimé le tableau à partir d'un ordinateur pour savoir où disposer ses chevilles de couleur, avant de les fixer avec huit couches de colle. Quant au cadre, il l'a peint en or. Il ne lui restait qu'à allumer son chef-d'œuvre à partir de panneaux électroluminescents.

MISE EN CÈNE

Mark Beekman, un artiste de Charlestown, en Pennsylvanie, a reproduit au 1/9e *la Cène* de Léonard de Vinci avec plus de 125 000 chevilles lumineuses Lite-Brite®. Son œuvre mesure 1,5 sur 3 m !

PLUME FÉCONDE
La romancière anglaise Barbara Cartland était si prolifique qu'il lui arrivait d'écrire un livre tous les 15 jours. En 70 ans de carrière, elle en a pondu 723.

NANO-SOLEIL
Des informaticiens suisses ont mis au point un procédé leur permettant d'imprimer une image du Soleil de 80 microns de diamètre – soit le dixième d'une tête d'épingle !

QUE DES GUITARES
En juin 2007, la station de radio KYYS de Kansas City a rassemblé sur un terrain de base-ball 1 721 guitaristes âgés de 5 à 60 ans. Ils ont joué tous ensemble « Smoke on the Water » des Deep Purple.

AUBADE EN HAUT
Le volcan bolivien Acotango culmine à 6 052 m d'altitude. C'est à son sommet qu'une formation d'instrumentistes allemands a choisi de donner un récital de 30 minutes en 2007.

FAUX CUL
Matthew Roby, un Anglais du Lancashire, fabrique des sculptures à partir de pièces mécaniques usagées et de chutes de métal. Tout lui est bon, même ce flotteur de W.-C. reconverti en arrière-train de babouin !

ACCORD FINAL
Pour terminer en beauté leur tournée canadienne de 2007, qui les a vus se produire sur une piste de bowling à Saskatoon ou dans un bus à Winnipeg, les White Stripes se sont contentés d'offrir aux spectateurs de leur dernier show, à Saint John, une simple note – un do dièse assorti d'un fameux coup de cymbales. Puis ils ont annoncé qu'ainsi s'achevait leur tournée à travers les provinces du pays, avant de quitter la scène. Les fans, quoique prévenus, avaient afflué pour entendre ce bref récital. En fait, le groupe devait se produire ensuite dans une autre salle.

TRALALA-ITOU !
Plus de 1 000 adeptes américains du chant tyrolien ont pris d'assaut Salt Lake City en juin 2007, pour le festival annuel du Jodel.

ENVIE DE BISSER
Il est arrivé au ténor italien Luciano Pavarotti, star de l'opéra disparue en 2007, de revenir 165 fois en scène à la fin d'un récital !

CHEVAL DE BOIS
En travaillant 13 heures par jour pendant 40 jours, l'Albanais Saimir Strati a réalisé une mosaïque représentant un cheval bondissant de 4 m de long et composée d'un demi-million de… cure-dents !

PETITS CISEAUX
C'est en 2003 que le Chinois Chen Yu Pei a fabriqué une paire de ciseaux en acier inoxydable de 1,75 mm de long et 1,38 mm de large. Et le plus fort, c'est qu'ils coupent !

BOUDDHA COUCHÉ
Si vous allez à Yiyang, dans le Jiangxi chinois, vous y verrez un bouddha couché de 415 m taillé dans le flanc d'une falaise.

C'EST LOUCHE !
Ben Turpin, star du cinéma muet, avait assuré ses yeux à hauteur de 500 000 $, de peur qu'ils ne cessent un jour de loucher !

ÉLÉPHANTS NAINS
Les racines sont la matière première du « micro-sculpteur » indien Shelvaraj, originaire de Nagapattinam. Une spécialité qu'il pratique depuis l'adolescence. Ses sujets de prédilection sont mythologiques. Il est capable de représenter une procession d'éléphants de moins d'1 cm, dont le plus petit a la taille d'une infime tache d'encre.

ORCHESTRE À LA NOIX
En marge de la comédie musicale *Spamalot*, d'après le film *Sacré Graal* des Monty Python, 5 567 personnes ont été invitées à donner à Trafalgar Square, en avril 2007, un concert de demi-noix de cocos, sur l'air de la chanson finale de *La Vie de Brian*.

Quel talent !

La Joconde de Léonard de Vinci par Jeff Gagliardi

Certains artistes aiment utiliser la peinture à l'huile, d'autres la peinture à l'eau. Jeff Gagliardi, de Boulder au Colorado, quant à lui, préfère le… Télécran. Grâce à ce célèbre jouet des années 1960, Gagliardi réalise de magnifiques œuvres d'art. Il a exposé ses « toiles » dans d'importantes galeries américaines et sa version Télécran de *La Joconde* est évaluée à 10 000 $!

Bizarrement, Gagliardi n'a jamais eu de Télécran quand il était enfant. Il s'est pris de passion pour ce jeu en s'amusant avec celui de son neveu. Il s'en est d'abord un peu servi à l'école des beaux-arts de New York, mais rien de sérieux. « J'ai reproduit le Taj Mahal avec précision. On voyait même son reflet dans le bassin. Très honnêtement, je ne pensais pas que cela avait un grand intérêt, mais ma famille n'a pas voulu que je l'efface. C'est à ce moment-là que j'ai réalisé que j'avais un don pour dessiner avec ce jouet. Les gens se désintéressaient de mes peintures et ne voulaient voir que mes dessins sur Télécran », raconte-t-il.

L'interview

« **Comment t'y prends-tu pour réaliser tes dessins ?** C'est toute une organisation. Je dois planifier d'où je pars et où j'arrive. Il faut aussi que je réfléchisse à la façon de transformer une peinture en un dessin aux traits, notamment comment rendre les ombres.

Combien de temps ça te prend ? Comme chaque œuvre est un seul trait continu, le plus gros du travail consiste à repasser sur les lignes déjà tracées pour aller d'une zone à l'autre. Pour Mona Lisa, j'ai commencé par les parties qui me semblaient les plus difficiles, à savoir son visage et son sourire, puis j'ai fait le reste. Je mets entre 5 et 20 heures. Pour *La Joconde*, j'étais plus près de 20 !

Quel est ton préféré ? J'affectionne particulièrement *La Joconde* à cause de son sourire mystérieux et parce qu'elle est dessinée un peu de côté, comme c'était la mode à cette époque. J'aime aussi mon hommage à *L'Homme de Vitruve* : il est fait avec une économie de traits, pour être fidèle au style de De Vinci. »

Nuit étoilée de Vincent Van Gogh en Télécran.

Jeff a également reproduit des détails de la chapelle Sixtine de Michel-Ange et des tableaux de Van Gogh.

Son travail demande une grande patience. Pour dessiner, il faut tourner deux molettes qui déplacent un stylet sur l'envers d'une vitre recouverte d'une couche d'aluminium. La machine se tient horizontalement, donc, pour faire un portrait vertical comme celui de Mona Lisa, Gagliardi doit dessiner sur le côté.

La version de Jeff de *American Gothic* de Grant Wood.

L'Homme de Vitruve, dessiné à l'origine par Léonard de Vinci vers 1492.

Caveau de famille

CANIFS

En 1936, le « Couteau de l'année », cette sculpture créée par les fabricants de couverts Joseph Rodgers & Sons, à Sheffield en Angleterre, était constitué de 1 936 lames. Commencée en 1822, cette œuvre comportait au début 1 822 lames ; les couteliers ont ensuite ajouté une lame par an.

CAPSULES

Le pub « Capsule » portait bien son nom : ce bar de Miami, en Floride, était décoré, dans les années 1930, de plus de 300 000 capsules.

ROBERT RIPLEY

Nous le voyons ici en train de réaliser une de ses fameuses bandes dessinées. Dans les années 1940, Robert Ripley recevait toutes les semaines des milliers de lettres de ses fans qui espéraient tous voir leurs exploits reproduits dans ces dessins.

LINÉAIRE

Ce dessin de Forest McGinn, datant de 1932, représente le fameux portrait de George Washington qui orne les billets de 1 $, et le célèbre tableau de Emanuel Leutze, *Washington traversant le Delaware*. Il est constitué d'une seule ligne continue : McGinn n'a jamais levé son stylo de la feuille !

PITRERIES

Clarence Thorpe, de Riverside en Californie, pouvait dessiner en même temps avec ses deux mains et ses pieds. Thorpe est apparu pour la première fois dans le musée Ripley de Dallas en 1936.

CHEMISIER « INCROYABLE MAIS VRAI ! »

◀ Ces chemisiers ornés de dessins Ripley ont été vendus dans le « Bizarrorium » de New York en 1939. Dans les années 1930, les bandes dessinées de Ripley enchantaient tous les jours plus de 80 millions de lecteurs.

DU BOUT DES DOIGTS

Mark Shoesmith – ici en compagnie de son modèle – a sculpté le buste de Robert Ripley en 1938. Le plus surprenant est qu'il était aveugle et a réalisé cette sculpture juste en touchant le visage de Ripley.

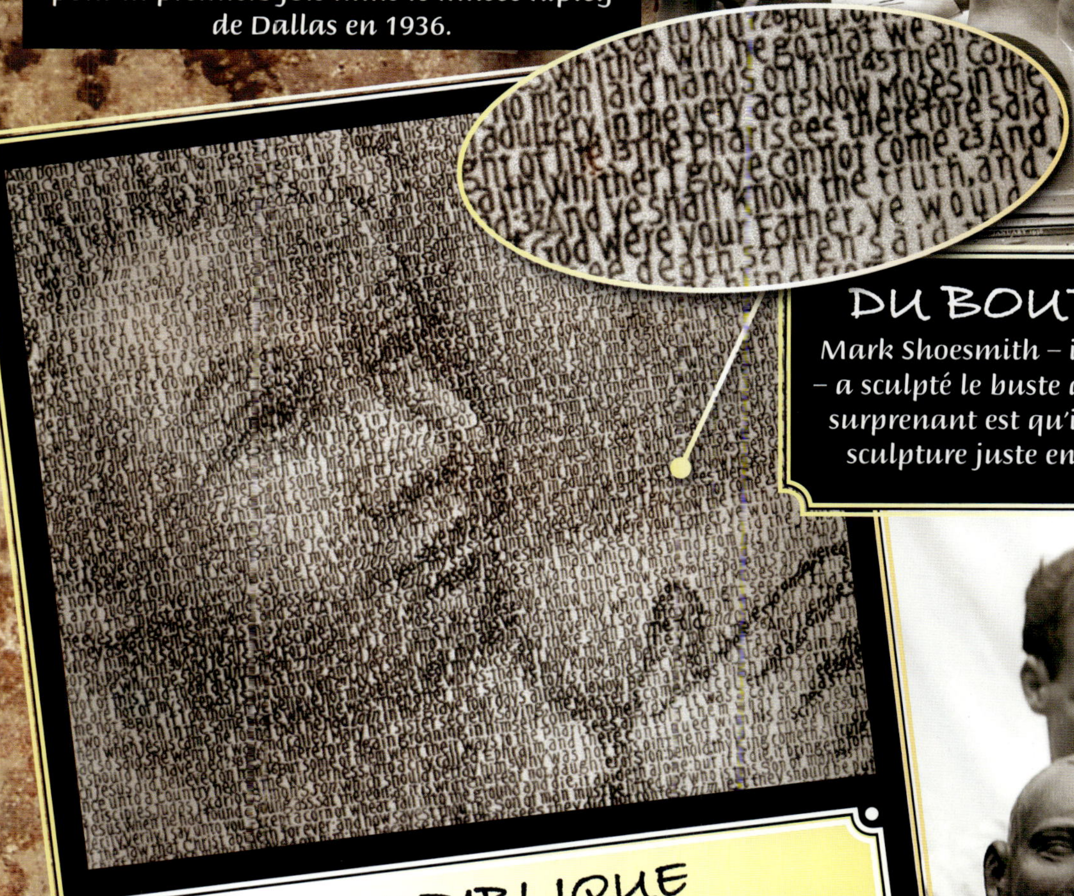

ART BIBLIQUE

Cet enfant qui prie est entièrement constitué de mots du Nouveau Testament. Il a été réalisé par l'artiste coréen Gwang Hyuk Rhee dans les années 1950.

ORDICHÂTEAU

Un professeur de l'école des Arts industriels de Shandong, en Chine, a réalisé cette maquette de château à partir des pièces d'un vieil ordinateur. Intitulée Fossile, cette œuvre a été exposée au musée de Shandong en 2007.

D'OCCASION

Michael Sparks, de Nashville au Tennessee, a acheté un exemplaire de la Déclaration d'indépendance des États-Unis vieux de 184 ans pour 2,48 $. Il vaudrait au moins 100 000 fois ce prix !

VIEILLE DETTE

En 1650, l'évêque de Winchester, en Angleterre, a emprunté un livre au bureau d'état civil du comté de Somerset. L'ouvrage n'a été rendu à la bibliothèque du comté qu'en 1985. L'amende pour ces 335 ans de retard aurait dû être de 6 000 $. Le titre du livre ? *Le Livre des amendes* !

QUASI ÉPISTOLAIRE

Les Derniers Messages d'Hannu Luntiala est un roman finlandais constitué uniquement de textos échangés entre le personnage principal, ses amis et sa famille.

LES PAPIS DU ROCK

Un « jeune » groupe a pris d'assaut les classements anglais et américains en 2007. L'âge cumulé des 40 musiciens était pourtant de 3 000 ans ! Les Zimmers ont créé la surprise avec leur version de *My Generation* des Who qui se termine par : « J'espère mourir avant d'être vieux. »

RELIURE EN PEAU

En 2006, un livre vieux de 300 ans relié en peau humaine a été découvert à Leeds, dans le Yorkshire en Angleterre. Écrit essentiellement en français, cet ouvrage a été publié à une époque où les récits des procès pour meurtre étaient parfois reliés avec la peau de l'assassin.

TITRES BIZARRES

Les Caddies errants de l'est de l'Amérique du Nord : un guide pour les identifier de Julian Montague a été déclaré le livre au titre le plus bizarre en 2007. Ses principaux concurrents étaient *Les Femmes des montagnes tatouées et Les Boîtes de cuillères du Daghestan, Quel genre d'écologistes étaient les nazis ?* et *Mieux vaut ne jamais avoir été : la difficulté d'entrer dans l'existence.*

MOTOS EN CHAÎNE

L'artiste Rod Pasold, de Blue River, dans le Wisconsin, a enchaîné 30 vieilles motos à des poteaux et les a ornées d'environ 200 casques différents. La plupart de ces deux-roues sont personnalisés grâce à des accessoires tels que des bois de cerf ou un crâne d'animal.

FRITURE

Le sculpteur anglais Keith Tyson a reproduit tous les plats d'un menu KFC – même les frites – en plomb. Ce spécialiste des œuvres étranges a également lancé un dé plein de peinture d'un gratte-ciel ou fixé 366 planches à découper sur un mur.

EN SABLE

L'Indien Sudarsan Patnaik a sculpté le Taj Mahal… en sable. Il a mis 56 heures pour réaliser cette réplique de 4,5 m de haut.

Portraits timbrés

L'artiste Pete Mason, de Hednesford en Angleterre, réalise de surprenants portraits de personnes célèbres avec des milliers de timbres oblitérés. Il fait d'abord une esquisse sur une grille puis coupe les timbres à la taille souhaitée et les colle minutieusement. En 2007, pour le dixième anniversaire de la mort de Diana, il a fait un portrait de la princesse qui mesure 2,1 x 2,1 m avec 12 000 timbres. Parmi ses œuvres, on peut voir également les premiers ministres Winston Churchill et Tony Blair, le joueur de foot David Beckham et la reine Elisabeth II.

SENTENCE MUSICALE

À Fort Lupton, dans le Colorado, les personnes accusées de tapage nocturne reçoivent une bien étrange condamnation : ils doivent écouter pendant une heure des chansons de Barry Manilow. C'est le juge Paul Sacco qui a eu l'idée de cette punition. Il assure que ceux qui subissent ce traitement récidivent rarement. Il a également à son catalogue les Carpenters et Dolly Parton.

BÉBÉ BOOMERANG

En 1997, Sadir Kattan, un Australien, a créé un boomerang aussi petit que la paume de sa main. Lancé à 20 m, il revient parfaitement.

LONGUE NATTE

En 2007, l'artiste chinois Wenda Gu a réalisé une sculpture avec plus de 11 km de cheveux humains tressés.

MINIATURE

Une réplique du bâtiment de la Lloyd's, à Londres, a été vendue aux enchères pour 180 000 $ en 2007. Elle n'était pas plus grande qu'une tête d'épingle. Le microsculpteur anglais Willard Wigan a mis 4 mois à faire cette maquette en or blanc et platine qui ne peut être vue qu'à l'aide d'un microscope. Wigan, qui a également reproduit la statue de la Liberté dans le chas d'une aiguille, a déclaré que l'immeuble de la Lloyd's a été la plus difficile à réaliser de toutes ses œuvres.

ALBUM GÉANT

En 2007, un album photo dévoilé à Orlando, en Floride, était si grand que deux adultes étaient nécessaires pour tourner chacune de ses vingt pages. Créé pour le lancement de la Dodge Grand Caravan 2008, il mesurait 3 m de large et 4 m de haut.

Dragon

En Chine, des sculpteurs ont utilisé des centaines de CD pour construire une immense lampe en forme de dragon lors du carnaval de Pékin 2007.

MINIPOUCES

De mystérieux petits personnages ont fait leur apparition dans Londres. On les doit à l'artiste britannique Slinkachu qui a peint puis installé dans les rues et sur les bancs de la capitale des figurines utilisées habituellement pour les maquettes d'architectes. Pour créer ses « Petites Personnes », Slinkachu s'est inspiré de l'idée qu'un monde caché vivrait sous nos yeux.

OULIPO

En 2004, un auteur français a écrit sous le pseudonyme de Michel Thaler un roman de 233 pages, *Le Train de nulle part*, sans utiliser un seul verbe.

RECYCLAGE

Jim Powers, de Gage en Oklahoma, a créé des insectes de la taille d'un éléphant et des dinosaures avec des morceaux de voitures.

CURE-DENTS

À Chicago, dans l'Illinois, Wayne Kusy a passé 8 ans à construire une réplique de 7,5 m du paquebot le *Queen Mary* avec 814 000 cure-dents. Spécialiste du bateau en cure-dents, il a aussi reproduit le voilier *Cutty Sark* et les tristement célèbres *Titanic* et *Lusitania*.

ARBRES TORDUS

On peut voir au Gilroy Gardens des arbres aux formes bien étranges. Un fermier californien a passé 30 ans à les modeler, courber, torsader, greffer…

BROCHETTE VILLE

Edgar Gata, un Philippin, a construit une ville composée de douzaines d'immeubles, de voitures et de monuments du monde entier avec 30 000 pics en bois pour brochettes.

MINICIRQUE

Sonny King, de Los Angeles, a sculpté dans l'argile près de 400 figurines pour créer un cirque miniature inspiré des aventures de son père Mervyn, propriétaire d'un cirque dans les années 1940 et 1950. Il a mis 3 mois à réaliser chaque diorama. On peut ainsi voir son père dans la cage aux lions ou l'impressionnant Johnny Zelinsky qui pouvait tenir un trapéziste dans les airs à la seule force de ses dents… à plus de 80 ans.

LONGUE NOTE

En septembre 2007, le saxophoniste Aaron Bing, de Jacksonville en Floride, a tenu un long sol sur son saxophone pendant 39 minutes 40 secondes en plein vent, dans une rue de New York.

GUITARMES

Cesar Lopez, un musicien colombien anti-violence, a joué sur des guitares qu'il avait fabriquées avec des armes.

EN BOUCLE

À Salsbourg, en Autriche, on peut voir sur une chaîne du câble *La Mélodie du bonheur* 24 heures sur 24, tous les jours de l'année.

LES CYMBALES DU COURAGE

Bien qu'il soit né sans avant-bras et qu'on ait dû lui amputer les jambes à cause d'une malformation, Cornel Hrisca-Munn, un jeune Anglais de 15 ans, est arrivé en seconde place d'une compétition de batterie en battant 420 jeunes valides. Il utilise des sangles pour fixer les baguettes sur la partie supérieure de ses bras et une jambe artificielle pour appuyer sur la pédale.

PATRIOTE

La police de Bolzano, en Italie, a saisi les toilettes d'une galerie d'art parce qu'elles jouaient l'hymne national italien quand on tirait la chasse d'eau.

FAN DU KING

En juin 2007, Gaétan Lalonde, un imitateur d'Elvis originaire de Saint-Jérôme, au Québec, a chanté en boucle 44 chansons du King sans interruption pendant 46 heures 30.

BATRACOPHILIE

En 1995, un homme soi-disant armé d'une bombe a pris en otage une station de radio néo-zélandaise. Il voulait que soit diffusée *Rainbow Connection*, la chanson de Kermit la Grenouille.

PYRAMIDE DE BALLONS

L'artiste canadien Sean Rooney réalise d'étonnantes sculptures avec des ballons. En juin 2007, il a construit une pyramide de 6 m de haut avec des centaines de ballons à l'occasion d'un festival pour enfants à Sarajevo, en Bosnie.

EXTRA LARGE

Wu Shujun, de Handan en Chine, a mis près de 4 ans pour tricoter ce pull qui mesure 5 m de long, 2,5 m de large et pèse 10 kg. Elle l'a fait pour annoncer les Jeux olympiques de Pékin 2008.

DOUBLE SENS

Lors d'un service funéraire, dans le Kent en Angleterre, la sono de l'église a diffusé accidentellement la chanson de Rod Stewart « Do Ya Think I'm Sexy » dans laquelle on peut entendre « Si tu veux mon corps… » Bien peu approprié vu les circonstances !

COMME EN VRAI

L'artiste Robin Antar, de Brooklyn à New York, sculpte dans de la pierre des objets de tous les jours. Aveugle d'un œil, Robin reproduit des symboles de l'Amérique comme des jeans Diesel, des paquets de biscuits Milano, des chaussures Skechers, des sachets de M&M's ou des bouteilles de ketchup Heinz. Généralement, elle travaille la nuit et passe jusqu'à 6 mois sur chaque pièce. Ses sculptures sont si réalistes que, lors des expositions, elles doivent être attachées pour empêcher les visiteurs de prendre un biscuit ou un M&M's en pierre.

LE PLASTIQUE, C'EST FANTASTIQUE

Luis Torres, un employé des transports en communs de New York, réalise des sculptures avec les cartes de transport qu'il récupère au cours de sa journée de travail.

POTIRONS MAGIQUES

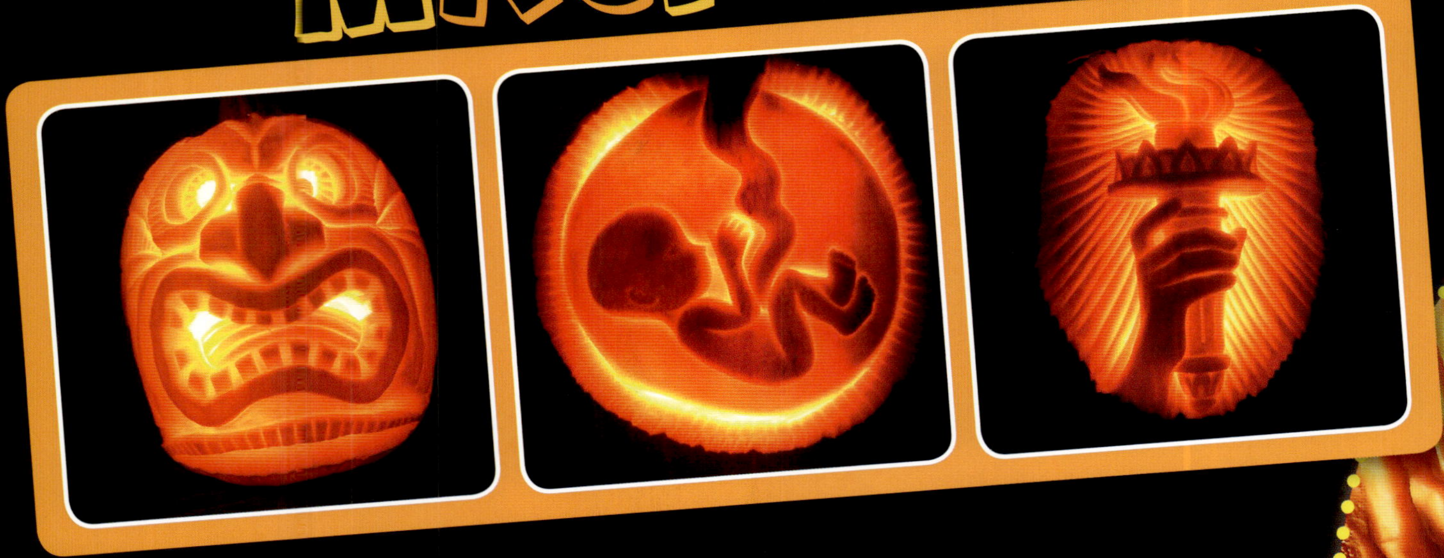

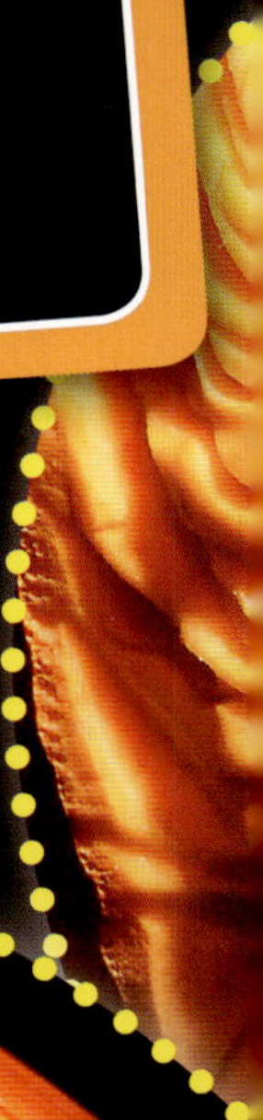

Comme des milliers de jeunes Américains, Scott Cummins fait des lanternes d'Halloween avec des citrouilles. Mais si certains se contentent de creuser les yeux, le nez et la bouche, Cummins, lui, réalise d'étonnantes œuvres d'art.

Ce jeune professeur de Perryton, au Texas, sculpte des courges depuis qu'il a 16 ans. Il a à son actif des portraits de Leonard Nimoy, d'Albert Einstein et de George W. Bush ; des personnages comme Gollum du *Seigneur des anneaux* et Winnie l'ourson ; des têtes d'animaux ; des visages nés de son imagination ; la statue de la Liberté ; et un bébé dans le ventre de sa mère. Une lanterne ne lui prend que 2 ou 3 heures de travail.

Parfois, c'est la forme du potiron qui détermine la sculpture, d'autres fois, Cummins recherche la cucurbitacée dont la forme et la taille correspondent à l'idée qu'il a. Il commence par vider l'intérieur du légume et retirer l'épaisse peau orange. Pour la sculpture elle-même, il est toujours à l'affût de nouveaux outils, mais il utilise essentiellement des cuillères, des boules à glace, des couteaux, des forets, et même des lames de scie.

Pour finir, il place dans la plupart de ses citrouilles une ampoule de 30 watts et quand la lumière filtre à travers les zones les plus fines de la peau, ses fantastiques créations acquièrent un aspect étrange et presque mystique.

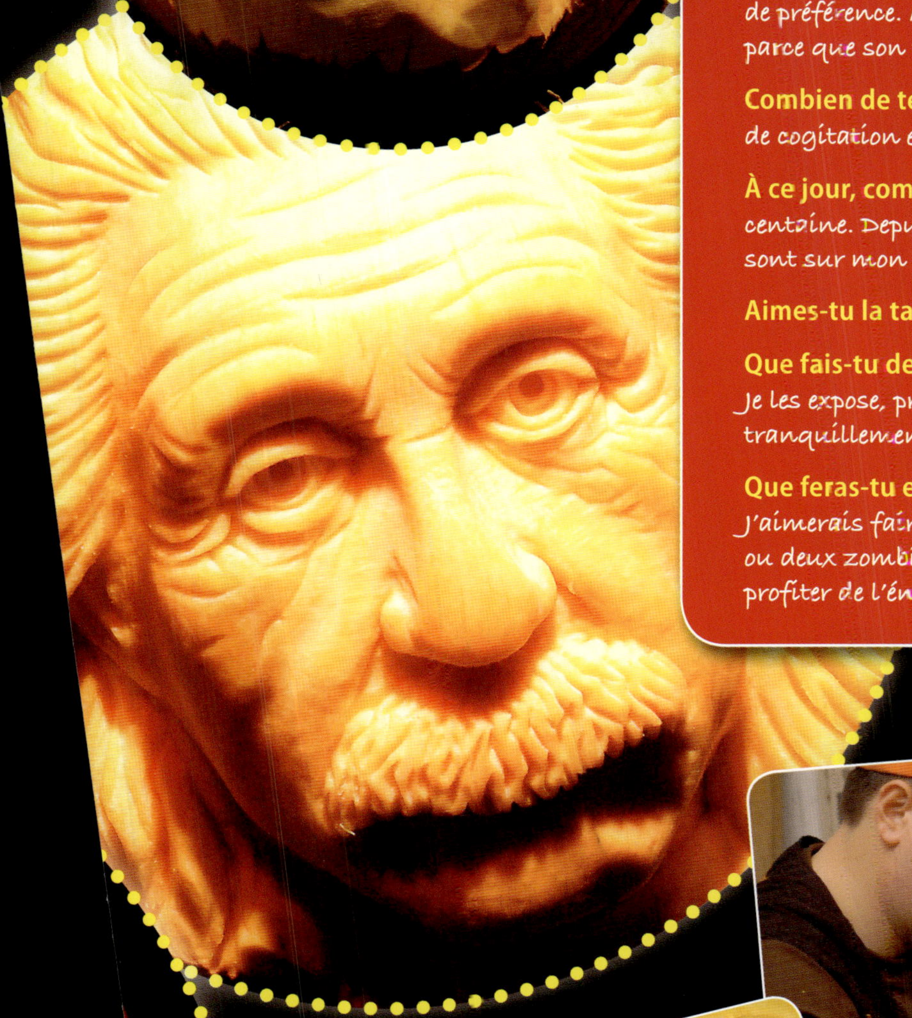

Interview

Comment décides-tu de ce que tu vas sculpter et acceptes-tu les suggestions ? J'ai juste le sentiment qu'un personnage particulier ou une expression doivent être capturés dans une citrouille. La forme du potiron influence également ma décision. Pour ce qui est des suggestions, je les écoute de temps en temps, mais pas trop souvent.

Quelle est ta lanterne préférée et pourquoi ? Je n'ai pas vraiment de préférence. Mais j'aime beaucoup Albert Einstein, probablement parce que son visage est si mythique.

Combien de temps mets-tu à réaliser une sculpture ? 11 mois de cogitation et environ 1 ou 2 heures de travail pur.

À ce jour, combien de visages as-tu réalisés ? Je dirais une bonne centaine. Depuis que j'ai commencé à les photographier, la plupart sont sur mon site Internet.

Aimes-tu la tarte au potiron ? Oui, c'est délicieux.

Que fais-tu des citrouilles une fois que tu as fini de les sculpter ? Je les expose, prends une photo ou deux, et les laisse se décomposer tranquillement....

Que feras-tu ensuite ? Je vais probablement continuer à sculpter. J'aimerais faire davantage de « tiki » polynésiens et peut-être un ou deux zombies. Ou je pourrais me retirer dans un lieu exotique et profiter de l'énorme fortune que j'ai amassée grâce à mes œuvres !

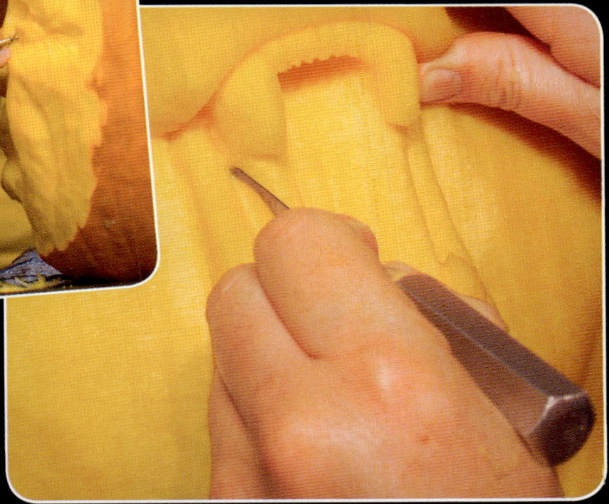

Scott insuffle la vie à ses citrouilles grâce à une sélection d'outils et à son incroyable talent de sculpteur.

PISCINE D'HERBE

En 2007, on pouvait voir sur les quais de la Tamise, à Londres, un géant nageant dans l'herbe. Cette sculpture devait promouvoir l'émission de télé-réalité de Louis Molloy.

ART MILITAIRE

Au Cambodge, pour lutter contre la guerre, des artistes ont réalisé des sculptures et du mobilier à partir de pistolets et de fusils d'assaut désarmés.

EN BOÎTE

En octobre 2007, un jean de 5 m de haut, fait avec 3 000 cannettes de soda, trônait au milieu du centre commercial de Xiamen en Chine.

SCOTCHÉ

Judy Carter, de Seymour dans l'Indiana, a réalisé une sculpture du présentateur télé David Letterman avec du chatterton.

AU MILIEU DES PAPILLONS

En 2005, Francisco Guttierez a filmé la migration des papillons monarques qui parcourent 7 040 km du Canada à Mexico. Pour cela, Guttierez a volé au milieu des insectes dans un petit avion ultraléger.

L'ARMÉE D'ORDURES

Un millier de personnages, faits de cannettes vides, de morceaux d'ordinateurs et de détritus en plastique, a envahi les lieux les plus célèbres du monde. Les Trash People de l'artiste allemand H. A. Schult ont fleuri sur la Grande Muraille de Chine, au pied des pyramides d'Égypte, sur la place Rouge à Moscou, au pied du Cervin en Suisse, devant la cathédrale de Cologne en Allemagne.

BANJO MAISON

Dean Clemmer de Bolivar, dans le Missouri, joue du banjo dans un groupe depuis 1999. Il a fabriqué son instrument avec un enjoliveur !

OVERDOSE DE TÉLÉ

Le foyer américain moyen possède plus de téléviseurs qu'il n'a d'occupants. Et croyez-le ou non, un Américain sur quatre est passé à la télé !

NAUSÉEUSE

Une animatrice de la télé suédoise a fait un carton sur YouTube en vomissant en direct. Eva Nazemson présentait un jeu par téléphone quand elle s'est soudain sentie mal. Alors qu'un candidat tentait de résoudre une énigme, elle a rapidement tourné la tête pour vomir dans un coin puis a continué comme si de rien n'était.

INTOXIQUÉ

En juin 2006, un Pékinois a fui sa maison en feu avec sa télévision… qu'il a immédiatement rebranchée pour continuer à regarder un match de la Coupe du monde de football.

À TABLE !

Le Japonais Junko Terashima a réalisé un extraordinaire portrait du compositeur Wolfgang Amadeus Mozart… en nourriture. Terashima est un expert en Bentô, cet art japonais qui consiste à disposer le plus joliment possible fruits, légumes et autres denrées alimentaires dans des boîtes pour le repas.

À L'HEURE DU *TITANIC*

Romain Jerome, un horloger de Genève en Suisse, a créé une ligne de montres fabriquées avec du métal et du charbon récupérés sur l'épave du *Titanic*. Les montres sont vendues entre 8 000 et 175 000 $.

ILLUSION D'OPTIQUE

L'artiste de rue américain Kurt Wenner ajoute la touche finale à son dessin 3D. D'inspiration classique, Wenner a été le premier à utiliser une forme d'art appelée l'anamorphisme, dans laquelle une peinture apparaît en relief quand elle est regardée sous un certain angle. Ici, à la station de métro Waterloo, à Londres, il semble tranquillement assis sur son canapé quand un taxi percute le mur de la maison.

« TORTILL-ART »

La plupart d'entre nous ne voient dans une tortilla qu'un bon repas, mais Joe Bravo y voit une toile sur laquelle réaliser d'incroyables œuvres d'art. Originaire de Los Angeles, Bravo a atteint une telle réputation que ses tortillas se vendent jusqu'à 3 000 $. Il compte parmi ses clients Flea, le bassiste des Red Hot Chili Peppers.

Lorsqu'il était étudiant dans les années 1970, Bravo n'avait pas les moyens d'acheter des toiles, alors il s'est tourné vers les tortillas. L'élément de base de la cuisine mexicaine ne serait-il pas le moyen idéal de véhiculer l'imagerie hispanique ? Il a fabriqué un mobile avec des tortillas peintes à la main qui a été emporté par les vents de Santa Ana. Puis, presque 10 ans plus tard, quelqu'un lui a rappelé sa période tortillas et il s'est remis à en peindre.

Au début, il utilisait des tortillas de maïs, mais maintenant il préfère les tortillas de farine de 66 cm de diamètre faites sur commande par une société de Los Angeles. Il nous explique : « Quand on voit une peinture sur une tortilla normale, on se dit OK. Mais voir une très grosse tortilla attire vraiment l'attention. »

Ses idées lui viennent de la texture, des marques de brûlures et de l'apparence particulière de chaque tortilla. Il a ainsi reproduit des icônes américaines comme Marilyn Monroe, Che Guevara, Ronald McDonald, la Vierge de Guadeloupe. Pour une exposition à Hongkong, il a choisi des thèmes orientaux (dragons, pandas, carpes japonaises). Il a aussi dessiné un masque et un costume ornés de grains de maïs. « Tu dois jouer avec l'aspect de la tortilla », dit-il. « C'est presque un collaborateur. »

« LE CODE BRAVO POUR PEINDRE UNE TORTILLA

La peinture sur tortilla est une véritable collaboration entre l'artiste et la nature : ce n'est pas seulement l'artiste qui peint une tortilla, c'est également la tortilla qui suggère des thèmes à l'artiste qui la peint.

Observez bien la tortilla et imaginez ce qu'elle tente d'exprimer par sa texture, ses brûlures et son aspect. Regardez-la comme vous regarderiez les lignes régulières d'un beau billot de bois, les nervures d'un morceau de marbre ou les nuages dans un ciel bleu éclatant.

ÉTAPE 1 : Laissez sécher la tortilla naturellement (2 ou 3 jours) ou au four (en surveillant de près).

ÉTAPE 2 : Faites-la cuire au-dessus de la flamme du fourneau pour la colorer et obtenir une texture intéressante.

ÉTAPE 3 : Vernissez les deux faces et laissez sécher une nuit.

ÉTAPE 4 : Regardez la tortilla et laissez l'inspiration venir. Vous y voyez un personnage, un paysage, des animaux, des étoiles, un objet ? Peignez-les et surtout prenez du plaisir !

ÉTAPE 5 : Une fois que vous avez fini de peindre, repassez quelques couches de vernis.

ÉTAPE 6 : Quand la tortilla est sèche, posez-la sur un support pour l'exposer. »

LE PRIX DE L'AMOUR

Pour la Saint-Valentin 2006, au Japon, un chocolat en forme de continent africain a été incrusté de 2 006 diamants. Son prix ? 500 millions de yen (3,8 millions d'euros).

MINUSCULE SUSHI

Un sushi constitué d'un seul grain de riz est servi au restaurant Omoroi Sushiya Kajiki à Fukuoka au Japon.

GROS CARAMEL

En mai 2007, la fabrique de caramel de Levack, au Canada, a fabriqué un caramel de 14 m de long, 2 m de large, 10 cm d'épaisseur et d'un poids de 2,285 kg.

SCOTCH

George Washington, le premier président des États-Unis, dirigeait également la plus grande distillerie de whisky d'Amérique du Nord.

COLORATION

La première carotte orange a été cultivée par des fermiers hollandais pour honorer leur famille royale, la maison d'Orange. Avant cela, les carottes étaient pourpres, jaunes ou blanches.

UN PEU CHER

À l'hôtel Ritz-Carlton de Tokyo, au Japon, le hamburger coûte 13 450 yen (102 €), soit 40 fois plus qu'au McDo. Le steak qu'on y trouve vient d'un bœuf Wagyu, une race élevée spécialement pour la saveur, le juteux et la tendreté de sa viande.

BAGEL LUXUEUX

En 2007, Frank Tujague, le chef du Westin New York Hotel, sur Times Square, a préparé un bagel qui a coûté 1 000 $. Ce bagel de luxe était recouvert de crème de fromage à la truffe blanche, de gelée de Riesling aux baies de goji et de feuilles d'or. Or la truffe blanche est l'aliment le plus cher au monde après le caviar.

UN DESSERT EN OR

En 2007, un restaurant de New York a vendu un dessert au chocolat pour la modique somme de 25 000 $. Stephen Bruce, le propriétaire du Serendipity 3, a révélé que ce sundae, contenant un mélange de 28 cacaos rares provenant de 14 pays différents, était recouvert de crème et d'une truffe absolument divine et saupoudré de poussière d'or 23 carats comestible. Le client est reparti avec sa glace servie dans un gobelet d'or et de diamants, une cuillère en or 18 carats et un bracelet en or.

OMELETTE GÉANTE

En 2002, à Brockville, au Canada, on a fait cuire une omelette de 3 kg. Elle a nécessité 60 000 œufs et une poêle de 13,4 m spécialement conçue pour l'occasion.

CAKE DIVIN

George D'Aubney a construit une réplique de la cathédrale Saint-Paul de Londres. Elle mesure 1,2 m, est dotée d'éclairages, de musique et de parties mobiles, et est constituée essentiellement de… cake.

BANANA SPLIT

Les peaux de bananes sont responsables de plus de 300 accidents par an en Grande-Bretagne.

GRAND LUXE

Dans un restaurant de Galle, au Sri Lanka, on trouve un dessert à 14 500 $. Composé de cassate, de mangue, de grenade, de champagne et d'une aiguemarine de 80 carats, il est servi avec une sculpture en chocolat et une pierre précieuse.

UN AIR MARIN

Heston Blumenthal, un chef cuisinier à Berkshire, en Angleterre, sert son poisson avec un iPod Nano dans un coquillage afin que ses clients puissent écouter la mer en dégustant leur plat.

BOULE DE POP-CORN

Une boule de pop-corn de 2,4 m de diamètre, 7,5 m de circonférence et d'un poids de 1,150 kg a été fabriquée à Lake Forest, dans l'Illinois, en octobre 2006.

PAS SI MORTEL

Le roi Gustave III, qui régna en Suède au XVIIIe siècle, était si convaincu que son café était empoisonné qu'il ordonna à un criminel de le boire afin qu'il meure. Mais le condamné est finalement mort de vieillesse !

COMBAT DE PATATE

En 2007, une femme de Nicholson, en Géorgie, a frappé son mari avec une pomme de terre ! Au cours d'une dispute, elle a ramassé le légume, l'a lancé sur son époux et l'a atteint en plein nez. Il a décidé de ne pas porter plainte.

Lychee de prix

Connus comme les « rois des fruits », les lychees ont toujours été populaires en Chine. Peu, cependant, ont été vendus aussi cher que celui-ci qui a atteint la somme exorbitante de 555 000 yuan (60 000 €) lors d'une vente aux enchères à Zengcheng en 2002. Il venait d'un arbre vieux de 400 ans, nommé Xiyuanguala, qui donne seulement quelques douzaines de fruits par an.

GROSSE FAIM

GIVRÉ !
Se servant d'une cuillère modèle extra-large de son invention, Ed « Cookie » Jarvis, de New York, a englouti un pot de 4 litres de glace à la vanille en 12 minutes ! Il affirme avoir évité le fameux « mal de tête de la crème glacée » en tenant sa cuillère la glace tournée vers la langue plutôt que vers le palais.

LE MONSTRE DU VERMONT
Ian Hickman, de Sterling, Virginie, est venu à bout du Vermonster – le sundae « monstre » de 3,1 kg créé par le glacier Ben & Jerry's. D'ordinaire consommé à plusieurs, le dessert – 20 boules de glace, 4 bananes, 3 cookies, un brownie, sauce caramel, chantilly et avalanche de toppings – fut dévoré en solitaire par Hickman en 9 minutes et 22 secondes.

CHAMPION
En 2007, Joey Chestnut, de San José, Californie, a remporté la 15e coupe du (Chicken) Wing Bowl de Philadelphie en avalant 182 ailerons de poulet en 30 minutes. Et pour sa 3e victoire consécutive au Championnat du monde du plus gros mangeur de beignets d'asperges, à Stockton, Californie, il a ingéré 3,9 kg d'asperges en 10 minutes.

GROS MORCEAU
En 2005, le restaurant Wild Woody's Chill in Grill de Roseville, Michigan, a créé un phénoménal sandwich au corned-beef de 2 573 kg mesurant 3,6 m sur 4,8 m. D'une épaisseur de 43 cm, cet énorme pain blanc de 1 635 kg était garni de 513 kg de corned-beef, 68 kg de moutarde, 118 kg de cheddar blanc et 240 kg de salade.

ENTARTÉ !
Craig Bernston, originaire de Gloucester, Rhode Island, et gagnant du concours du plus gros mangeur de tartes de la ville de Richmond, État de Washington, en plein assaut.

Cet heureux gagnant du premier Championnat du plus gros mangeur de petit déjeuner pose ici avec l'un des 5 petits déjeuners et demi qu'il a engloutis en l'espace de 12 minutes à Londres, en juillet 2007. Chaque petit déjeuner consistait en une délicieuse montagne d'œufs sur le plat, de bacon, de saucisses, de champignons et de croissants.

REPAS EXPRESS ▼

Consommation moyenne par minute des champions « plus gros mangeurs » :

55,2	Huîtres	Sonya Thomas, U.S.A.
45,6	Raviolis russes (*pelmeni*)	Dale Boone, U.S.A.
27,5	Langoustes	Chris Hendrix, U.S.A.
16	Nuggets de poulet	Sonya Thomas, U.S.A.
13,4	Ailerons de poulet	Sonya Thomas, U.S.A.
11,3	Raviolis chinois	Cookie Jarvis, U.S.A.
9,8	Œufs durs	Sonya Thomas, U.S.A.
7,5	Beignets de conque	Joe Menchetti, U.S.A.
6,1	Donuts	Eric Booker, U.S.A.
5,8	Saucisses	Takeru Kobayashi, Japon
4,7	Sandwhichs toastés au fromage	Joey Chestnut, U.S.A.
4,5	Hot-dogs	Takeru Kobayashi, Japon
4,3	Tortillas de poulet	Sonya Thomas, U.S.A.
3,9	Boulettes de viande	Eric Booker, U.S.A.
3,8	Cervelles de bœuf	Takeru Kobayashi, Japon
3,6	Homards	Sonya Thomas, U.S.A.
3,5	Cannoli italiens	Cookie Jarvis, U.S.A.
3,3	Petits gâteaux de crabe	Sonya Thomas, U.S.A.
2,8	Épis de maïs	Crazy Legs Conti, U.S.A.

PORRIDGE NOURRISSANT

Les élèves d'une école du Warwickshire, en Angleterre, ont préparé un bol de porridge pouvant nourrir 300 personnes. Avec 20 kg de flocons d'avoine et 50 litres de lait, le bol pesait 66 kg.

TOUT CHOCO

À Londres, il aura fallu 300 heures de travail à une équipe de 10 personnes pour construire un panneau géant en chocolat – et seulement 3 heures aux clients chanceux des boutiques de Covent Garden pour le manger. Mesurant 4,4 m sur 2,9 m, le panneau se composait de 10 lapins en chocolat, 12 énormes œufs de Pâques et 128 carreaux de chocolat de 1,8 kg chacun.

SPECTACULAIRE !

Un boucher termine de préparer une saucisse gigantesque, star du Festival annuel de la saucisse du village serbe de Turija. D'une longueur prodigieuse de 2,02 m, elle a été confectionnée par 12 bouchers à partir d'une liste impressionnante d'ingrédients : 28 porcs, 50 kg de sel, 2 kg de poivre, 40 kg de paprika et 5 kg d'ail.

FÊTE À LA GRENOUILLE

Matt Allen, professeur de chimie à la Wayne State University de Détroit, a remporté le tout premier Championnat du monde du plus gros mangeur de cuisses de grenouilles à Madison, Wisconsin, avec 740 g avalés en 5 minutes.

PIZZA POWER !

Patrick Berlotti est accro à la pizza. La preuve : en 2006, cet habitant de Chicago a englouti 19 parts de pizza en 10 minutes au Championnat du monde des mangeurs de pizza d'Annapolis, Maryland.

DESSERT ROYAL

En 1999, le chef Rick Royal et ses apprentis de l'École des arts culinaires de Los Angeles ont mis au point une crème brûlée de 7 m de diamètre, préparée avec pas moins de 3 600 jaunes d'œufs !

GÂTEAU D'ANNIVERSAIRE

Le 4 juillet 2006, pour le 230e anniversaire de leur pays, des traiteurs américains de Fayetteville, Arkansas, ont préparé un gâteau de 60 cm de haut et de plus de 45 kg – le tout pour une cuisson de 21 heures.

DÉFI RELEVÉ !

Mark Lyle, dit « l'Enfourneur », a avalé 3,75 kg de piments en 5 minutes au Championnat 2007 du plus gros mangeur de piments du Midwest, à Canton, Ohio.

SACRÉE POÊLÉE !

En 2004, à Londres, la chef Nancy Lam, aidée d'une vingtaine d'assistants, a cuisiné une poêlée de légumes de 700 kg, composée de 69 kg de chou vert, 222 kg de chou chinois, 204 kg de chou blanc, 187 kg de carottes et 9,5 kg de maïs.

GRENOUILLES MIRACULEUSES

Depuis 40 ans, le Chinois Jiang Musheng, 66 ans, se soigne en mangeant des rainettes et des rats vivants. Plus jeune, il souffrait d'une toux qui lui causait des douleurs abdominales, jusqu'à ce qu'un ancien de son village lui prescrive ce singulier remède. Un mois de cure plus tard, ses maux avaient disparu.

SPÉCIALITÉ NORVÉGIENNE

La ville de Moss a pour spécialité la tête de mouton fumée. Hormis les os du crâne, les habitants se délectent de toute la chair de la tête, ne laissant se perdre ni les yeux, ni la langue, ni les oreilles.

CADEAU QUI DURE

Chaque année, à Noël, un groupe d'amis s'offre le même vieux pudding depuis plus de 20 ans. En 1986, encore étudiants à la Stetson University, Floride, Christopher Linton-Smith, Steve Glum et Tim Arnheim ont commencé, pour rire, à se renvoyer à tour de rôle un petit pudding. Depuis, ils se transmettent le gâteau à chaque Noël – même si aucun d'eux n'apprécie vraiment le pudding !

MAUVAISES LENTILLES

En 2007, arrêté par la police pour un alcootest, un automobiliste de 19 ans de l'Ontario, au Canada, a mangé ses lentilles de contact – avant de s'attaquer à sa chemise et ses chaussettes !

NOURRITURE POUR CHIEN

En 2005, deux étudiants de Swindon, en Angleterre, ont mangé de la pâtée pour chiens, les fesses dans une pataugeoire, pendant que leurs camarades promettaient des dons à des œuvres de charité en échange d'aliments de base.

RESTO TRÈS NATURE

Guolizhuang, à Pékin, est le premier restaurant dont la spécialité est le pénis – de yack, d'âne, de cheval, de chien, de bouc, de cerf ou de bœuf. Et si vous le commandez à l'avance, à vous le must de la carte : un pénis de phoque à 440 dollars.

REMÈDE SA(B)LÉ

À Lucknow, en Inde, Ram Rati, 88 ans, ingère 450 g de sable par jour. Elle en prend avant chaque repas depuis 40 ans pour, affirme-t-elle, retarder la vieillesse et soigner ses problèmes d'estomac.

HÉRITAGE COMESTIBLE

Une famille d'Ipswich, en Angleterre, a conservé une petite brioche aux raisins pendant plus de 100 ans ! Depuis la mort de leur aïeule, Ada Herbert, morte à 13 ans en 1899 avec la brioche à la main, la viennoiserie se transmet de génération en génération. Curieusement, elle n'a jamais moisi et la décoration est encore visible.

DRÔLE DE MÉLANGE

Danny Partner, de Los Angeles, mangeait chaque jour 12 laitues iceberg recouvertes de sauce chocolat !

PETITS PAINS AU CARTON

Les pains *bao* à la vapeur vendus dans Pékin seraient confectionnés à base de carton ! Bien que son usage culinaire soit illégal, du carton haché ramolli dans de la soude caustique puis aromatisé au porc est l'ingrédient principal des petits pains farcis.

JAMBON ANTIQUE

À Raleigh, Caroline du Sud, une pièce de jambon est exposée dans le restaurant Mecca depuis 1937. Cette pièce de 11 kg, acquise il y a plus de 70 ans par le grand-père du propriétaire actuel, Paul Dombalis, est devenue le non-comestible préféré des clients.

HERBIVORE

À Kanpur, en Inde, Gangaram mange presque 1 kg d'herbe verte par jour depuis de nombreuses années. Cela lui donne de l'énergie et, s'il peut, dit-il, se passer de nourriture, il ne peut vivre sans son herbe.

RATS FUMANTS

Des rats des champs brûlants, cuits à l'étuvée, sont au menu de ce restaurant de gibier sauvage de Guangzhou, dans le sud de la Chine.

À VOS CERVELLES !

Ce sandwich étrange apparaît régulièrement à la carte du Hilltop Inn d'Evansville, Indiana. Pourtant, il est à la cervelle panée ! Ses origines remonteraient aux immigrés allemands et néerlandais du sud de l'État qui détestaient le gaspillage, surtout celui des animaux sortis de l'abattoir. Un peu de ketchup ?

TÊÊÊÊÊTE !

La tête de mouton bouillie servie sur un lit de riz est la spécialité de la Solar de las Cabecitas (la Maison des Petites Têtes), un restaurant de La Paz, en Bolivie. Ce plat vient d'Oruro, ville minière des Andes, où les hauts pâturages salés donnent au mouton sa saveur particulière.

COCKTAIL DE LUXE

Un club de nuit londonien propose à ses clients un cocktail à 70 000 dollars. Le Flawless (littéralement, le « Parfait ») se compose d'une bonne mesure de cognac Louis XIII Black Pearl, d'une demi-bouteille de champagne Cristal Rosé, de sucre roux, d'amers aromatiques Angostura et de paillettes de feuilles d'or de 24 carats. Mais ce qui fait vraiment la valeur de cette boisson se trouve au fond du verre : un superbe diamant solitaire de 11 carats !

DOIGT EN CHOCOLAT

À Mainz, en Allemagne, un homme a trouvé un bout de doigt humain dans sa barre chocolatée – en plein milieu, ongle compris ! « Si personne n'a rien remarqué, a avancé un policier, c'est sans doute parce que l'ongle se confondait avec les morceaux de noisettes. »

CIMETIÈRE-RESTAURANT

En Inde, à Ahmedabad, les clients du Lucky Hotel Restaurant dînent entourés de 22 tombes, vestiges d'un ancien cimetière.

« CHOCO ART »

L'artiste australien Sid Chidiac, expatrié au Liban, peint avec du chocolat. Utilisant du chocolat fin belge et des colorants alimentaires, il a peint sur des toiles comestibles les portraits, entre autres, de John F. Kennedy, Oprah Winfrey et Abraham Lincoln. Chaque tableau nécessite trois jours de travail mais peut être conservé plusieurs années en respectant des conditions spécifiques.

PLAT DE PATTES

En 2006, dans son restaurant de Tokyo, le chef chinois Wang Wei Min sert à ses clients japonais une assitette de pattes de chiens au barbecue. Si la plupart des Japonais ignorent que l'on trouve du chien cuisiné dans leur pays, assurément ce plat lèvera le doute !

BROCHETTES DE SCORPIONS

Commodément servis sur des sticks en bois, scorpions et mille-pattes frits figurent parmi les mets servis au Festival gastronomique de Nanjing, Chine.

ESCALOPES DE SCORPION

Ingrédients :

8 scorpions velus du désert (*Hadrurus arizonensis*) ou espèce semblable

500 ml de lait écrémé

110 g de farine de maïs blanche

2 c. à s. de beurre doux

1 c. à s. de jus de citron frais

2 c. à s. de persil frais haché

À l'aide d'un couteau bien aiguisé, ôtez les aiguillons et les glandes à venin des queues des scorpions.

Versez le lait dans un saladier, plongez-y les scorpions puis réservez.

Faites fondre le beurre dans une poêle de 30 cm de diamètre. Retirez les scorpions du lait et égouttez-les bien. Panez chaque scorpion dans la farine, en tapotant pour retirer l'excès de farine.

Déposez les scorpions dans le beurre chaud et laissez cuire environ 2 minutes jusqu'à ce qu'ils dorent, puis retournez-les pour encore une minute.

Faites dégorger sur du papier absorbant, puis arrosez du jus de citron et parsemez de persil.

***La Cuisine des insectes*, de David George Gordon, dont la recette ci-dessus est extraite, offre aux cuisiniers aventuriers « 33 façons d'accommoder sauterelles, fourmis, insectes aquatiques, araignées, mille-pattes et autres ».**

TOTALEMENT PIQUÉS !

L'usine d'Omachi, au Japon, est fière de ses galettes de riz hyper-protéinées... aux guêpes fouisseuses ! Les jibachi senbei sont des biscuits expressément commandés par un fan-club japonais de guêpes fouisseuses, dont les membres affirment que cet ingrédient « secret » relève la saveur traditionnelle du biscuit d'une petite touche « piquante ».

SSSSNACK !

À Nagpur, en Inde, Shyam Atulkar attrape les serpents vivants et les mange ! « J'aime le goût du serpent, dit-il, surtout sa queue qui rappelle la viande de mouton crue, à l'inverse de la tête et du cou, plus amers à cause du venin. »

CAFARD GAGNANT

En 2004, à New York, Shai Pariente a mangé 13 cafards rôtis pour gagner un iPod à un concours.

COOKIES AUX FOURMIS

En 2007, à l'occasion d'un salon culinaire à Caracas, le chef vénézuélien Nelson Mendez a servi des cookies aux *bachacos*, un type de fourmis géantes.

PÉCHÉ PAS MIGNON

Le Turc Hadip Kaya raffole des scorpions vivants, qu'il consomme depuis l'enfance. Ce père de famille les aime tant que les habitants de son village fouillent les rochers pour l'approvisionner en denrées fraîches.

CŒUR QUI BAT

Le cœur encore chaud d'une grenouille fraîchement tuée : voici le mets raffiné servi dans les restaurants japonais – particulièrement savoureux, dit-on, accompagné d'un saké au lézard.

DÉLICIEUSE TARENTULE

Une Cambodgienne croque dans une savoureuse araignée frite lors de son passage à Skuon, surnommée « la Ville aux Araignées » par ses habitants. Les arachnides, ramassés dans la campagne environnante, sont frits avec de l'ail et du sel et accompagnés d'un bol de vin médicinal au fond duquel baignent encore les corps en décomposition, les crochets intacts afin d'en préserver les vertus.

VENTE INÉDITE

En 2007, à New York, une bouteille de scotch de 81 ans d'âge s'est vendue à 54 000 dollars lors de la première vente aux enchères d'alcool depuis la Prohibition. Depuis 1933 et jusque récemment, ce type de vente était interdit dans cet État.

CAFÉ FRAIS

Au Japon, on trouve des chewing-gums au goût café qui laissent l'haleine fraîche et parfumée.

FOURMIS DE LUXE

Durant des siècles, les fermiers de Santander, en Colombie, ont récolté des reines fourmis comme petites douceurs locales, avant de se mettre à les exporter de nos jours comme friandises de luxe.

POTS DE FROMAGE

En 2007, quatre policiers de Campanie, en Italie, ont été écroués pour avoir extorqué de la mozzarella. Ils interceptaient les camions de livraison et forçaient les chauffeurs à leur remettre leur cargaison, sous peine d'une importante amende.

ENCORE UN VER ?

À Sydney, en Australie, Wayne Fauser, alias « le Mangeur de vers », mange les vers de terre vivants, en sandwich ou nature.

MAUDIT CHOCOLAT !

Il y a 200 ans, en Amérique centrale, le chocolat était considéré comme une tentation du diable. Dans certains villages de montagne, il était interdit aux moins de 60 ans et les fidèles qui transgressaient cette règle étaient menacés d'excommunication.

ENFANCE PIMENTÉE

En Inde, à Assam, un garçonnet de 2 ans est grand amateur de Bhut Jolakia, le piment le plus fort du monde. Le petit Jayanta Lahan se délecte de piments depuis sa première bouchée à l'âge de 8 mois. Il peut en manger 50 en 3 heures, sans aucun effet secondaire – alors que la plupart d'entre nous auraient déjà les larmes aux yeux et l'estomac en feu. Le Bhut Jolakia est 100 fois plus fort que le piment Jalapeño et à moitié aussi puissant qu'une bombe lacrymogène.

TACOS À SONNETTE

En avril 2007, la ville mexicaine de Santiago de Anaya a accueilli un festival gastronomique exposant plus d'un millier de plats à base de faune et de flore locales. Cette habitante de la région déguste un taco farci à la viande de serpent à sonnette.

Caveau de famille

APPÉTIT AIGUISÉ

Le Pr Leo Kongee, de Pittsburgh, Pennsylvanie, avait une épingle à chapeau qui lui transperçait les joues pour se retenir de manger trop vite.

MINI-RESTO

Dans les années 1940, cet étroit restaurant de Miami ne faisait que 1,30 m de large. S'étirant toutefois sur 16 m de long, il pouvait accueillir une longue rangée de clients affamés.

MONTAGNES DE PÂTES

En 1939, au festival Odditorium de Ripley, à New York, un mangeur de pâtes marathonien enchaîne les assiettes : Giuseppe Ricore y a avalé 2,4 km de spaghettis en 3 heures.

PYRAMIDE DE BIÈRES

En 1935, à Pittsford, État de New York, le serveur bavarois Clemens Pichl pouvait porter, d'une poigne puissante et assurée, 35 chopes de bière en même temps.

PIÈCE TRÈS MONTÉE

Dans les années 1950, à Ferndale, Californie, une pièce montée géante de 4,7 m fut fabriquée pour la fête du comté. 10 500 parts furent servies !

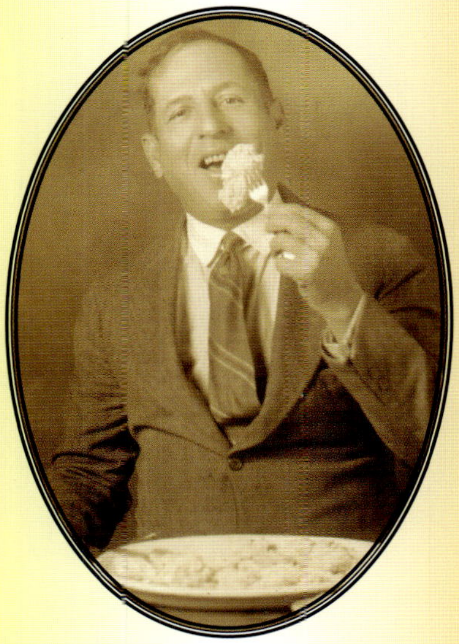

HUÎTRES ADORÉES

Dans les années 1930, Joseph A. Cohen, de Douglas, Arizona, pouvait manger 120 beignets d'huîtres au cours d'un seul repas – et il ne manquait jamais une occasion.

HARICOT MAGIQUE

C. W. Forshner a cultivé dans son potager de Cleveland un haricot beurre de 70 cm de long pour 52 cm de circonférence.

ÉPIS À GOGO

Dans les années 1930, à Ortonville, Minnesota, le champion des plus gros mangeurs d'épis de maïs, Ed Kottwitz, a englouti 50 gros épis lors d'un concours spectaculaire.

◀ BRAVOURE BOULANGÈRE

En 1935, à Chicago, George Gotsis a fait preuve d'un extraordinaire doigté, littéralement, en découpant en 40 secondes et en tranches régulières un pain de 40 cm et ce, les yeux bandés.

ÉPATANTE PÂTISSIÈRE ▶

Durant 23 ans, chaque jour de semaine, W. E. Updegraff, de Vinita, Oklahoma, a confectionné 60 tartes en à peine 45 minutes : un total ahurissant, sur toute cette période, de 380 000 tartes !

L'ART DU LAIT

Les clients d'un café de Melbourne trouvent souvent dans leur expresso un papillon, une fleur ou bien un visage qui les regarde. Ces dessins mousseux font fureur parmi les baristas qui se servent du cappuccino comme d'une toile et participent même à des compétitions de « latte art ». Les dessins sont obtenus en versant le lait avec un pichet spécial ou en manipulant des pochoirs, des poudres et la mousse du lait.

KEBAB GÉANT

Avec 3,8 t de poulet, 250 étudiants de Cyberjaya, en Malaisie, ont préparé un sandwich kebab de plus de 2 km de long.

PIZZA ROYALE

Domenico Crolla, un chef cuisinier de Glasgow, a créé une pizza à 4 000 dollars. Caviar arrosé au champagne, langouste marinée au cognac, saumon fumé, chevreuil et paillettes d'or de 24 carats composent la Pizza royale 007, en hommage aux goûts de James Bond.

SACHET DE THÉ

En 2006, une compagnie allemande a fabriqué un sachet de thé de 3,4 m sur 2,6 m qui contenait plus de 10 kg de thé.

LIVRAISON COMPRISE

En 2006, le restaurant indien Indie Spice d'Arif Ahmed, à Belfast, Irlande du Nord, a livré une commande à… Manhattan ! Steve Francis, un producteur de musique de New York, avait commandé pour 16 000 dollars de plats – poisson en provenance directe du Bangladesh compris – après avoir goûté à la cuisine du chef lors d'un festival en Angleterre.

SOUPETTE

En 2007, des cuisiniers de Caracas, au Venezuela, ont préparé une marmite de soupe de 15 000 l, capable de nourrir 70 000 personnes. Elle contenait 3 t de poulet, 2 t de bœuf et des tonnes – au sens propre – de légumes.

MAXI-SUNDAE

En 1988, à Edmonton, Canada, Mike Rogiani a créé un sundae colossal de 24 921 kg. La glace, qui comptait 63 parfums différents, a coûté 7 000 dollars et il a fallu une piscine vide pour la composer.

RÉGIME XXL

En 2007, un régime de plus de 300 bananes a été cueilli à Holguin, sur l'île de Cuba. Il mesurait 1,2 m de haut pour 57 kg. Étrangement, ce régime a poussé dans un sol argileux sans aucun ajout d'engrais : l'eau seule semble avoir été le moteur de cette exubérante croissance.

STARBUCKS AVENTURIER

RESTO-HOSTO

À Taiwan, les clients d'un restaurant à thème boivent à des tubes de poches de perfusion suspendues au plafond et sont servis par des infirmières. Des béquilles ornent les murs, un fauteuil roulant stationne dans l'entrée et la porte des toilettes indique « Service des urgences ».

IGLOO CHOCOLATÉ

Pour l'édition 2006 de l'Eurochocolat, à Pérouse, en Italie, Marco Fanti et son équipe ont construit un igloo en chocolat de 4 173 kg, entièrement comestible.

LA CRÈME DES GÂTEAUX

À Alanya, en Turquie, 285 chefs ont élaboré un gâteau à la crème de 2,72 km de long, composé de 159 000 œufs, 5 512 kg de sucre, 5 512 kg de farine, 5 300 l de lait, 2 650 kg de bananes, 2 650 l d'eau et 750 kg de bicarbonate de soude et additifs alimentaires.

KARMA

En avril 2007, pour assurer un bon karma à son établissement, le propriétaire d'un restaurant de Guangdong, en Chine, a payé 75 000 dollars pour un poisson traditionnel porte-bonheur.

LIGHT VEGAS

Pour le 100e anniversaire de Las Vegas en mai 2005, un gâteau géant de 31 m de long, 16 m de large et 50 cm de haut a été préparé. Surmonté d'un glaçage de 15 420 kg, il en pesait 59 000, pour un total de 23 millions de calories !

CAFÉ AU LITRE

En avril 2007, un torréfacteur panaméen a fait un café de 2 840 l. Il aura fallu 4 heures et 135 kg de café au Café Duran pour remplir la tasse de 2,7 m de haut.

ROIS DU LAIT

Stew Leonard's, une enseigne familiale de magasins d'alimentation américains, possède la plus grosse usine interne de produits laitiers, avec une production de 10 millions de briques de lait par an : de quoi remplir une paille allant de la Terre à la Lune, et la moitié du chemin retour !

CYBER-FROMAGE

Plus d'1,5 million d'internautes se sont connectés à un site pour suivre la lente maturation d'une meule de cheddar dans une cave de l'ouest de l'Angleterre.

FESTIVAL DE CUISSES

Les visiteurs du Festival de la cuisse de grenouille de Fellsmere, Floride, consomment chaque année environ 2 270 kg de cuisses croustillantes en 4 jours.

Depuis plus de 10 ans, un informaticien prénommé Winter s'est donné pour mission de boire un café dans chaque Starbucks Café de la planète. L'idée lui est venue en 1997 dans le Starbucks de sa ville de Plano, Texas. Depuis octobre 2007, il comptabilise 7 103 Starbucks visités aux États-Unis (92,7 % de la totalité) et 457 à l'étranger, de Montréal à Madrid en passant par Paris et Hong Kong. Winter, dont le film Starbucking relate les pérégrinations, a démarré avec une moyenne de 10 cafés par jour, même s'il s'est surpassé en 1999 avec 28 étapes en une journée, à Portland, Oregon. Le seul hic pour Winter, c'est que la chaîne ouvre de nouveaux cafés chaque jour dans le monde entier, et qu'elle n'est pas près de s'arrêter !

Paysages à croquer

Le photographe Carl Warner crée des paysages à la fois réalistes et insolites, à base de nourriture !

Il transforme les brocolis en forêts, les choux-fleurs et la mozzarella en nuages, le pain en montagnes et le parmesan en bâtiments. Ce qui nous apparaît de prime abord comme une barque sur les flots au crépuscule se révèle être une gousse de petits pois sur une mer de saumon fumé, bordée d'une plage de sucre roux et de rochers de pommes de terre et de pain.

Originaire du Kent, en Angleterre, Carl perfectionne depuis quelques années ces paysages saisissants, baptisés *foodscapes* (« paysages d'aliments »). « Je commence par esquisser un paysage conventionnel en utilisant les techniques classiques car il faut que le spectateur se croie devant un vrai paysage. » Il planifie chaque décor avec minutie, écumant les supermarchés à la recherche de ses ingrédients – trouver le brocoli-arbre parfait est un aspect crucial de son art.

Avec l'aide de maquettistes, il établit ensuite son paysage sur une table large de 2,4 m, où les divers aliments sont collés ou épinglés au support. Trois jours de travail s'ensuivent, à construire et photographier la scène en plusieurs étapes, du premier plan à l'arrière-plan, pour éviter que les aliments ne s'abîment sous les projecteurs. Pour finir, les différents plans sont assemblés par ordinateur pour obtenir l'image définitive.

« La forêt de brocolis est mon paysage préféré, dit-il, car c'est ma première réalisation aboutie, de l'idée initiale jusqu'au résultat final en passant par mes croquis. Il m'a aussi permis de mettre la barre plus haut, de voir jusqu'à quel niveau de réalisme je pouvais aller. Susciter le sourire du spectateur lorsqu'il comprend la vraie nature du décor, c'est le plus important pour moi. »

Un coucher de soleil alléchant, avec pain et saumon fumé.

Scène bucolique d'un petit village niché au creux d'une campagne vallonnée.

CHAUSSON ITALIEN
En 2007, un restaurant de Madison, Wisconsin, a préparé une pizza calzone de 5,9 m sur 74 cm qui pesait plus de 45 kg.

NOTE SALÉE
Une serveuse du Pizza Hut d'Angola, Indiana, a reçu d'une famille d'habitués un pourboire de 10 000 dollars ! Jessica Osborne, 20 ans, avait mentionné avoir dû abandonner deux fois ses études par manque d'argent. Quelques jours plus tard, la famille revenait avec un chèque-surprise !

POP CULTURE
En 2007, à Alberta, 500 boy-scouts canadiens ont fait éclater 34 m^3 de pop-corn en 8 heures. Leurs deux énormes machines artisanales crachaient en moyenne 2 m^3 de pop-corn par minute dans un saut géant.

MILLE-FEUILLE
Il aura fallu 4 heures à Richard Bradbury et Kris Browcott pour empiler un millier de galettes indiennes (poppadum) sur 1,5 m de haut dans un restaurant de Londres.

PANCAKES D'ÉCUREUIL
Dans le Cumbria, en Angleterre, le Famous Wild Boar Hotel propose des pancakes à l'écureuil gris. Capturés sur les terres de la propriété, les écureuils sont préparés en petits roulés et leur goût, d'après les clients, rappellerait celui du lapin.

BON APPÉTIT !
Tim Janus, mangeur professionnel de New York, a dévoré en 15 minutes un repas de Thanksgiving préparé pour 10 personnes, soit une dinde de 4,5 kg, 1,8 kg de purée, 1,4 kg de sauce aux airelles et 1,1 kg de haricots verts. Et comme il lui restait de la place pour le dessert, il a fini par une tarte entière au potiron.

QUELLE TRUFFE !
En 2007, une truffe blanche de 750 g découverte à Alba, en Italie, a été acquise par un résident de Hong Kong pour 210 000 dollars. C'est un été très sec qui a entraîné la flambée des prix.

À LA BAGUETTE !
En novembre 2007, Rob Reaton, du New Jersey, a mangé un à un 78 grains de riz en 3 minutes, avec des baguettes.

PIMENT-THÉ
En 2007, Levi Johnson, de Tea (« thé », en anglais), dans le Dakota du Sud, a bu 3 petites bouteilles de tabasco en 30 secondes.

GROSSE PRISE
Un client dégustait du poisson dans un restaurant de Shangai quand il a eu la langue perforée par un hameçon. Pensant tout d'abord à une arête, il s'est aperçu que sa bouche saignait et a dû être transporté à l'hôpital pour qu'on le lui ôte.

GOÛT CRASSE
Contactée par le stade de Qwest Field, fief de l'équipe de football américain des Seahawks de Seattle, la société Jones Soda Co. a mis au point de nouveaux parfums pour ses sodas : sueur, crasse, crème anti-inflammatoire et gazon naturel.

MASTODONTE
En compétition chaque année avec sa sœur Andra pour le titre de cuisinier de la plus grosse dinde de Thanksgiving, Rich Portnoy, de Minneapolis, a eu besoin de 15 heures et d'un four de 90 cm de large pour faire rôtir sa dinde de 33 kg !

MAISON DE PAIN D'ÉPICES

Les plus belles maisons du monde s'exposent chaque année à l'hôtel Grove Park Inn d'Asheville, en Caroline du Nord – toutes en pain d'épices ! Depuis sa 1re édition en 1993, le Concours national de la maison de pain d'épices attire les créations des quatre coins des États-Unis.

Édition 2006 : maison féerique toute de guingois, par Valerie Enters.

3e prix 2005 pour la maison « Fêtes de Noël » de Trish MacCallister.

Patricia Howard, de Winter Springs, Floride, remporte le Grand Prix 2006 du concours avec ce décor hivernal. Elle conservera son titre en 2007.

NICE ON ICE !

Chez Fenocchio, un glacier de Nice, vous trouverez du sorbet à la tomate et 70 autres glaces et sorbets joliment présentés, parmi lesquels des parfums aussi insolites que tomate et basilic, olive noire, rhubarbe, lavande ou pain d'épices.

Top 10 des parfums les plus originaux

Tomate et basilic	Thym
Olive noire	Lavande
Réglisse	Chewing-gum
Bière	Violette
Romarin	Rose

Une charmante église et sa place ont valu le 3e prix à Virginia Filarz en 2006.

1re place pour Nancy Kyzer en 2005 avec cette reproduction ornementée de la cathédrale Saint-Basile à Moscou.

SINGERIES À VOLONTÉ

À Lopburi, en Thaïlande, les singes sont invités à dîner et à boire à la fête annuelle du Gand Buffet pour singes du temple de Pra Prang Sam Yot. Les primates, dont la population locale avoisine les 2 000 individus, s'y régalent de plus de 2 t de victuailles attrayantes, délicieusement agencées en pyramides comestibles.

AUTOPIERCING

Au festival de Thaipusam, en Malaisie, des hindous se transpercent le corps avec divers objets, comme des aiguilles et des rostres d'espadons.

SAUCE « CATCH-UP »

Les premiers Championnats du monde de catch en sauce ont eu lieu en 2007 dans le Lancashire, en Angleterre. Les 8 équipes en compétition s'y affrontaient dans une piscine remplie de sauce au jus de viande tiède.

MOBILIER D('H)IVERS

Chaque avril, à Whitefish, Montana, des skieurs fixent canapés, chaises, toilettes, berceaux, poubelles ou même cercueils à leurs skis ou leur planche de snowboard et se lancent à toute vitesse sur la piste pour la Grande Course de mobilier qui marque, depuis 1970, la fin de la saison de ski. Des points sont attribués pour le style, la vitesse et la précision : en bout de piste, les candidats doivent s'arrêter le plus près possible d'une cible, sans la toucher.

LA DANSE DES CISEAUX

Ce participant à la Compétition nationale de danse des ciseaux de Lima, au Pérou, a pimenté son numéro en accrochant deux cagettes à des anneaux percés dans ses flancs. D'autres ont la langue cloutée ou les joues percées de fils en métal pour prouver leur bravoure et leur agilité. Tous dansent en entrechoquant deux plaques de métal de 25 cm en forme de grands ciseaux.

ROUES DE LA FORTUNE

La nuit du dimanche de Pâques, partout en Allemagne, de monumentales roues en chêne de 363 kg et 2,1 m de diamètre sont bourrées de paille avant d'être embrasées et lancées à flanc de coteau en direction des vallées. Que les roues arrivent en bas encore en flammes serait de bon augure.

PÊCHE AU PAIN

À Hong Kong, les participants à la fête des Petits Pains de Cheung Chau doivent escalader une pile de 10 m de petits pains en plastique en s'efforçant d'en attraper le maximum en 3 minutes. La croyance locale veut que ces petits pains leur assurent une mer et une pêche favorables.

POKER MOTEUR

Des milliers de passionnés de moto participent chaque septembre à la Course de poker de Key West, Floride. Le but du jeu est de récupérer ses cartes le long d'un circuit en 5 étapes entre Miami et Key West, avant de jouer sa main à l'arrivée.

HOMME TEIGNEUX !

Tous les ans, un habitant de Queensferry, en Écosse, revêt un pantalon de flanelle blanc, se couvre de la tête aux pieds de fruits de bardane (les boules épineuses inspiratrices du Velcro) et parade dans la ville en sirotant du whisky à la paille. L'origine de cette tradition daterait d'un naufrage après lequel une victime se serait parée d'herbe à teigne pour cacher sa nudité.

ENNUIS À LA PELLE !

Pendant 30 ans, la ville d'Angelfire, Nouveau-Mexique, a accueilli les Championnats du monde de course à la pelle sur neige, jusqu'à leur interdiction en 2005 pour raisons de sécurité. Assis sur des pelles à neige, les concurrents dévalaient 305 m de pente à 120 km/h.

COW-BOYS POÈTES

Durant 20 ans, en janvier, des cow-boys du monde entier se sont réunis à la Convention américaine de poésie de cow-boy, à Elko, Nevada, pour partager poèmes et récits sur leur art de vivre.

POINTS DE BÉTAIL

Le buzkashi est un sport d'Asie centrale où deux équipes de cavaliers se disputent une carcasse de bétail qu'il faut emmener dans le camp adverse pour marquer.

PLUIE DE PRIÈRES

En janvier, à Nagasaki, les participants à la fête Tohetohe s'en vont, parés de chapeaux coniques en bambou et de pardessus en paille, sonner chez les habitants qui les aspergent d'eau illico ! C'est la prière annuelle pour une bonne saison des pluies.

FOURMI TEXANE

En octobre, le Festival de la fourmi rouge de Marshall, Texas, célèbre cet humble insecte – carnaval de déguisements de fourmis rouges compris.

ÂNE BÂTÉ

À Fairplay, Colorado, homme et âne font équipe pour la course la plus ardue du monde : un parcours rocailleux de 47 km dont 915 m de pente escarpée. Relié à son guide par une corde de 4,5 m, chaque âne porte le matériel complet du chercheur d'or (pioche, pelle, battée) et quelques pierres, au besoin, pour atteindre les 15 kg de charge obligatoire.

COUP DE FOUDRE

Au Portugal, les participants du Festival So Joo expriment leur attirance aux membres du sexe opposé en les tapant sur la tête avec un gros marteau en plastique !

FESTIVAL PUANT !

North Ridgeville, dans l'Ohio, accueille le Festival annuel du putois, avec concours de beauté et de déguisements inclus !

TRONÇONNAGE SUR BOIS

Un bûcheron sculpte un pygargue à tête blanche à la tronçonneuse lors des Journées du bûcheron de l'État de New York. Les sculpteurs disposent de 45 minutes pour créer une pièce qui sera ensuite vendue aux enchères. La mieux évaluée désignera le gagnant.

LANCER D'ENCLUMES

À Laurel, dans le Mississippi, au mois d'avril, on envoie des enclumes d'acier jusqu'à 120 m en l'air. Chacune pèse au moins 45 kg et il n'est permis d'utiliser qu'1 kg d'explosif pour les propulser. Cette coutume dérive d'un épisode de la guerre de Sécession durant laquelle les Yankees détruisirent à l'explosif toutes les enclumes de la région pour éviter que les habitants ne se fabriquent des armes.

MANIF DE MOUTONS

Une fois par an, en novembre, la circulation est paralysée dans le centre de Madrid, où convergent des centaines d'ovins. Cette Marche des moutons a pour objectif de défendre les quelque 125 500 km de chemins utilisés en Espagne pour la transhumance.

SPÉCIAL POILS

C'est à Fairbanks, en Alaska, en juillet, que se tient le concours annuel des jambes les plus poilues, du torse le plus velu et de la barbe la plus fournie des États-Unis.

JETÉ DE MATOU

À Verviers, en Belgique, lors d'une cérémonie annuelle, on lance du haut de la tour de l'église Saint-Remacle un chat factice attaché à un ballon. Ce rituel remonterait à 1641, lorsqu'un apothicaire, pour réaliser une expérience d'aérodynamique, jeta du haut de la tour un chat vivant suspendu à des vessies de porc gonflées. Selon la tradition, le matou a atterri au sol sans dommages.

ILS SONT PIQUÉS !

Le Grand festival du Moustique, qui a lieu tous les ans à Clute, au Texas, comprend une épreuve d'imitation du cri du moustique, ainsi qu'un concours de jambes de moustique, récompensant les possesseurs des guiboles les plus minces. Tout ceci sous l'autorité de Willie Man-Chew, un moustique de 7,6 m de haut en chapeau et bottes de cow-boy.

MISS GROSSE

Un magazine russe pour la jeunesse organise chaque année un concours de beauté assez particulier : les « Miss Grosse » de Moscou récompensent les jeunes femmes les plus enrobées. Elles s'affrontent entre autres à la corde à sauter.

COURSE DE VERS

Chaque année en octobre, à Banner Elk, en Caroline du Nord, des « vers laineux » (sorte de chenilles poilues) grimpent à un bout de ficelle pour 1 000 $ de prix. Une croyance locale veut en effet que l'on puisse prévoir le temps d'après les aptitudes des chenilles en la matière...

CONCOURS DE PLOUF

Lors du Championnat national des boulets de canon, à Toronto, il faut sauter d'un plongeoir à 5 m au-dessus de l'eau pour faire le plus gros *plouf* possible. De grands gaillards se lancent, costumés en Viking, en Michael Jackson – voire en princesse Leia, de *Star Wars*. Les concurrents sont jugés sur leur *plouf*, leur style et leur coup de fourchette.

BATAILLE D'EAU

Au mois d'avril, lors de la bataille géante du Songkran Festival de Chiang Ma, en Thaïlande, ce sont près de 100 000 personnes qui s'affrontent à coups de pistolets à eau, pour se purifier avant le nouvel an bouddhiste.

VIVE LES BETTY !

À Grants Pass, dans l'Oregon, se tient chaque année le pique-nique des Betty. On y rend hommage à toutes les Betty, et à toutes les filles qui, comme elles, ont du caractère !

BAIGNOIRES FLOTTANTES

Lors de la régate de baignoires organisée tous les ans à Dinant, sur la Meuse, chaque navire doit être obligatoirement composé d'au moins une baignoire.

PORTE-BONHEUR

Au Japon, en plein cœur de l'hiver, un homme portant un pagne erre dans les rues d'Inazawa. Ceux qui essayent de le toucher sont inondés d'eau glacée par ses gardes. Depuis 767 av. J.-C., l'Homme Nu chemine ainsi, chaque année, vers un lieu saint. Il est supposé absorber, pour ceux qui peuvent l'atteindre, tout le mal et toute la malchance qu'ils ont en eux. 10 000 hommes aussi peu vêtus que lui tentent de le toucher alors qu'il parcourt la ville.

LUGES DE CARTON

La Classique cartonnière du Colorado a attiré en 2007 pas moins de 75 équipages rivaux en… luge de carton !

CITROUILLES VOLANTES

Au « Punkin' Chunkin' Championship » de Nassau, dans l'État du Delaware, on s'affronte en construisant la meilleure catapulte ou minicanon pour propulser des citrouilles dans les nuages !

JETÉ DE MACHINES

Au mois d'avril a lieu chaque année à Springfield le jeté de machines à écrire. Depuis une plate-forme à 15 m du sol, les concurrents doivent atteindre avec leur machine à écrire une cible placée en contrebas.

LA LONGUE MÈCHE

Lors du dernier jour du nouvel an chinois 2007, les festivités organisées à Tainan, dans l'île de Taiwan, ont inclus la mise à feu d'un cordon de pétards de 13 km de long !

MORTEL GALOP

La Course du Suicide, à Omak, est sans doute la plus périlleuse au monde. Des cavaliers casse-cou y dévalent à toute allure une pente de 38 degrés jusque dans la rivière Okanogan.

ORGIE DE FUSÉES

Le Yenshui Beehive Rocket Festival de Taiwan est si dangereux que les spectateurs doivent porter un casque et des vêtements de protection. Même avec cela, des dizaines de personnes sont brûlées ou blessées à l'œil : des milliers de petites fusées, projetées dans les airs, explosent sans arrêt... Elles sont censées éloigner les maléfices pour toute l'année.

PLUS FORT QUE L'AMAZONE

Esquivant pirates, piranhas, remous, requins et crocodiles, Martin Strel a nagé sur toute la longueur de l'Amazone en seulement 66 jours.

Le 7 avril 2007, Martin Strel, un Slovène de 53 ans, est arrivé au bout d'un incroyable parcours de 5 268 km à la nage. Depuis la jungle des environs d'Atalaya, au Pérou, jusqu'à Belém, sur la côte Atlantique, il a traversé toute la largeur du Brésil, progressant à l'ahurissante moyenne de 80 km par jour, dix heures par jour. Ivre de fatigue, au bord de l'infarctus, il a titubé jusqu'à l'ambulance venue l'accueillir, toujours vêtu de la combinaison imperméable qui l'a protégé des morsures des serpents, des araignées et des poissons carnivores.

Tout au long de ce colossal périple, l'équipe de soutien qui le suivait en bateau s'est tenue prête dans son sillage des seaux entiers de sang de porc ou de poulet, afin de détourner les prédateurs. Pour un meilleur effet, elle s'est servie d'un sang vieux de plusieurs jours, à la puanteur insoutenable.

Une tactique qui n'a pas toujours fonctionné puisque, un jour, Martin s'est mis à hurler, entraîné vers le fond par un piranha.

Et il a fallu affronter bien d'autres obstacles encore : des Indiennes armées de machettes, de redoutables trafiquants de drogue, ou encore cette diarrhée tenace que Martin ne pouvait évacuer que dans sa combinaison, ce qui attirait les poissons parasites. Mais il est parvenu à ajouter l'Amazone à la liste de ses conquêtes !

Contre le soleil brûlant, la méthode… taie d'oreiller !

La distance parcourue par Martin équivaut à 105 000 longueurs de piscine olympique.

Martin Strel, 115 kg, prêt à se lancer.

On lui graisse bien la peau, pour plus de confort.

La journée a été difficile : vite, un coup d'oxygène.

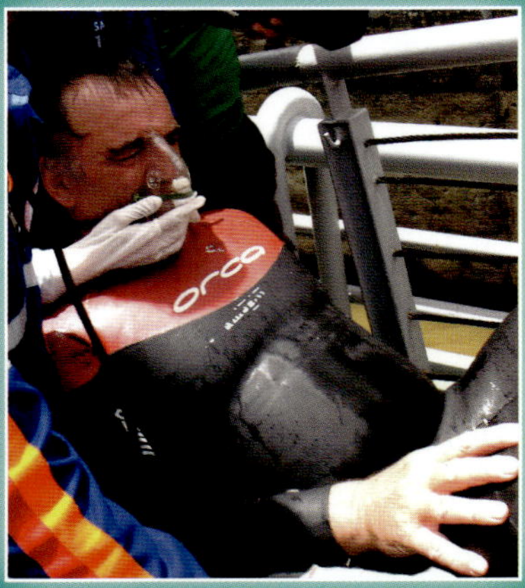

L'eau boueuse recèle d'innombrables pièges.

Le roi du fleuve

Martin a appris tout seul à nager dès l'âge de 6 ans. Il règne aujourd'hui sur la nage longue distance en eaux vives.

- **Danube, 25 juin – 23 août 2000** Il est le premier nageur à le parcourir de la source à l'estuaire : 3 004 km en 58 jours, et 10 pays traversés.
- **Danube, juillet 2001** Il nage sur 504 km en 84 heures et 10 minutes… non-stop ! Personne n'était allé aussi loin sans s'arrêter.
- **Mississippi, 4 juillet – 9 septembre 2002** Il parcourt le fleuve (3 797 km) en 68 jours, pulvérisant son propre record.
- **Paraná, 15 novembre – 8 décembre 2003** Il nage des chutes d'Iguaçu jusqu'au centre de Buenos Aires (1 930 km).
- **Yangzi Jiang, 10 juin – 30 juillet 2004** Mieux que le Mississippi : 4 003 km à la nage sur le plus long fleuve de Chine en 50 jours.

L'interview

Comment vous préparez-vous ? Je m'entraîne deux fois par jour, de 2 à 5 heures, à la piscine, dans la mer ou dans un lac. Je le fais au moins quatre cents fois. Tout en nageant, j'avale de grandes quantités de soupe, de pâtes, de féculents. Je bois au moins 10 l de liquide par jour – de l'eau, une bière, et parfois une bouteille de vin !

Aviez-vous connu plus difficile que l'Amazone ? L'Amazone a été récemment confirmée comme le fleuve le plus long du monde, dépassant le Nil. C'est très spécial. Chaque jour, à chaque instant, je devais me demander comment faire pour rester en vie jusqu'au soir. L'eau est boueuse, le danger est partout, invisible

Comment avez-vous fait pour survivre ? Dans mon équipe, sur le bateau qui m'escortait, il y avait deux hommes armés de kalachnikovs, au cas où des pirates nous auraient attaqués. Ils avaient aussi des seaux de sang qu'ils se tenaient prêts à déverser dans l'eau pour éloigner les piranhas. Ils devaient réagir en quelques secondes. S'ils s'étaient endormis, je serais mort.

Votre méthode pour tenir mentalement ? Je devais nager 12 heures par jour, faire 80 km, fatigué ou pas, malade ou non. Alors j'ai pris sur moi. Je suis entré dans une sorte de transe. Parfois, j'avais même des hallucinations. Il fallait que je sois plus fort que l'Amazone.

Que visez-vous maintenant ? Il me faut six mois pour récupérer. Je ne nagerai que 45 minutes par jour pendant cette période. Mais mon prochain défi m'attend. Non, je ne vais pas faire le Nil : trop petit à côté de l'Amazone ! Je vais traverser un lac ou la mer.

Martin nage « pour la paix, l'amitié, des eaux plus propres » et pour « alerter sur le réchauffement climatique ».

Cet homme a une grenouille au plafond…

Martin à la fin du voyage : épuisé (il a perdu 16 kg) mais heureux.

ÇA TIENT DE FAMILLE

Les 13 enfants de Janet Weisse, âgés de 33 à 54 ans, ont tous pris part au Fox Cities Marathon d'Appleton. Aucun d'entre eux ne manquait à l'arrivée.

FORMULE SOFA

En mai 2007, un jardinier de Londres a atteint la vitesse de 148 km/h au volant d'un… sofa ! C'est sur un terrain d'aviation du Leicestershire que le pilote, Marek Turowski, a réussi cet exploit. Parfaitement homologué, l'engin a été créé par Edd China, déjà responsable d'un bureau à moteur capable de foncer à 140 km/h.

MANIAQUE DU MARATHON

Richard Takata, de l'Ontario, a participé en un mois à 7 marathons, sur tous les continents. Il a couru en Nouvelle-Zélande, aux États-Unis, en Égypte, en Espagne, en Antarctique, en Argentine et à Chypre. Avant de partir, il s'est fait couper la tignasse de 30 cm qu'il se laissait pousser depuis quatre ans.

LE GRAND PLONGEON

Tyler Bradt, 21 ans, du Montana, a franchi avec succès une cascade de 33 m de haut en septembre 2007. Il a choisi les chutes d'Alexandra, sur le fleuve Hay, dans le territoire du Nord-Ouest. Il a « atterri » bien à plat, sans se retourner… Une partie de son kayak a juste explosé sous l'impact !

L'ESCALADE SANS FIN

Encouragé par 200 supporters, un Hindou a escaladé 101 fois la même colline, de 640 m de haut, en l'espace de vingt heures, au mois d'août 2007. Girish Kulkarni, employé de banque, s'entraînait depuis cinq ans.

SPRINT VERTICAL

L'Autrichien Marcus Stoeckl, 33 ans, a atteint les 210 km/h en descente à VTT sur une montagne enneigée du Chili, au mois de septembre 2007. Il est ainsi devenu l'homme le plus rapide du monde sur un deux-roues sans moteur.

LE ROI DU SUR-PLACE

En 2007, George Hood, d'Aurora dans l'Illinois, a pédalé près de 5 jours de suite sur un vélo d'appartement. Il a choisi de s'arrêter au bout de 111 heures, 11 minutes et 11 secondes, parce qu'il trouvait ce total facile à retenir. À la fin, il avait des hallucinations : il rêvait de manger des beignets.

MÉTRO, MÉTRO, MÉTRO

Au mois d'août 2006, deux copains étudiants, Don Badaczewski et Matt Green, munis de rations d'eau et de bœuf séché, ont parcouru en un petit peu plus de vingt-quatre heures la totalité du métro new-yorkais. Partis du Queens, ils ont terminé dans le Bronx, après voir emprunté les 26 lignes et franchi les 468 stations… sans s'arrêter une seule fois pour aller aux toilettes.

UNE AVENTURE ÉPIQUE

Colin Angus, un Canadien, a fait le tour du monde entre 2004 et 2006, propulsé par ses seules forces. Avec Vancouver comme point de départ et d'arrivée, il a traversé 17 pays en 720 jours, à vélo, à skis, en canoë, à pied et à la rame, consommant au passage 4 000 barres de chocolat, 250 kg d'aliments lyophilisés et 72 chambres à air. Il a fait une randonnée de 5 000 km à travers la Sibérie, a dû se détourner de 600 km pour franchir le périlleux détroit de Béring, et il a ramé cinq mois sur l'Atlantique, accompagné par sa fiancée, Julie Wafaei.

NEW YORK À LA NAGE

Skip Storch, de New York, a nagé près d'un jour et demi autour de l'île de Manhattan en août 2007. Il en a fait 3 fois le tour, en 33 heures. À sa sortie de l'Hudson, il a fallu l'emmener à l'hôpital : il souffrait d'hypothermie.

JUSTE UN PETIT TOUR

Entre 2001 et 2005, Alastair Humphreys, un Anglais, a fait le tour du monde à vélo, roulant sur 72 420 km à travers 60 pays et 5 continents.

PAS LÀ POUR TRICOTER !

Au mois d'octobre 2006, Alexander Roy a relié New York à Los Angeles, soit près de 5 000 km, en tout juste 31 heures et 4 minutes. Il a fait rugir sa BMW M5 à 145 km/h de moyenne, atteignant parfois les 240 km/h.

EN ROUE LIBRE

En septembre 2007, Sam Wakeling, 22 ans, étudiant à l'université d'Aberystwyth, au pays de Galles, a parcouru 450 km en un seul jour sur un monocycle. Très à l'aise sur sa roue de 90 cm de diamètre, ce futur diplômé en informatique a fait les 170 premiers kilomètres sans poser pied à terre sur la piste d'athlétisme de l'université. Il a bouclé 1 141 tours, à la vitesse moyenne de 21 km/h. En 2005, il avait relié la pointe sud-ouest de l'Angleterre à la pointe nord-est de l'Écosse, soit 1 406 km en monocycle.

La croisière rose

Antonia Bolingbroke-Kent et Jo Huxster, 27 ans chacune, ont traversé 12 pays en 2006, de la Thaïlande à l'Angleterre, à bord de leur tuk-tuk rose, un taxi thaïlandais à trois roues. Il leur a fallu 3 mois pour couvrir ces 19 000 km.

Souhaitant récolter des fonds pour des œuvres humanitaires, elles sont passées par la Thaïlande, le Laos, la Chine, le Kazakhstan, la Russie, l'Ukraine, la Pologne, la République tchèque, l'Allemagne, la Belgique, la France... Elles ont croisé en chemin des sites exceptionnels, dont la Grande Muraille de Chine ou le désert de Gobi.

Même s'il a fallu changer deux fois le câble d'accélérateur et réparer une suspension défaillante, le tricycle à moteur (vitesse de pointe : 115 km/h) a bien supporté l'épreuve.

Jo Huxster a eu cette idée d'aventure quatre ans auparavant, lors d'un séjour en Thaïlande. « Je roulais dans Bangkok avec deux amis, et le chauffeur du tuk-tuk m'a laissée m'asseoir à l'avant, comme si je conduisais. Je me suis dit : "Un jour, je rentrerai chez moi au volant de l'un de ces machins." Et je l'ai fait. »

« On s'est arrêtées au lac salé du nord-ouest de la Chine pour se détendre. C'est le sel qui nous a donné cette tête ! »

L'un des problèmes que les filles ont dû affronter en Asie : les troupeaux de moutons.

Antonia (à gauche) et Jo, à leur retour, près de leur fidèle tuk-tuk, « Ting Tong ».

Caveau de famille

SUPERBÉBÉ

Le petit Philip Dellagrotti, un bébé particulièrement souple et costaud, était capable en 1950 de rester à l'horizontale lorsque son père le tenait par les jambes.

DU VENT DANS LES FEUILLES

Le Cubain Antonio Galindo, membre du Ringling Circus en 1931, gonflait des ballons et soufflait des bougies avec ses oreilles.

TÊTES DE VIRTUOSES

F. G. Holt, de Nashville, avait la capacité de contrôler chaque muscle de son visage. La preuve : il interprétait des airs connus à l'aide de clochettes attachées à ses sourcils. Quant à H. C. Harris, de Jackson, il pouvait jouer de l'harmonica et siffler en même temps.

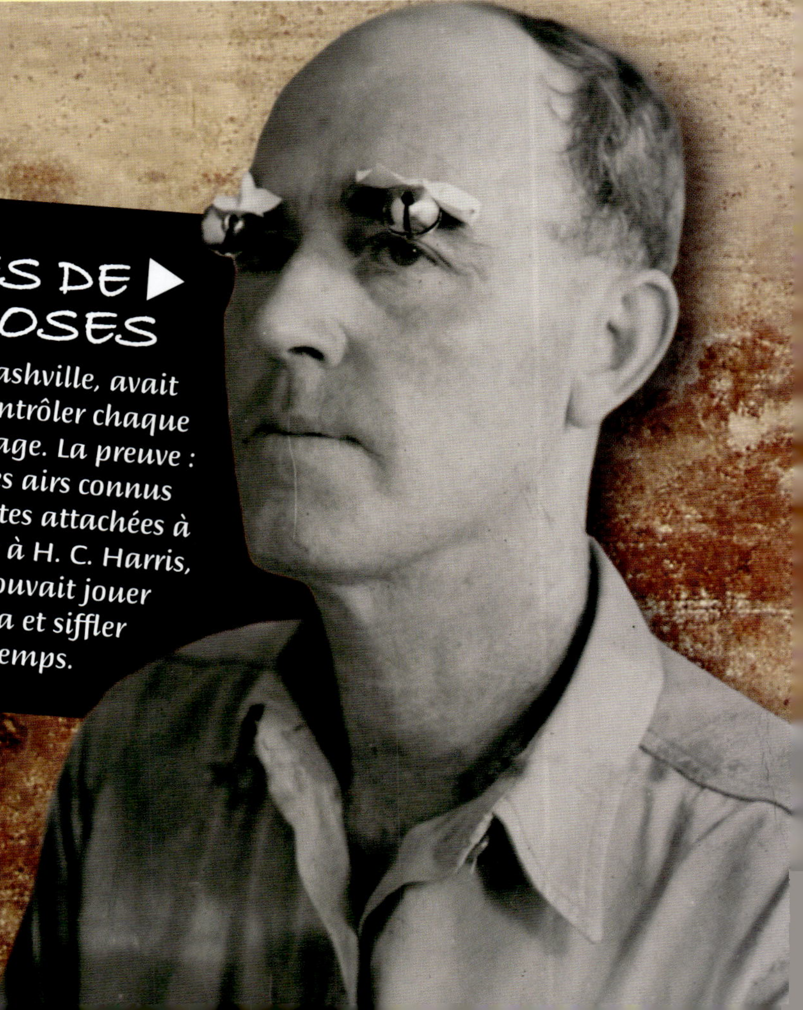

LA DENT DURE

Joe Ponder, de Love Valley en Caroline du Nord, était célèbre pour ses performances de traction dentaire. On le voit ici lever un mulet de 230 kg rien qu'avec ses quenottes de champion.

JEUNE ET FOU

En 1934, A. T. Brown, de Grand Junction, ne rechignait pas à se laisser glisser du haut d'un poteau télégraphique, tête la première. Il n'avait après tout que 80 ans !

QUEL DOIGTÉ !

Durant les années 1930, Julius Schuster, de Pennsylvanie, n'avait pas son pareil pour ramasser les boules de billard : il en prenait 10 dans une main sans s'aider de l'autre.

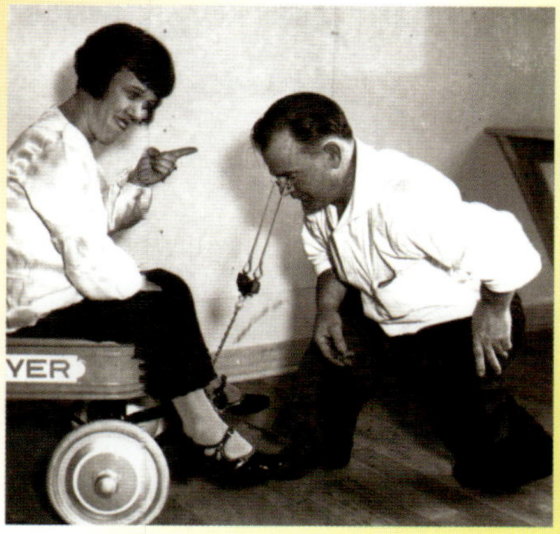

EN UN CLIN D'ŒIL

Harry McGregor, ici en 1933 à l'Odditorium Ripley de Chicago, pouvait tracter sa femme Lilian, montée sur un chariot (68 kg au total), à l'aide d'un câble relié à ses... paupières !

BON DOS

Jack Trimbledon (en bas) dirigeait un petit orchestre dans les années 1930 et 1940. On voit ici deux de ses acolytes jouer avec lui. Ou plutôt sur lui.

Le Grand Trek de Tim

L'Australien Tim Cope a bouclé en 3 ans et demi une randonnée de 10 000 km de la Mongolie à la Hongrie, sur des territoires particulièrement difficiles, dans les pas du célèbre Gengis Khan.

Il a dû endurer en chemin des températures allant de -52 °C à 54 °C, s'est fait voler ses chevaux et son chien, et il a passé une nuit entouré d'une meute de loups affamés...

C'est le désir de mieux connaître les conditions de vie des populations des steppes qui lui a inspiré ce parcours épique. Lorsqu'il s'est mis en route, au mois de juin 2004, il s'attendait à en avoir pour dix-huit mois, mais il dû faire face à des retards imprévus : conditions climatiques extrêmes, blocages aux frontières, et même la mort de son père.

Tim a voyagé avec trois chevaux (un pour le porter, deux pour son matériel et sa nourriture) alors qu'au départ il savait à peine tenir en selle. Il lui a fallu 13 chevaux en tout et, dans la fournaise du Kazakhstan, il a dû recourir à un chameau. Face au blizzard, il a continué tête baissée, guidé par sa seule boussole.

Tim s'est senti anéanti lorsque, après seulement 5 jours de voyage, il s'est fait voler deux de ses chevaux en pleine nuit. Mais avec l'aide d'un gardien de troupeau mongol, il a pu les récupérer le lendemain, découvrant ainsi la valeur des amitiés nouées sur la steppe. Il a été accueilli en cours de route par près de 160 familles, « les vrais héros de mon voyage », dit-il.

Au Kazakhstan, Tim a tenu les loups à distance en leur jetant des pétards – un truc appris auprès des populations locales.

« Leurs hurlements, quand on est seul la nuit, c'est l'un des sons les plus effrayants qu'on puisse entendre », raconte-t-il.

« Par moments, j'ai cru que jamais je n'irai au bout », a-t-il avoué en arrivant au terme de son voyage, à Opusztaszer, sur le Danube, en Hongrie. La perspective d'abandonner ses compagnons de voyage a cependant assombri Tim, heureux d'avoir atteint son objectif : « Je me sens presque pris de panique. Je n'arrive pas à imaginer que je vais devoir dire adieu à mes chevaux. Ma vie a beaucoup changé au cours de ce voyage. »

Tim et son chien Tigon (dont le nom signifie « faucon » en kazakh) dans les Carpates.

Dans les Harhiraa, chaîne de montagnes de l'ouest de la Mongolie, en septembre 2004.

Tim et Tigon, son plus fidèle compagnon. Ce grand chien de chasse noir lui a été donné par des Kazakhs. Un villageois l'a retrouvé presque mort de froid, après qu'il eut été arraché à Tim par des voleurs de bétail. Il l'a réchauffé grâce à un bain de vapeur, puis l'a nourri d'œufs crus et de vodka. Ce n'est qu'au bout de 3 semaines que Tigon a pu reprendre la route.

Tim et son cheval de tête, Taskonir, font trempette dans la mer Noire, en Ukraine.

Au Kazakhstan, Tim et ses trois chevaux entament leur premier hiver dans la steppe.

L'interview

« **Comment avez-vous préparé votre voyage ?** Surtout à travers mes lectures et grâce à la Long Rider's Guild, un club d'explorateurs à cheval, qui a bien voulu accorder à mon voyage une grande importance. Je savais que j'aurais besoin d'au moins 3 chevaux. Être capable de s'en occuper était aussi très important, et je suis entré en contact avec un vétérinaire qui, ensuite, a toujours accepté de m'aider, y compris par téléphone satellite. Je me suis aussi entraîné en Australie avec des spécialistes.

Quelle a été la partie la plus difficile de votre voyage ? Il y a eu beaucoup de moments durs. À l'hiver 2004-2005, je me suis retrouvé coincé dans une tempête de neige, sur la *betpak dala* (la « steppe de la faim »). Mon cheval avait un abcès, ma tente était déchirée, je gelais dans mon sac de couchage... J'ai trouvé refuge au milieu d'une bande d'alcooliques dans un village près d'une mine d'or. Ils m'ont servi du pigeon bouilli pour Noël ! J'y suis resté planté presque 3 mois. Cette année-là, au Kazakhstan, le thermomètre est tombé à -52 °C.

Qu'est-ce qui vous a permis de tenir ? Il me suffisait de songer aux nomades. Eux, ils doivent affronter ce genre de problèmes toute leur vie. Leur force m'a inspiré.

Que mangiez-vous ? J'ai bu du lait de jument fermenté presque tous les jours, et j'ai emporté des rations de mouton séché, du *borts*. C'est si compact que, selon les Mongols, on peut mettre un mouton entier dans sa poche ! J'ai eu de gros chocs culinaires : découvrir, servie à table, une tête de chameau, de cheval ou de mouton ! Ça surprend !

Où dormiez-vous ? La plupart du temps dans ma tente, sinon dans des yourtes familiales ou des maisons villageoises, allant de la simple hutte de boue à demi enfouie à la grande demeure en bois ou en brique crue.

À quelle pièce de votre équipement teniez-vous le plus ? Je dirais mon stylo et mon carnet de bord ! J'adore coucher sur le papier mes pensées, mes sentiments, mes impressions. »

BATMAN

Un grimpeur anglais utilise une nouvelle méthode pour s'attaquer aux parois les plus résistantes : il se suspend la tête en bas comme une chauve-souris pendant deux minutes. Steve McClure se sert de cette position pour faire descendre du sang « frais » dans ses bras, et les débarrasser de l'acide lactique accumulé pendant l'effort. Il a inventé cette technique pour se lancer à l'assaut de l'une des falaises de calcaire les plus difficiles à escalader d'Angleterre, Malham Cove. Au bout de trois ans et de dizaines de tentatives, « Batman » a fini par réussir, en 2007.

CAPITAINE COURAGEUX

Michael Perham, du Hertfordshire, a traversé l'Atlantique à la voile en solo à l'âge de 14 ans. Il s'est élancé le 18 novembre 2006 de Gibraltar sur son voilier de 8,5 m, *Cheeky Monkey*, et est arrivé six semaines et demie plus tard à Antigua, aux Antilles, le 3 janvier 2007. Au cours de son périple de 5 635 km, il a dû affronter requins, problèmes techniques et tempêtes.

EMMÈNE-MOI AU CIEL

Il ne pouvait être qu'anglais, ce couple du Bedfordshire qui, en 2007, a escaladé en Écosse plus de 15 pics d'une altitude supérieure à 1000 m… nu. Les deux naturistes, cachés pudiquement derrière leurs seuls prénoms, Stuart et Karla, ont célébré chaque ascension en se prenant en photo au sommet, nus bien sûr. Il leur reste 269 montagnes à gravir dans la même tenue.

ET QUE ÇA SAUTE !

Jay Stokes, de l'Arizona, a fêté en 2006 son 50e anniversaire en sautant d'un avion… 640 fois. Malgré une légère déchirure aux environs du 200e saut, il a effectué ceux-ci en 24 heures, ce qui représente environ un saut toutes les 2 minutes et 15 secondes.

JOLI, SHEILA !

Bien que rendue aveugle par le diabète depuis plus de vingt-cinq ans, Sheila Drummond a réussi à rentrer directement sa balle de golf dans le trou depuis l'aire de départ, en 2007, au Mahoning Valley Country Club de Lexington. Un golfeur amateur a en moyenne 1 chance sur 12 750 d'y parvenir. Et s'il est aveugle, 1 sur 1 million.

FOOTSTRONG

Né avec la jambe droite déformée, Emmanuel Ofosu Yeboah a parcouru 610 km en vélo à travers le Ghana, en 2001, ne se servant que de son pied gauche pour pédaler. Il voulait faire évoluer le regard de ses concitoyens sur les handicapés.

FUNAMBULE PRESSÉ

Abudusataer Dujiabudula, un Chinois, n'a eu besoin que de 11 minutes et 22 secondes pour traverser les 800 m du fleuve Han, à Séoul, sur une corde tendue.

VOYAGE AU LONG COURS

Jason Levis, aventurier britannique, a effectué en 13 ans le tour du monde. Entre 1994 et 2007, à pied, à vélo, en rollers, en kayak, à la nage ou en pédalo, il a traversé cinq continents, deux océans et une mer. Il s'est fait courser par un crocodile en Australie, a été soupçonné d'espionnage en Afrique du Sud, renversé par une voiture dans le Colorado alors qu'il traversait les États-Unis en rollers… Pour payer une partie de son voyage, il a été cow-boy en Amérique du Nord et croque-mort en Australie.

APPÂT HUMAIN

Vêtue d'un simple costume de bain, Kerry Shaw s'est fait enfermer dans une cage d'acier. Puis on l'a descendue à l'aide d'une grue dans le bassin aux crocodiles (des spécimens de 4 m de long !) du parc animalier d'Oudtshoom, en Afrique du Sud. Seule consigne pour Kerry : surtout, ne pas poser la main sur les barreaux !

FOOT À GOGO

Deux équipes de football d'Exeter, dans l'Ontario, se sont affrontées trente heures et trente minutes sans discontinuer en mai 2007. Score final : Stratford Enterprise 138 – Exeter Fury 105. Plus une épaule démise et un pied cassé.

LA TONTE INFERNALE

Deux tondeurs de moutons du Queensland, Laurie Bateman et Dave Grant, ont rasé 709 mérinos en huit heures, à Hughenden, en octobre 2007. Ils se sont entraînés 12 mois pour cette épreuve d'endurance au cours de laquelle chacun a perdu jusqu'à 2 litres de sueur par heure.

MERLINI L'ENCHANTEUR

Roi de l'évasion, le Hongrois David Merlini a passé 10 minutes 17 secondes menotté et enchaîné au fond de l'eau, sans air. Entravé par 5 paires de menottes, avec 27 kg de chaînes autour du corps, on l'a enfermé dans une cage de métal, posée au fond d'une grande cuve. Il s'est libéré tout seul.

SANS BOIRE LA TASSE

En juin 2007, trois citoyens du Queensland, en Australie, ont descendu le fleuve Brisbane sur 80 km à bord d'un esquif fait de cannettes de bière.

IL PNEU LE FAIRE !

En 2007, Cheng Yanhua a navigué 2 400 km sur le Yangzi Jiang… sur une simple chambre à air, entourant un baquet où il se tenait debout, armé de deux pagaies de bambou. Il lui a fallu quarante-trois jours pour relier sa ville natale de Jinzhou à Shanghai.

UNE STAR À MOTO

Au cours d'un périple de trois mois, l'acteur britannique Ewan McGregor, accompagné d'un ami, Charley Boorman, a roulé en 2007 du point le plus au nord de l'Écosse à l'extrémité méridionale de l'Afrique, soit 24 000 km. Trois ans auparavant, ils avaient effectué Londres - New York à moto en passant par l'Asie, soit 32 000 km.

À LA COOL

Bannissant l'avion pour raisons écologiques, Barbara Haddrill, une Galloise, a passé six mois à voyager en bus, en train et sur un cargo, effectuant 15 725 km jusqu'en Australie, où elle est allée assister au mariage de sa meilleure amie, à Brisbane.

SYRIEN DU TOUT !

En septembre 2007, Firas al Mualla a nagé 110 km non-stop en quarante-deux heures, de l'île de Chypre à sa Syrie natale.

AUTOUR DU MONDE

En 2007, à 23 ans, Barrington Irving, Américain né en Jamaïque, a fait le tour du monde seul à bord de son monomoteur. Il lui a fallu trois mois, durant lesquels il a affronté des tempêtes de neige et de sable, des orages, la mousson, des vents de 160 km/h et des brouillards givrants. Son avion, il l'a baptisé Inspiration pour, dit-il, « que ce projet historique inspire les jeunes ».

TAPE-CUL

Deux étudiants anglais ont traversé 14 pays, 3 chaînes de montagnes et 2 déserts dans une voiture vieille de 60 ans. George Vlasto et Max Benitz sont partis de l'université de Calcutta, en Inde, pour rejoindre Londres à bord d'une vieille Ambassador raccommodée au ruban adhésif extra-fort.

UN TON AU-DESSUS

Six musiciens anglais et américains ont donné un concert de rock à 5 650 m d'altitude, sur le flanc de l'Everest, en octobre 2007 : Mike Peters (The Alarm), Slim Jim Phantom (Stray Cats), Cy Curnin et Jamie West-Oram (The Fixx), Glenn Tilbrook et Nick Harper (Squeeze).

ZÉLÉS PÉDALEURS

En 2007, un groupe de 12 cyclistes a traversé l'île sud de la Nouvelle-Zélande en 15 jours, sur 900 km. À monocycle !

MARATHON DES SABLES

Charlie Engle, Ray Zahab et Kevin Lin ont couru en 2007 l'équivalent de 2 marathons quotidiens pendant 111 jours pour franchir le Sahara à pied, soit 6 440 km. Ils sont passés par 6 pays – Sénégal, Mauritanie, Mali, Niger, Lybie, Égypte – et ont dû s'accommoder de températures de près de 40 °C dans la journée et 0 °C la nuit.

UNE GALÈRE HISTORIQUE

Empruntant la même route que son ancêtre Christophe Colomb 508 ans plus tôt, Leven Brown, un Écossais, a ramé à travers l'Atlantique, de Cadix à Trinidad et Tobago. Ramant jusqu'à 18 heures par jour, Brown a achevé ce périple de 6 885 km en cinq mois. Hormis les tempêtes, ce sont les baleines qui lui ont donné le plus de fil à retordre : elles voulaient se gratter le dos contre son petit bateau de 7 mètres !

TRANQUILLOU

En 2007, Greg Kolodziejzyk, de Calgary, dans l'Alberta, a fait 172 km en vingt-quatre heures à bord de son pédalo, sans quitter le Glenmore Reservoir, un lac artificiel.

Deux jours après le début d'un voyage long de neuf mois, à 560 km de la civilisation, sur le versant nord de la chaîne Brooks, en Alaska.

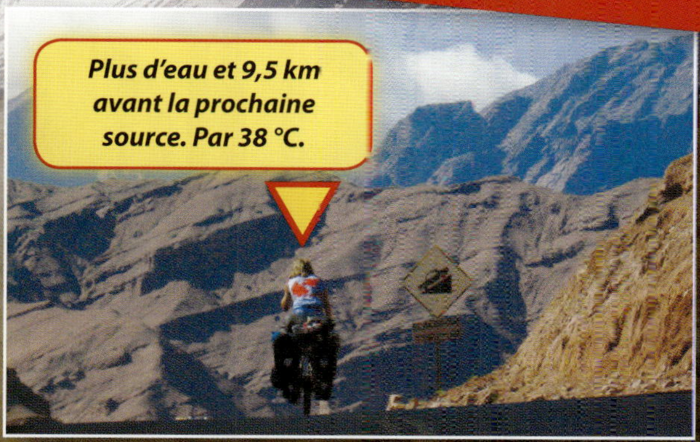

Plus d'eau et 9,5 km avant la prochaine source. Par 38 °C.

TOUR D'AMÉRIQUE EN SOLO

S'élançant en mai 2007, Quinn Baumberger, de Stevens Point dans le Wisconsin, a pédalé pendant neuf mois et voyagé sur plus de 30 600 km de Deadhorse, en Alaska, à Ushuaia, en Argentine. En cours de route, il a réparé 50 crevaisons, s'est fait voler à deux reprises, et s'est foulé le coude au Nicaragua, ce qui l'a immobilisé 15 jours. Il a changé de chemise au gré de ses trouvailles sur la route.

TREK EN TRACTEUR

En 2007, Wolfgang Mueller a piloté son vieux tracteur de 44 ans sur 1 130 km, de Stuttgart à Coventry. Après avoir tiré une caravane sur les routes du Luxembourg et de France, il s'est embarqué à Calais, puis a sillonné sans se presser les chemins de la campagne anglaise. Il voulait visiter les lieux où son vieux Massey Ferguson MF35 avait vu le jour. Pas de chance, l'usine avait été démolie…

L'AILE LES FAIT COURIR

En 2007, épaulé par une équipe de gourmets, Matt Reynolds s'est lancé à la recherche du restaurant de l'État de New York servant les meilleures ailes de poulet frites. La Chasse à l'Aile de Poulet, partie de Manhattan, s'est achevée à Buffalo, lors du Festival annuel dédié à cette spécialité culinaire. Reynolds et son équipe ont été couronnés Columbus Grady en chef du restaurant Abigail's, à Seneca Falls.

L'HOMME À LA MOTO

Gregory Frazier, de Fort Smith dans le Montana, a fait 5 fois le tour du monde à moto – la dernière en 2005, avec une grand-mère de 63 ans à l'arrière. Il totalise près d'1,6 million de km au compteur, de l'Alaska à la Terre de Feu, de la Norvège à la pointe sud de l'Afrique. Au cours de ses expéditions, il a été jeté en prison, mordu par des serpents, piétiné par des taureaux… Il s'est aussi fait voler sa moto et dévaliser par un bandit mexicain, sous la menace d'une arme.

NAGE EN EAUX GLACÉES

En 2004, la Californienne Lynne Cox a achevé un parcours de vingt-cinq minutes sur plus d'1,9 km dans les eaux glaciales de l'Antarctique. N'importe quelle autre personne aurait succombé en moins de cinq minutes à une hypothermie.

DOUBLE VICTOIRE

Au mois de juillet 2006, Jenna Lambert, 15 ans, de Kingston, a été la première personne handicapée à traverser le lac Ontario. Atteinte d'une paralysie cérébrale, Jenna n'a pu utiliser que le haut de son corps pour nager, mais, malgré le vent et les vagues, elle a accompli les 34 km de son parcours en trente-deux heures. Un an après, sa petite sœur Natalie, 14 ans, est devenue la plus jeune personne à traverser le lac à la nage, reliant Sackets Harbor, dans l'État de New York, à Kingston, soit 52 km en vingt-quatre heures.

À COUPER LE SOUFFLE

En août 2007, le plongeur allemand Tom Sietas a retenu sa respiration sous l'eau pendant 15 minutes et 2 secondes. Auparavant, il avait respiré de l'oxygène pendant 20 minutes pour préparer son corps à cet exploit.

LE BASE-BALL TOUR

Les frères Shearon, deux Canadiens fanas de base-ball, ont visité en 28 jours l'intégralité des 30 premiers clubs de la discipline, parcourant 23 000 km.

LE CHIC DU ROUTARD

Leur périple les a menés de Hong Kong à Londres, en cinq mois au cours desquels ils n'ont jamais quitté leur smoking…

Lorsque l'Anglais Heath Buck et l'Américain Doug Campbell se sont rencontrés, à Hong Kong, il leur est venu un rêve fou d'aventure humanitaire… Avant de partir, le 1er avril 2007, les deux hommes – dont le slogan était « deux cinglés, une aventure, aucune idée » – ont enfilé un smoking taillé sur mesure à Bangkok, dans un tissu extra-résistant, doté de poches discrètes pour les objets de valeur.

Sauf pour dormir et se laver, ils ont porté ce costume à chaque instant, visitant les contrées les plus reculées de plusieurs pays : Chine, Viêtnam, Tibet, Népal, Inde, Pakistan, Kirghizstan…

Au Viêtnam, ils ont labouré une rizière, désherbé le maïs, construit un mur, tout ça sans quitter leur habit noir et blanc et leur nœud pap. « Ça a été assez surréaliste, admet Campbell. À la fin, on a presque mis en larmes les femmes d'une tribu locale en leur offrant de l'engrais pour la prochaine récolte. En retour, on a été nommés membres honoraires de la tribu. »

Les deux hommes, après avoir fait du catch en Inde, ont dû supporter des températures de près de 50 °C. Mais leurs smokings ont résisté. Ils ont attiré la curiosité partout où ils passaient : « Tout le monde voulait se prendre en photo avec nous, raconte Buck. Et on nous a souvent demandé si on partait se marier ! »

Doug et Heath essaient leur smoking sur mesure, chez un tailleur de Bangkok.

Photo de groupe avec des Chinois en habit traditionnel à Yangshuo.

Doug et un membre de la tribu de Dao Hill au Viêtnam.

Apprentissage du labour à l'ancienne (en smoking) dans la tribu de Dao Hil.

Heath offre un break bien mérité à un conducteur de rickshaw à Katmandou.

Doug avec un Tibétain, à Shangri La, dans la province chinoise du Yunnan.

Les deux hommes ont été faits membres honoraires de la tribu au moment de leur départ.

Le thé à l'anglaise, servi par Heath au camp de base de l'Everest.

Heath sautant au-dessus du Taj Mahal !

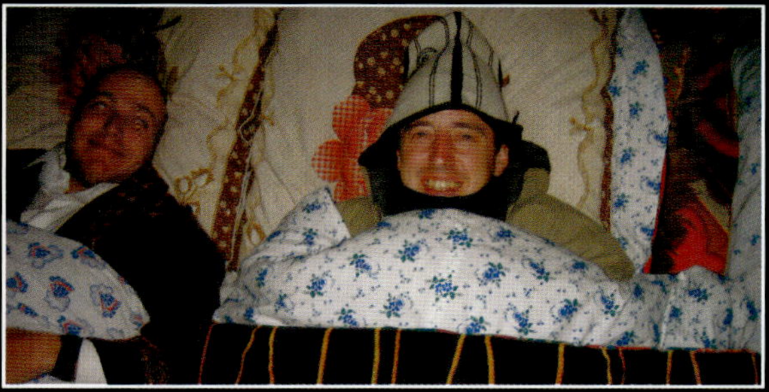

Au Kirghizstan, à 3 000 m, par un froid glacial, garder son smoking sous la couette n'est pas une si mauvaise idée…

D'élégants cavaliers en smoking, et robe traditionnelle kirghize pour la touche locale.

À l'arrivée en Angleterre, devant les falaises de Douvres, la fin du voyage.

L'interview

Comment vous êtes-vous rencontrés ? Doug : Tout à fait par hasard, à Hong Kong, lors d'une fête. Heath : Nous avons échangé nos e-mails après nous être juré qu'ensemble nous allions sauver le monde ! Doug était prêt à me suivre dans tous les délires de mon imagination.

Pourquoi avoir décidé de porter un smoking ? Doug : C'est Heath qui a eu cette idée. Je lui ai dit que j'acceptais de le suivre, à condition d'y apporter une dimension humanitaire. Comme ça, on ne serait pas seulement deux imbéciles, on aurait aussi une mission !

Y a-t-il un moment où vous avez vraiment eu envie de les retirer ? Doug : Oui, en Inde ! Il faisait tellement chaud, le début de la mousson était tellement humide… De plus, j'ai attrapé un giardia, un parasite de l'intestin grêle. On était à deux doigts d'arrêter les frais, mais on a fini par tomber d'accord pour continuer. C'est Heath, grâce à sa ténacité toute britannique, qui nous a sortis de là.

Quelle était la réaction des gens ? Doug : Ils croyaient qu'on allait à un mariage, ou qu'on était des businessmen occidentaux, ou des joueurs de billard professionnels, des missionnaires, des musiciens de jazz, des magiciens… ou des fêlés complets !

Quelle a été votre plus belle satisfaction ? Doug : À part le fait d'avoir rempli notre mission (beaucoup pensaient qu'on n'y arriverait pas), on a montré à ceux qui ont suivi notre aventure que les gens sont plutôt amicaux en général. À ceux qui se disent surpris, je réponds en plaisantant que j'ai connu de plus grosses frayeurs à Los Angeles qu'à n'importe quelle étape de notre périple ! Heath : Ce que j'ai fait de mieux, c'est sans doute aider à soigner des patients atteints de tuberculose dans un dispensaire. Nous avons activement pris part aux efforts menés là-bas pour sauver des gens.

La chose la plus étrange que vous ayez faite, avec vos smokings ? Doug : Notre séance de thérapie par le rire en Inde, il faut le retenir ! À Rishikesh, on est tombés sur un type qui nous a entraînés, nous et d'autres routards, dans une hilarante séance de rire à gorge déployée. C'était censé nous calmer et nous délivrer du stress extérieur. Comme on s'est beaucoup amusés, ça doit être efficace ! Heath : Pour moi, la traversée des montagnes du Kirghizstan à cheval. Nous avons ajouté des manteaux kirghizes à nos smokings et, avec nos pans de robe qui flottaient dans le vent, on a franchi un défilé. Mieux valait ne pas regarder vers le bas. Un seul pas de travers et c'était la fin.

Prévoyez-vous de renouveler l'expérience ? Heath : Nous avons l'intention de continuer, de susciter d'autres partenariats occasionnels entre gens en smoking, pour réaliser des actions humanitaires… J'ai aussi en projet un voyage sur le thème d'un superhéros qui part sauver la planète !

PÔLE POSITION

En 2006, l'exploratrice Hannah McKeand du Berkshire, en Angleterre, a parcouru, seule, 1 100 km en Antarctique jusqu'au pôle Sud en moins de 40 jours. Elle a bravé des températures de - 40 °C et des vents supérieurs à 112 km/h sur ses seuls skis, avec pour attelage un traîneau de 100 kg.

GLOBE-TROTTER

Robert Garside, citoyen de la ville de Stockport dans le Cheshire, en Angleterre, a parcouru à petites foulées plus de 56 000 km et traversé 30 pays entre 1997 et 2003. Surnommé le « Forrest Gump » anglais, il a fréquenté une prison chinoise, s'est fait braquer au Panama, mais a rencontré sa future femme au Venezuela.

CENT POUR CENT

En 2007, Evelyn Warburton, de Berwick, en Pennsylvanie, s'est rendue à son propre centième anniversaire en side-car, portant juste un blouson en cuir noir et des lunettes de soleil à la mode.

SUIVEZ LA FLÈCHE

Amputé des deux pieds quand il avait onze mois, l'athlète sud-africain Oscar Pistorius court presque aussi vite que les sportifs valides. Il parcourt le 400 m en 46,34 secondes, soit trois secondes de plus que le record du monde de Michael Johnson. Ses prothèses en carbone lui ont valu le surnom de « Blade Runner ».

COURSE DE FOND

George Etzweiler de State College, en Pennsylvanie, ne s'est mis à courir que vers la cinquantaine. Pour rattraper le temps perdu, il n'a pas hésité à participer à la course de Washington Road dans le New Hampshire en juin 2007, un parcours de 12,2 km avec un dénivelé de 11,5 %. Il avait alors 87 ans.

CHUTE LIBRE

En août 2007, un parachutiste new-yorkais de 83 ans a réussi son centième saut depuis un avion. Veuf depuis 1998, Leo Dean, vétéran de la Seconde Guerre mondiale, s'est pris de passion pour ce sport et vise désormais le cap des 200 sauts.

KAYAK EXPRESS

En 2007, Margo Pellegrino, de Medford Lakes dans le New Jersey, a relié en kayak de mer les 3 220 km séparant Miami en Floride de Camden dans le Maine, soit une moyenne de 65 km par jour.

BIEN VU

Bien qu'aveugle, Daniel Kish, de Long Beach en Californie, réussit à conduire son vélo en utilisant l'écholocalisation qui, comme les chauve-souris ou les dauphins, permet de se repérer dans l'espace grâce aux ultrasons émis par les objets.

CORDON BLEU

Krishnaveni Mudliar, femme au foyer à Bhopal, en Inde, connaît 65 000 recettes de cuisine, de tous les États d'Inde, mais aussi d'Italie, de Chine et de Birmanie.

AUTOGRAPHE PARTY

J.J. Lin, chanteur pop de Singapour, a signé 3 052 exemplaires de son nouvel album *West Side* en deux heures et demie à Tianjin, en Chine, en juillet 2007.

KAYAK EXTRÊME

Deux aventuriers australiens ont réussi l'exploit historique de traverser la mer de Tasmanie en kayak, un an après que leur compatriote Andrew McAuley ait disparu dans la même tentative. Originaires de Sydney, James Castrission et Justin Jones ont mis 62 jours pour relier Forster dans le sud de l'Australie à la plage de Ngamotu en Nouvelle-Zélande en janvier 2008. Cette traversée, localement connue sous le nom de « Vaincre le fossé », aura duré vingt jours de plus que prévu, en raison de vents violents et d'une mer déchaînée qui les a fait tourner en rond au milieu de l'épopée, les obligeant presque à rebrousser chemin. Ils ont même du parer les attaques des requins. Quatre années de préparation auront été nécessaires, incluant des exercices de privation de sommeil et d'isolement intensif. Castrission reconnaîtra après coup que, seul, l'aventure aurait été bien différente. « Certaines nuits, nous nous épaulions mutuellement pour traverser des moments difficiles, se souvient-il. »

Même sur un kayak construit pour affronter des vagues de 12 m, la traversée de la mer de Tasmanie a de quoi décourager. Jones et Castrission ont parfois dû se relayer pendant dix-huit heures pour pagayer.

COUP DE FIL AU SOMMET

L'alpiniste anglais Rob Baber a pu utiliser son téléphone portable depuis le sommet de l'Everest (8 848 m) en 2007. Il a passé deux coups de fil grâce à une antenne relais mobile installée par la Chine. Il a pourtant joué avec le feu, s'obligeant à retirer son masque à oxygène, vital à cette altitude, pour parler dans le combiné.

BALLES TRAÇANTES

Brian Jahrsdoerfer et Michel Lavoie ont affronté leurs compatriotes américains Peter Okpokpo et Warner Tse pendant 48 heures et 15 minutes lors d'une rencontre de tennis en double au Westside Tennis Club de Houston, au Texas, en avril 2006.

DITES 1 333

L'entraîneur de basket-ball universitaire Robert Hughes, de Fort Worth au Texas, a pris sa retraite en 2005 avec, à son palmarès, 1 333 victoires, un record historique dans sa catégorie.

INVAINCUE

L'équipe de football américain du lycée de De La Salle à Concord, en Californie, a connu une série de 151 matches sans défaite sur une période de douze ans, entre 1992 et 2004.

COUP DE POMPES

Roy Berger d'Ottawa, dans l'Ontario, au Canada, a réalisé plus de 1 000 pompes sur ses seuls poings en un peu moins de 17 minutes en mai 2007. Il n'a commencé à transpirer qu'à partir de la 400e.

SAUT GIVRÉ

Ross Mercer de Whitehorse dans le Yukon, au Canada, a accompli un saut de 80,3 m sur sa motoneige en mars 2007, à Steamboat Springs, dans le Colorado.

EN APESANTEUR

En 2007, Liu Suczhu, de Korla en Chine, a conduit son 4 X 4 pendant quinze minutes sur les 180 m de câbles en acier reliant deux collines et flottant à 18 m en l'air.

SUR LES HAUTEURS

Deux Chiliens ont réussi à faire grimper leur voiture à une altitude de 6 688 m, après deux tentatives infructueuses. En avril 2007, Gonzalo Bravo et Eduardo Canales ont atteint les pistes du volcan Ojos del Salado, dans le désert d'Atacama, au Chili, grâce à leur Suzuki Samurai 1986 rafistolée.

DANSE, BOUFFON !

Le bouffon officiel du Royaume-Uni, désigné par la vénérable association caritative English Heritage, a dansé une gigue pendant vingt-huit jours sur une distance de 60 km, en reliant Bristol à Northampton en juillet 2006. Peterkin le Fou, de son vrai nom Peet Cooper, célébrait ainsi le même exploit signé en 1599 par Will Kemp, bouffon de l'entourage de Shakespeare.

BERGER ÉTERNEL

À l'âge de 107 ans, Li Xicai continue de garder les troupeaux dans le village montagneux de Guangshi, en Chine.

FLOTTE SUR FLOTTE

En 2006, le Polonais Andrzej Szopinski-Wisla a flotté pendant plus de 2 heures, les mains derrière la nuque et les pieds constamment hors de l'eau.

DANS LE NOIR

En Ukraine, Iryna Bilenka jongle près de 2 minutes avec 3 quilles, les yeux bandés.

Quand les conditions étaient bonnes, les intrépides aventuriers pagayaient à une vitesse de 10 km/h.

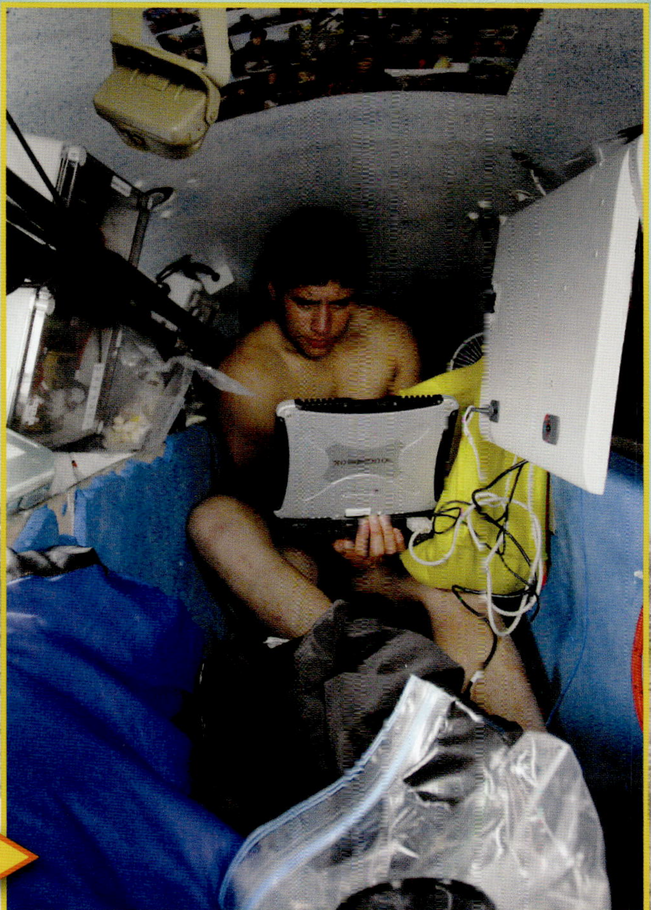

Dans le « dortoir » du kayak, Justin met à jour le site Internet sur lequel il narre leurs aventures en direct.

L'homme Renaissance

Robert Burns, décorateur d'intérieur, a passé plus de trois ans à transformer sa modeste maison de Brighton, en Angleterre, en un sanctuaire de la Renaissance. En s'inspirant de livres d'art dénichés dans des ventes de charité, il a fidèlement reproduit les travaux des artistes italiens du XVe siècle, majoritairement à base de peinture mate achetée à la droguerie du coin.

À 60 ans, ce père de 4 enfants n'est jamais allé en Italie, pas plus qu'il n'a fréquenté les écoles d'Art. Ce sont les livres qui lui ont montré comment recréer un Botticelli dans sa chambre à coucher. Dans la salle à manger, c'est une scène de la Nativité avec un trompe-l'œil en or qui a été imitée, tandis que des Vierge Marie et d'autres scènes religieuses sont disséminées à travers toute la maison.

Derrière la façade se cachent les trésors de la maison de Robert.

Les plafonds de l'entrée et du salon sont ornés de nuages discrets et de ciel bleu. Au sol, on a l'impression de marcher sur du vrai marbre.

Michel-Ange, Léonard de Vinci et leurs contemporains se servaient d'un mélange de pigments et de centaines de jaunes d'œuf pour créer leur peinture. Burns, de son côté, se contente d'utiliser les restes de pots récupérés sur des chantiers.

Il peint quand il s'ennuie ou entre deux jobs, parce que cela lui évite de devenir fou à attendre devant son téléphone des propositions d'embauche, sans rien faire d'autre.

Il a toujours adoré l'époque Renaissance. Il dit que cela le change de son travail quotidien. « La décoration peut vite devenir terne, dit-il. Un de mes derniers boulots a consisté à repeindre l'intérieur d'une usine avec 53 litres de peinture crème. »

L'interview

« Comment avez-vous découvert votre talent pour la peinture ? Je ne pensais même pas savoir peindre. Je suis juste sorti acheter des pinceaux et des pots, et je me suis attaqué aux murs de la maison, sans jamais avoir peint quoi que ce soit auparavant.

Avez-vous tout de même une formation initiale ? Ma dernière leçon sur l'art remonte à l'école primaire.

Pourquoi êtes-vous passionné par la Renaissance ? J'ai commencé à acheter des livres sur la Renaissance dans des brocantes et je suis littéralement tombé amoureux de l'art en lui-même et des intérieurs. Même si je n'ai jamais vu une seule fresque telles qu'elles existent en Italie.

Au début, vous ne songiez qu'à une seule peinture, non ? Mon premier essai fut au palier supérieur. Puis j'ai peint les lunettes au-dessus des portes et, de fil en aiguille, le reste est venu naturellement.

De quelle peinture êtes-vous le plus fier, et dans quelle pièce se trouve t-elle ? Je suis très satisfait de la salle à manger où sont exposées des répliques de *La Vierge à la chaise* de Raphaël et de *La Vierge à l'enfant* d'Antoniazzo Romano.

Comment réagissent vos invités ? Ils sont très surpris car ce n'est pas franchement l'intérieur auquel on s'attend pour ce genre de maison. Mais, globalement, leurs réactions sont très positives. »

Robert apporte une touche finale à une œuvre de la Renaissance exposée chez lui.

Une fois l'ovoïde fermé, personne ne peut deviner que cette partie de l'immeuble tourne sur elle-même.

L'envers du décor

À Liverpool, les touristes affluent pour admirer un immeuble dont une partie tourne littéralement sur elle-même. L'œuvre de Richard Wilson, intitulée « Le lieu à l'envers », est un ovoïde de 8 m de diamètre qui a été découpé à même la façade d'un immeuble délabré du centre-ville, puis placé sur pivot. La rotation en 3D donne vraiment l'impression d'une fenêtre ouverte puis fermée.

La curieuse installation photographiée ici à mi-rotation.

SQUARE EN OR

L'activité économique générée dans le quartier de Times Square, à New York, s'élève à 55 milliards de dollars par an, ce qui fait de ce bout de ville la 76e économie mondiale.

VERT DE RAGE

En 2007, les services officiels des forêts du Yunnan, en Chine, ont embauché sept ouvriers afin qu'ils peignent en vert quelques segments du mont Laoshou. Au lieu de planter des arbres sur cette partie de terre aride ravagée par l'exploitation minière, le gouvernement local a étrangement préféré la peinture.

LETTRES ET LE NÉANT

Dans le Wisconsin, des habitants n'arrivaient pas à s'entendre sur le futur nom de leur ville. Ils ont mis des lettres dans un chapeau, en ont tiré six au hasard, et c'est ainsi que la ville d'Ixonia est née !

MONTE LE SON

L'église baptiste pour les malentendants de Brentwood, Tennessee, a disposé des haut-parleurs sous le sol afin que les fidèles puissent percevoir la musique grâce aux vibrations transmises par leurs pieds à travers tout leur corps.

GRAND HOMME

À Calgary, dans l'Alberta (Canada), une statue représentant un homme mécanique mesure 8,2 m de haut. Elle est entièrement faite de bouts de locomotives et de wagons de fret récupérés. Spike, tel est son nom, a un corps en forme de chaudière, sa tête et ses oreilles sont des roues dentées, ses bras et ses mains sont des coupleurs, et il tient un vilebrequin dans la main droite.

HOMMAGE AU FROMAGE

Un fromage en béton de 1,8 m de haut et 8,5 m de circonférence trône à Perth, dans l'Ontario (Canada), en mémoire du fromage monstrueux produit dans la ville à l'occasion de l'Exposition universelle de Chicago en 1893. L'original avait nécessité le lait de 10 000 vaches et pesait 9 780 kg. Il fit si longtemps sensation qu'il fut décidé d'en bâtir une copie à taille réelle en 1943.

CHAMBRES AVEC VUE

Le motel de Woodlyn Park, à Waitamo, en Nouvelle-Zélande, propose des hébergements originaux, qu'il s'agisse d'un vieil avion ayant servi à ravitailler les troupes américaines pendant la guerre du Viêtnam, d'un wagon désaffecté ou même de maisons de hobbits ! Les deux chambres à coucher de l'avion Bristol Freighter se situent juste en dessous du cockpit d'origine.

BLUES TROTTOIR

Aux États-Unis, les piétons peuvent expérimenter le confort de trottoirs en caoutchouc : des portions entières ont été installées dans les rues de Santa Monica, en Californie, et de Seattle, État de Washington. L'idée est de savoir s'ils constituent une vraie alternative au béton.

QUEL PIED !

La statue du foreur érigée à Tulsa, Oklahoma, en hommage à l'industrie locale du pétrole, mesure 23 m de haut. En taille américaine, la chaussure de l'ouvrier représenté fait un bon 393.

INSECTE GÉANT

Une sauterelle en bois mesurant 5,5 m sur 1,8 m et pesant 1 815 kg est la curiosité locale de la ville de Wilkie, dans le Saskatchewan, au Canada.

FÛTS FUTÉS

De vieux fûts de vin ont été convertis en chambres d'hôtel à Stavoren, aux Pays-Bas.

Pouvant contenir 14 500 l, les barriques sont suffisamment grandes pour loger deux lits jumeaux, un petit salon avec coin télé et une salle de bains avec douche et toilettes.

TOUR COMPLÈTE

Le seul hôtel à rotation complète se trouve à Mahallesi, en Turquie. Grâce à 6 moteurs électriques en sous-sol, les 24 chambres de l'édifice de 2 750 t ont toutes une vue à 360°. La rotation dure entre 2 et 22 heures.

LOURD SECRET

En 530 années d'existence, la bibliothèque du Vatican, à Rome, a fermé pour la première fois de son histoire en 2007 pour permettre à des ouvriers de réparer les dégâts causés par le poids de plus de 2 millions de manuscrits.

DO THE DANCE

Pensée par deux architectes, le Tchèque Vlado Miluni et le Canadien Frank Gehry, la Maison dansante de Prague a été construite en hommage aux formes que prenaient les danses entre Fred Astaire et Ginger Rogers. Achevé en 1996, l'immeuble est composé de 99 panneaux de béton, de formes et de tailles différentes.

TALON TALENTUEUX

En 1990, l'artiste Ron van Zyl a construit une maison près de Branddraai, en Afrique du Sud, qui a la forme d'une chaussure. L'entrée se situe dans le talon, qui fait deux étages, et la chambre est dans le gros orteil.

HIGH ROBOT

Pressé par la Bank of Asia de trouver le design futuriste de son nouveau siège à Bangkok, en Thaïlande, l'architecte Sumet Jumsai s'est inspiré du robot électronique de son fils. L'immeuble de vingt étages a la forme d'un robot et possède deux paupières de 6 m chacune, situées au dernier étage et servant de fenêtres. Les orbites sont en verre et les paupières sont des persiennes en métal.

CUBA LIBRE

À Ybor City, en Floride, le Jose Marti Park, ainsi nommé d'après le célèbre poète et indépendantiste cubain, appartient à Cuba. L'île l'avait acheté en 1957.

PORTE DES LILLA

Aux Pays-Bas, un bateau de sauvetage a été transformé en palace flottant. Amarré à Harlingen, le *Lilla Marras* est sorti 105 fois entre 1955 et 1979, sauvant 45 vies. Les clients de l'hôtel continuent de sortir en mer, moyennant finance, le bateau pouvant toujours naviguer.

ACCORD MAJEUR

En 1980, à Bangalore, en Inde, le Chowdiah Memorial Hall a été construit en forme de violon en hommage au musicien virtuose Tirumakudalu Chowdiah.

SDF CACHÉS

Bruce Tracy, un ouvrier du bâtiment, a construit des logements souterrains secrets pour lui et ses compagnons sans-abri à Fresno, en Californie.

ANGLE ADROIT

Le clocher d'une église du XVe siècle à Suurhusen, en Allemagne, pointe à 26 m du sol et penche de 5 degrés, 1 degré de plus que l'inclinaison de la célèbre tour de Pise, en Italie.

POISSON GÉANT

Le Musée de la Pêche de Hayward, dans le Wisconsin, est construit à l'intérieur d'un gigantesque brochet reconstitué, de 44 m de long et 12 m de haut.

BOUTS DE CHINE

À Tianjin, en Chine, une maison est ornée de plus de 400 millions de morceaux de porcelaine, dispersés à travers son architecture. L'homme d'affaires Zhang Lianzhi a dépensé 65 millions de dollars pour décorer cette « Maison chinoise », à partir d'objets récupérés ces 20 dernières années, dont plus de 16 000 proviennent de collections historiques de bols, assiettes, figurines et vases.

HÔTEL ÉPHÉMÈRE

Installé sur le toit d'un musée parisien, l'hôtel Everland a offert pendant un an et demi une vue imprenable sur la tour Eiffel. Cet hôtel temporaire n'avait qu'une seule chambre. Créé par deux artistes, Sabina Lang et Daniel Baumann, il contenait un lit double et un minibar bien garni. Le petit déjeuner était livré sur le pas de la porte. Depuis le 1er juillet 2009, c'est désormais un restaurant qui se trouve sur le toit du Palais de Tokyo.

TIMBRÉ

À Humboldt dans le Saskatchewan (Canada), un timbre postal en aluminium d'une dimension de 2,4 m sur 1,8 m a été érigé en 1999 en l'honneur de l'ancien Premier ministre canadien, John G. Diefenbaker, qui a plaidé de nombreuses affaires dans cette ville quand il était avocat.

BAR-OBAB

En Afrique du Sud, le tronc d'un baobab de 6 000 ans sert de pub ! Le bar peut accueillir cinquante personnes en même temps, et comme l'arbre de 22 m est toujours en pleine croissance, le pub grandit également.

TOUT FEU, TOUT FLAMME

L'ours Smokey, la mascotte américaine de la prévention anti-incendie, a son propre code postal pour recevoir le courrier de ses fans.

PRISON GRAND LUXE

Les 5 000 détenus du pénitencier d'État de Louisiane, en Angola, bénéficient de milliers d'hectares de terres cultivables, 1 500 têtes de troupeau, leur propre station de radio, leur journal, leur rodéo annuel et la possibilité de suivre des cours de théologie pendant 4 ans.

VOIR ROUGE

Collinsville, dans l'Illinois, avait déjà sa gigantesque bouteille de ketchup de 52 m, dissimulant un château d'eau. En juillet 2007, la ville a accueilli une exposition temporaire : une dosette individuelle géante de ketchup de 2,4 m sur 1,2 m pouvant contenir jusqu'à 480 l de purée de tomates.

MER MORTE

La surface de la mer d'Aral, baignant le Kazakhstan et l'Ouzbékistan, s'est réduite de 75 % ces 40 dernières années, l'eau étant déviée pour l'agriculture et les industries.

TOILETTES HI-TECH

Les toilettes publiques de Chongqing, en Chine, offrent plus de 1 000 cabinets et s'étendent sur 2 800 m². Réparties dans un immeuble de 4 étages avec façade égyptienne, ces toilettes bénéficient de musique d'ambiance et même de postes de télévision. Certains urinoirs ont des formes inattendues, comme une gueule ouverte de crocodile !

VILLAGE HANGAR

Le village de Zhongdong, à Guizhou, en Chine, est situé dans une caverne de la taille d'un hangar d'avion.

PETIT CREUX

Un restaurant de Greenville, dans le Maine, offrait en 2007 un sandwich à quiconque plongeait nu dans le lac Moosehead. Le restaurant Black Frog avait surnommé son sandwich le « Petit Creux ».

GARDIEN DE LA PAIX

À Manhattan, le Benjamin Hotel est tellement soucieux du repos de ses clients qu'il a embauché un vigile du sommeil. Si le visiteur ne dort pas aussi bien que chez lui, l'hôtel lui offre une nuit gratuite.

SUR LA ROUTE

En rentrant de ses vacances en 2007, une Polonaise a trouvé une route et un rond-point construits dans son jardin. Alicia Ziemowit a eu beau se plaindre à la mairie de Lodz, on lui a rétorqué que l'État pouvait empiéter sur le domaine privé pour construire des routes, sans consentement des propriétaires ni compensation financière.

LAC MINEUR

En mai 2007, à Magallanes, au Chili, un lac de 2 ha et 30 m de profondeur a disparu en moins de deux semaines.

VIEIL ÉLÉPHANT

Dans le désert du Nevada, le rocher de l'Éléphant a ainsi été nommé parce qu'il a la forme de cet animal depuis sa formation, voici 150 millions d'années.

MIROIR, MON BEAU MIROIR

Viganella, un village des Alpes italiennes privé de soleil de novembre à février en raison de son encaissement dans la vallée, a trouvé la solution : en décembre 2006, un miroir en feuille d'acier de 8 m sur 5 m a été installé sur un sommet environnant. Depuis, il réfléchit la lumière sur le village !

TIRELIRE GÉANTE

La plus grosse tirelire du monde se trouve à Coleman, dans l'Alberta, au Canada. Elle se trouve dans une locomotive qui servait à tirer les wagonnets dans les mines de charbon.

NEC PLUS ULTRA

Les habitations troglodytes séculaires d'Andalousie, en Espagne, sont aujourd'hui équipées de tout le confort moderne : eau, électricité…

ÉCOLO-GIQUE

Tom Chudleigh, un designer canadien, a créé une collection de maisons écolo, accrochées aux arbres ou aux rochers. Ces « Free Spirit Spheres » en bois sont recouvertes de fibres de verre afin de les imperméabiliser. D'un diamètre de 3,6 m, ces maisons, uniquement accessibles par un pont de cordes, peuvent héberger quatre personnes et offrent même une cuisine équipée d'un micro-ondes, d'un réfrigérateur et d'un évier.

Au plafond, Jason a reconstitué une flèche en or.

Les escaliers provenant d'un petit salon victorien, Jason a repeint les murs dans ce style, mais avec des crayons, bien sûr.

Crayon-création

Voici comment Jason imagine Jaina quand elle aura 88 ans !

Des fleurs qui s'ouvrent en pétale sous l'œil de farfadets, voici un autre aspect de la mosaïque.

À San Francisco, l'artiste Jason Mecier a transformé l'intérieur d'une maison en une mosaïque de couleurs, à partir de milliers de crayons. Il appelle son œuvre sa « Crayon-création ».

Jaina Davis, amie de Jason, a racheté une maison vieille de cent ans dans le quartier de Potrero Hill, à San Francisco, en 1997. Elle a convié ses amis artistes à la décorer de fond en comble. Jason a eu l'idée de connecter toutes les pièces entre elles, avec une mosaïque de crayons en papier, qui s'achèverait dans l'escalier. Les portes, les rampes, les murs ont ainsi été recouverts de crayons de toutes les couleurs, soit collés avec de la glu, fixés dans des petits trous ou suspendus au plafond. Parmi les réalisations de Jason, figurent un jardin, un papier peint et un portrait futuriste de Jaina quand elle aura 88 ans, le tout en crayons !

Sur le mur de l'escalier, l'œuvre se construit lentement.

L'interview

« **Pouvez-vous nous décrire votre « Crayon-création » ?** Ma « Crayon-création », que je surnomme aussi ma « Forêt de crayons », est une forme d'art à technique mixte installée dans la maison de Jaina Davis à San Francisco en Californie. Je l'ai conçue et réalisée moi-même. Elle recouvre les murs, les rampes, les plafonds, les moulures, les plinthes, les étagères, trois portes depuis le premier étage jusqu'au troisième, en passant par le palier. En tout, ce sont 88 m² utilisés et 6 m de rampes.

Combien y a-t-il de crayons en tout ? D'après nos calculs, il y en a précisément 92 626.

Cela vous a pris longtemps ? Cinq ans, entre 1997 et 2002.

Le projet a coûté cher ? 50 000 dollars

D'où viennent tous ces crayons ? La plupart des crayons ont été achetés à deux centres de recyclage du coin. Les autres ont été commandés sur des catalogues de fournitures de bureau ou scolaires. Parfois, Jaina en a récupéré lors de ses promenades quotidiennes, sa maison étant située entre deux écoles. Elle a également vendu quelques biens lors d'une brocante où la seule monnaie en vigueur était le crayon de couleur ! Enfin, des boîtes de crayons ont été déposées anonymement sur les marches de la maison.

Vous n'avez utilisé que des crayons ? Non, il y a des gommes, des taille-crayons, un ou deux stylos à bille, et quelques fournitures de bureau, comme des agrafeuses, des règles, des compas et des paires de ciseaux. Il y a également une gigantesque boule à élastiques sur la rampe.

Qu'est-ce qui vous a inspiré ? Petit, j'ai été impressionné par ma visite du « Village des Bouteilles » de grand-mère Prisbrey, en Californie. Ma propre grand-mère m'a également appris l'art et l'artisanat populaires. Jaina avait toujours aimé les maisons originales et rêvait d'en posséder une rien qu'à elle.

Comment Jaina vit-elle entre ces murs de crayons ? Elle dit que ça sent tous les jours comme le premier jour à l'école ! »

Les étagères sont également fabriquées à partir de crayons et abritent des fournitures de bureau.

CLÉ DES CHAMPS
Le Birdsville Hotel and Pub, dans le désert de Simpson, en Australie, a beau être situé à 1 450 km de toute habitation, il reçoit tout de même 45 000 clients par an.

BLANC CASSÉ
Les deux plus hautes toilettes d'Europe se situent à 4 260 m d'altitude, en France, dans le domaine du Mont-Blanc.

TOUT DE TRAVERS

À Sopot, en Pologne, ce bâtiment complètement fou a été inspiré par les contes de fées. Les tuiles posées sur le toit font penser à des écailles de dragon. C'est l'architecte Szotynscy Zaleski qui a imaginé ce projet, en s'inspirant des dessins de l'illustrateur Jan Marcin Szancer. Le Centrum Rezydent fait 4 000 m². Au rez-de-chaussée, il héberge un café logiquement baptisé « Le déglingué ».

TUBE LOCAL
Xin Yucai, 50 ans, citoyen de la ville de Shenyang, en Chine, a construit sa maison dans deux gros conduits en ciment qu'il a achetés à une société de BTP. Fenêtres, porte, tout y est, même la cheminée. Il a refusé d'emménager dans l'appartement de sa fille, se plaisant bien plus dans son installation, devenue une attraction touristique.

SOVIET SUPRÊME
À Liepaja, en Lettonie, une ancienne prison soviétique a été transformée en hôtel. Les clients dorment sur des couchettes dans des cellules humides, récurent les toilettes et sont admonestés par le personnel.

MORTS VIVANTS
La population de Colma, en Californie, a beau se limiter à 2 000 habitants, ses cimetières totalisent plus de 1,5 million de cadavres. La devise de la ville est tout naturellement : « C'est formidable d'être vivant à Colma ! »

FUMÉE SANS FEU
En 2007, Kerry Morgan, de Briton Ferry, au pays de galles, a décidé de contourner la loi antitabac dans les lieux publics, en construisant son propre pub de 90 places chez lui.

LA VIE EN ROSE
La mairie d'Aurangabad, dans le Bihar, en Inde, a décidé de peindre de nombreux bâtiments de la ville en rose vif, dans le but de faire chuter la délinquance.

PIQUE À PIC
Un moustique géant en acier et en fibres de verre est installé à Upsala, dans l'Ontario (Canada). Le monstre, de 5 m de haut et d'une envergure de 4,5 m, porte entre ses pattes un homme de 1,8 m, ainsi qu'une fourchette et un couteau !

PAQUET-CADEAU
Le photographe hollywoodien Jasin Boland a trouvé le cadeau parfait de Saint-Valentin. Il a offert à sa fiancée Maria Moral Pena une maison d'un million de dollars, enveloppée dans du papier-cadeau. La maison, dans le Gloucestershire, en Angleterre, a été recouverte de 465 m² de tissu blanc clairsemé de cœurs rouges et noué par un énorme ruban rose.

LA MER À BOIRE
Ancré à 9,5 km des côtes dans le Golfe du Mexique, le bateau de Dave Steiner est un restaurant flottant de 10 m de long, proposant nourriture, boissons et appâts pour pêcheurs.

WC DE LUXE

Près de Séoul, en Corée du Sud, cette maison de 420 m² a la forme de toilettes, avec même une ouverture symbolique sur le toit. L'architecte Sim Jae-duck, né lui-même dans des cabinets, a utilisé de l'acier, du ciment blanc et du verre pour la construire. Cette maison de 1,6 million de dollars fait partie d'une campagne visant à sensibiliser le monde entier sur la propreté des lieux d'aisance. Bien évidemment, la propriété jouit de quatre toilettes luxueuses.

ROSE VERTE

À Magdebourg, en Allemagne, cette citadelle écolo de 11 000 m² a été le dernier projet de l'artiste autrichien Friedensreich Hundertwasser, mort en 2000. Ici, il n'y a rien en double, ni colonnes, ni portes, ni même les poignées des portes. Cet ensemble architectural rose, digne d'un dessin d'enfant, sans aucune ligne droite, a coûté 33,8 millions de dollars. On y trouve 55 appartements, un hôtel, des magasins, des bureaux. Les toits sont couverts de pelouses et de boules dorées.

DERNIÈRE DEMEURE

La Glass House de Boswell, en Colombie-Britannique (Canada), a été construite à partir de millions de bouteilles de liquide d'embaumement vides. David H. Brown fossoyeur à la retraite, a démarré le projet en 1952, en récoltant auprès de ses collegues plus de 250 t de bouteilles vides.

APPARTEMENT ÉPHÉMÈRE

8 artistes ont construit et meublé un appartement secret dans un centre commercial de Providence, dans l'État de Rhode Island, qu'ils ont habité pendant 4 ans. Pour leurs besoins, ils utilisaient les toilettes du centre.

MAISON DE NAINS

Le designer Jay Shafer, de Sebastopol, en Californie, habite dans une maison en bois de 9 m². Il l'a construite lui-même et l'a positionnée en surplomb d'une pommeraie. Outre des tâches ménagères réduites, ce type de maison fourmille d'avantages qui ont séduit un certain nombre de clients.

Caveau de famille

HAUT LA MAIN

À Watertown, Massachusetts, dans les années 1940, la curiosité locale était cette porte et son palier situés à 5,5 m au-dessus du trottoir.

MÉGATRONC ▶

À Urania, Louisiane, dans les années 1930, ce tronc massif de 15 m de haut servait d'habitation.

TOIT, TOIT MON TOIT

À Lorain, Ohio, en 1928, une tornade a soulevé le toit de cette maison et l'a délicatement reposé juste derrière.

PARKING ? NON, MERCI !

Ces panneaux de signalisation pour le moins farfelus étaient placés de part et d'autre d'une rue dans le centre de Randolph, dans le Vermont, dans les années 1980.

EN PLEINE FORME

Ce séquoia habité de Palm Springs, dans les années 1950, a la même forme que le General Sherman, l'immense séquoia qui trône dans le parc national de Séquoia, en Californie.

HOSTO DE POCHE

Dans les années 1930, la plus petite clinique vétérinaire du monde se trouvait à New York City et mesurait 1 m sur 4,5 m. Le bureau de son directeur, le Dr J. Lebish, était perché au premier étage.

PAS UNE ÉRAFLURE

En 1934, à Elgin, Illinois, une tornade a emporté l'arrière de cette maison mais pas la vaisselle, miraculeusement intacte.

ÉGLISE DE POCHE

Construite dans les années 1930, la petite cathédrale de Festina, dans l'Iowa, ne peut accueillir que 8 fidèles en même temps.

NOM DE NOM !

En 1930, Robert Ripley a été photographié devant la gare de la ville qui portait alors le nom le plus long du monde, au pays de Galles. Il s'agit de Llanfairpwllgwyngyllgogerychwyrndrobwllllantysiliogogogoch qui signifie « L'Église de sainte Marie au creux des noisetiers blancs proche d'un tourbillon rapide et celle de saint Tysilio de la grotte rouge ».

MAISON FLOTTANTE

En 1940, R. G. Letourneau, de Peoria, Illinois, a fait traverser le fleuve Illinois à la maison qu'il venait de construire, en la remorquant sans utiliser de barge. Étanche et clé en main (plomberie, chaudière et meubles), la maison en acier a simplement changé de rive.

MISE EN BIÈRE

En faisant l'état des lieux de l'un de ses appartements à Ogden, Utah, un propriétaire a eu la surprise de découvrir près de 70 000 cannettes de bière vides entassées jusqu'au plafond, dissimulant même les meubles. Cela correspond à une consommation de 24 bières par jour pendant 8 ans, la durée du bail de l'ancien locataire ! Recyclées, les cannettes ont rapporté 800 $.

BAR-BARE

À Nanjing, en Chine, les clients du bar Rising Sun Anger Release peuvent évacuer leur stress en brisant les verres et en molestant les serveurs, qui portent des bourrelets de protection.

POISSON-CLOWN

Les serveurs du restaurant japonais Ninja, à New York, font des tours de magie tout en servant leurs sushis aux clients.

PETIT POIDS

High Wycombe, dans le Buckinghamshire, en Angleterre, est la seule ville au monde qui veille au poids de son maire, pesé en début et en fin d'année pour vérifier qu'il n'a pas pris un gramme aux frais du contribuable.

FER VALOIR

À Scarrington, dans le Nottinghamshire, en Angleterre, 50 000 fers à cheval en métal composent la tour du même nom, qui mesure 5 m de haut pour un diamètre de 1,8 m.

DIAMANTS ÉTERNELS

Dans l'Arkansas, le parc national Diamonds autorise quiconque trouve des diamants à les garder pour soi.

ICE ICE BABY

Le Chillout est le nouvel endroit à la mode de Dubaï. Ce bar est entièrement fait de glace : tables, sièges, vaisselles. Il y a même une sculpture représentant les immeubles de Dubaï, ainsi qu'un lustre tout en glace. Manteau à capuche, gants de laine et chaussures isolantes sont disponibles, moyennant un supplément.

POUPÉE ÉTERNELLE

La tombe de Nadine Earles (1929-1933), à Lanett, Alabama, est recouverte d'une maison de poupée en briques, avec une poupée grandeur nature, un service à thé et des jouets.

MINE DE (PRESQUE) RIEN

S'ils étaient empilés l'un sur l'autre, les deux plus grands immeubles du monde ne suffiraient pas à remplir le cratère de la mine Kennecott Copper, dans l'Utah.

LACS INFINIS

Aux Philippines, îles et lacs s'enchaînent sans fin. Ainsi, une île se trouve au milieu du lac Crater situé sur l'île Volcano, elle-même sur le lac Taal, qui est sur l'île Luzon.

DOLLAR DE VIVRE

Dans les Keys, en Floride, le No Name Pub a la particularité d'avoir les murs et les plafonds tapissés de dollars. Depuis 20 ans, les clients écrivent des messages sur les billets de banque et les agrafent dans le bar. On estime à 100 000 $ la valeur totale de ces billets.

TUY-HÔTEL

Le Dasparkhotel, près de Linz, en Autriche, propose trois énormes tuyaux d'évacuation en guise de chambres. À l'intérieur, un lit double, des couvertures, une prise de courant et un espace de rangement. Les clients payent ce qu'ils veulent pour la nuit.

PÉTROLE, PÉTROLE

Le sous-sol de la préfecture d'Oklahoma City, dans l'Oklahoma, a été pendant pratiquement tout le XXe siècle un important champ de pétrole.

PARC À THÈME

Le Preussen Park a ouvert à Berlin en 2007. C'est la première aire de jeux entièrement dédiée aux retraités, équipée de 8 machines d'activités physiques, pour encourager les seniors à se maintenir en forme et à conserver des liens sociaux.

PLASTIQUE FANTASTIQUE

Tomislav Radovanovic, de Kragujevac, en Serbie, a passé 5 ans à construire une maison de 60 m² à partir de 13 500 bouteilles en plastique, y compris les meubles de cuisine et les fenêtres. Seules les fondations sont en béton.

POISSONS FAINÉANTS

L'inclinaison de la rivière de Chester Creek, à Westchester, Alaska, a été réduite afin de permettre aux saumons fatigués de remonter plus facilement le courant, et ainsi de retrouver plus vite leurs bassins de procréation.

EAUX CLAIRES

Les eaux du lac Little Limestone, situé à 450 km au nord de Winnipeg, dans le Manitoba (Canada), changent de couleur en fonction de leur température et de la présence de calcite. L'été, l'eau peut très facilement passer d'un bleu turquoise à un bleu tirant sur le blanc laiteux.

CROCOS HOSTILES

Des crocodiles élevés en captivité dans l'est de l'Inde ont été relâchés dans la nature pour protéger des animaux menacés par des braconniers. Aujourd'hui réintroduits dans les réserves de l'Orissa et de l'ouest du Bengale, ces crocodiles dissuadent sérieusement les malfaiteurs.

ÉGOUTS DÉGOÛT

Les égouts de Mexico City sont tellement remplis qu'une équipe de plongeurs doit nager chaque jour parmi les eaux usées pour éviter qu'ils ne se bouchent.

MOUCHE DE LÀ

Le principal souvenir à rapporter de Dunoon, en Écosse, est le moucheron. Ce petit insecte qui énerve tant les touristes est récolté par millions, puis vendu 7,50 € le pot de 10 000 unités.

CLASSE TOUS RISQUES

Le lycée San Saba de Rogan Field, au Texas, est surnommé « le cimetière » parce qu'il a été construit sur un véritable cimetière qui a conservé tous ses cadavres.

ÉCOLE DÉSERTE

En 2007, il n'y avait plus qu'un seul élève et un seul professeur à l'école de Dasu, en Chine. Une forte migration a progressivement vidé l'institution de ses 400 élèves, laissant bien seul Li Yongchun, maître d'école, après 25 ans de bons services.

MARQUÉ PAR LES MASQUES

Sa famille vous le dira : le petit Joshua Taylor est du genre imprévisible. Et pour cause : ce gamin possède une collection de plus de 400 masques !

Joshua, 6 ans, réside à West Jefferson, en Caroline du Nord. L'univers des masques le fascine depuis qu'à l'âge de 18 mois il a vu le téléfilm *Le Masque hanté*, qu'il n'a cessé de visionner depuis à la moindre occasion. Il a d'abord commencé par porter un masque de loup-garou du matin au soir, avant de se lancer dans la confection de ses propres masques à base… d'aliments.

Sa méthode est originale : une tranche de mortadelle ou une simple tortilla, dans laquelle il pratique à coups de dents des ouvertures pour les narines, la bouche et les yeux. Sa mère Angie raconte : « Il mâchonnait sa tortilla puis la plaçait au frigo quelques jours pour lui donner un aspect de bois patiné. Sa créativité m'abasourdissait. »

Joshua s'enhardit : il réalise ensuite des masques en papier mâché, jusqu'à cette soirée de Noël 2006 où il reçoit un kit de fabrication de masques en latex. C'est le déclic. Depuis, la fécondité du jeune artiste ne connaît plus de bornes. Humour, horreur, tout y passe !

Sa maman a le dernier mot : « Joshua est fasciné par les traits du visage humain. Le nez, les joues, la physionomie, c'est son terrain de jeu. Mais c'est aussi une forme d'art. »

Le petit Joshua Taylor est à la tête d'une collection de plus de 400 masques d'extraterrestres, de super héros et de squelettes de sa propre fabrication !

METS LA GOMME !

4 000 gommes à dessin : tel est le trésor amassé par Phoebe Syms, de Londres. Une passion qui la dévore depuis l'âge de 2 ans : elle a toujours adoré leur odeur et leur douceur ! 14 ans plus tard, rien n'a pu effacer sa passion !

DEMANDEZ LE PROGRAMME

Andrea Schecter conserve dans sa maison d'Oceanside, aux États-Unis, les programmes des 2 300 concerts et spectacles auxquels elle a assisté, de New York à Londres.

T'AS PAS DU FEU ?

Ted Ballard avait 6 ans quand il s'est mis à collectionner les briquets à Guthrie, dans l'Oklahoma. Il en possède aujourd'hui plus de 20 000.

DINGUE D'ÉPINGLES

Kevin Godden, natif du Kent, en Angleterre, collectionne les épingles à cravate depuis 1977. Il en possède pas moins de 1 300.

MUSÉE FIÉVREUX

Dans la cave de sa maison à Onset, Massachusetts, Dick Porter a accumulé 5 000 thermomètres, butin de 25 années de collecte. À l'en croire, ce serait le seul « musée du thermomètre » au monde, et le plus grand !

FEUX SACRÉS

Simon Patterson, 14 ans, habitant Merseyside, en Angleterre, a entrepris de collectionner les feux de signalisation. Le bougre possède 6 feux tricolores, une trentaine de gyrophares et des centaines de photos de feux du monde entier, que lui envoient ses amis en vacances. Pour rassembler sa collection, qui compte également de nombreux panneaux, Simon a pu compter sur la complicité des municipalités… et aussi sur eBay !

CŒUR DE BIÈRE

Un Australien nommé John Loveday a constitué une collection de plus de 6 000 cannettes de bière provenant de 78 pays. Pas une n'a été ouverte… car il ne boit pas ! Perfectionniste, il collectionne également les verres (1 500), les bouteilles (900), sans oublier les sous-bocks, boîtes d'allumettes, porte-clés, capsules et miroirs sur le thème de la bière.

TROP CÔNE !

David Morgan a sacrifié sa vie à l'amour des cônes de signalisation routière. D'abord, en travaillant pour le premier fabriquant mondial. Ensuite, en amassant depuis 20 ans une collection de 500 cônes dans sa maison de l'Oxfordshire. Sa méthode : échanger de vieux cônes usagés contre des neufs ! Sa plus belle prise : un cône malais échoué sur une plage des îles Scilly, au sud-ouest de l'Angleterre. Sans oublier un cône de 1980, chipé sur une piste d'atterrissage en Corse, pendant sa lune de miel !

À VOS CRAYONS !

L'Anglais John Little n'a jamais oublié le jour où il se fit gronder par le maître parce qu'il avait oublié son taille-crayon. Aujourd'hui, il en possède environ 1 500, amassés depuis 20 ans dans sa maison du comté de Durham. Ils proviennent du monde entier et sont en forme de kiwi, de banane, de boîte aux lettres, de pomme, de sabot ou de requin !

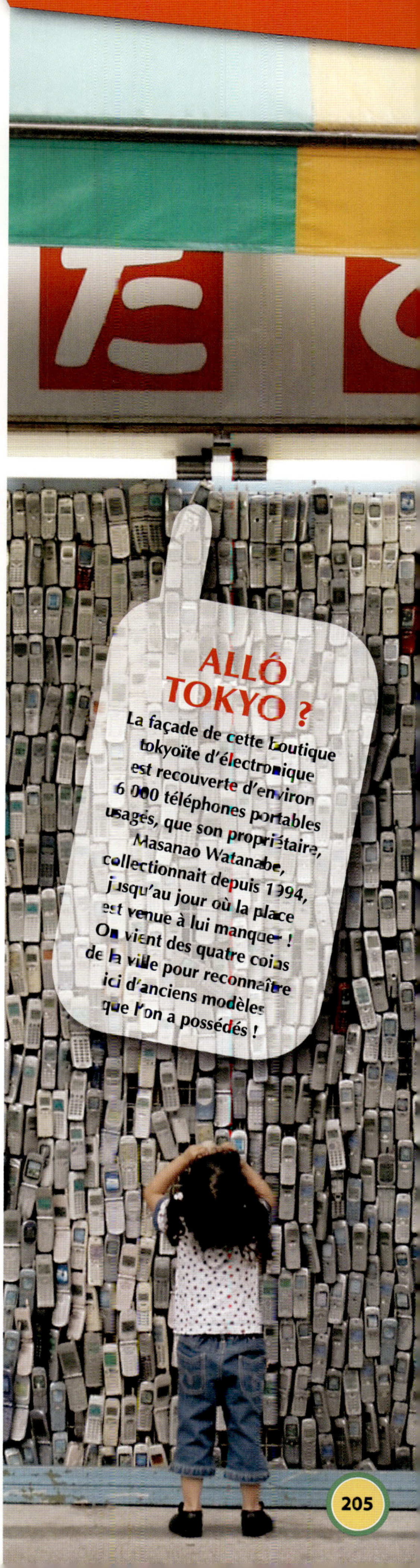

ALLÔ TOKYO ?

La façade de cette boutique tokyoïte d'électronique est recouverte d'environ 6 000 téléphones portables usagés, que son propriétaire, Masanao Watanabe, collectionnait depuis 1994, jusqu'au jour où la place est venue à lui manquer ! On vient des quatre coins de la ville pour reconnaître ici d'anciens modèles que l'on a possédés !

ALLUMETTES

Le collectionneur new-yorkais Joe DeGennaro possède plus de 100 000 étuis et boîtes d'allumettes. Il est aussi le plus éminent des quelque 1 000 membres nord-américains de la société Henry Rathkamp, du nom de son fondateur, célébrissime collectionneur d'étuis.

JOLIES MIGNONETTES

Leonard White, un homme d'affaires canadien de Vancouver, a thésaurisé pendant des dizaines d'années des flacons de liqueur miniatures. Il en possède 8 000, non décapsulés, dont certains en forme d'avions, d'animaux ou même d'Elvis Presley !

BROCANTEUR DU CIEL

La collection de Jim Bernath, un Canadien de Burnaby, se compose de débris de satellites et de fragments de météorites. Il possède notamment des quignons rassis provenant de la station Mir et des reliefs de satellites canadiens, hongrois, italiens et espagnols.

BOCAUX À LA FOLIE

C'est en 1975 que Lucille Bromberek, de l'Illinois, s'est mise à collectionner les bocaux à cookies. Elle en possède aujourd'hui 2 000.

LA DAME AUX SACS

Carol Vaughan, de Birmingham, peut se vanter de posséder plus de 8 000 sacs en plastique de toutes formes et de toutes dimensions. La maison de cette Anglaise de 64 ans, qui déteste jeter quoi que ce soit, abrite 52 autres collections, notamment 2 500 savonnettes, 500 boîtes en métal et 400 *mugs* !

À LA MASSE !

L'avenir appartient à ceux qui se marrent tôt. 30 ans que l'Allemand George Peters l'a compris : sans se frapper, il a rassemblé 3 000 maillets de 0,017 g à 70 kg venus du monde entier. Mais quel est donc le clou de sa collection ?

PASSION POISSONS

Bob Toelle collectionne les posters de poissons du monde entier. Ce Canadien en possède plus de 700 que l'on peut admirer sur son site web. Ses dernières acquisitions : le frai du saumon dans le Nord-Ouest Pacifique et les espèces croates d'eau douce en voie d'extinction.

TIRE-BOUCHONS

Si vous allez à Sydney, en Australie, exigez d'admirer la collection de Nicholas Hunt : pas moins de 1 000 tire-bouchons venus du monde entier. L'un des plus anciens date de 1838 !

EN PIÈCES DÉTACHÉES

GÉNIE EN TRANCHES

Il revint au Dr Thomas Harvey, pathologiste de l'université de Princeton, de pratiquer l'autopsie d'Albert Einstein en 1955. Il choisit de prélever l'illustre cerveau et de le détailler en 240 fines tranches conservées dans deux bocaux, eux-mêmes contenus dans des boîtes d'échantillons qu'il stockait dans ses diverses résidences. De temps à autre, il envoyait un échantillon aux chercheurs.
En 1997, le Dr Harvey rendit visite à la petite-fille du savant, en Californie. Il avait apporté l'encéphale dans le coffre de sa voiture et l'oublia chez elle. Comme elle n'en voulait pas, elle le lui retourna l'année suivante par colis postal !

CI-GÎT MON CŒUR

Thomas Hardy (1840-1928), célèbre poète et romancier britannique, avait émis le souhait d'être enterré dans son village natal de Stinsford, au cœur du pittoresque comté de Dorset. À sa mort, on proposa pourtant à sa femme de le faire inhumer dans le « carré des poètes » de l'abbaye de Westminster, à Londres. Afin de ne pas trahir sa volonté, elle accepta que ses cendres y reposent, mais pas son cœur, qui fut mis en terre à Stinsford.

CONCERTO POUR UN TIF

À la mort du génial compositeur allemand Ludwig van Beethoven, en 1827, on préleva une mèche de ses cheveux, en guise de souvenir. Un siècle plus tard, elle devenait la propriété de la Royal Philharmonic Society de Londres. Elle est aujourd'hui conservée à la British Library.

CRÂNE DE MONSTRE
Le crâne et la mâchoire supposés d'Adolf Hitler sont conservés aux Archives de la Fédération de Russie, à Moscou. Emballé dans deux couches de tissu, le crâne est enfermé dans une boîte de disquettes souples. Ironie de l'Histoire, Hitler avait ordonné que son corps fût brûlé, de crainte que ses restes ne soient saisis par les Soviétiques et exposés en Russie !

JAMBES D'AS
Les jambes artificielles du pilote de chasse Douglas Bader peuvent être admirées au musée de la RAF à Stafford. Bader reste en effet célèbre pour avoir combattu en héros durant la bataille d'Angleterre, quoiqu'il eût perdu ses jambes dans un accident, onze ans auparavant.

MAINS BALADEUSES
Les reliques de saint François-Xavier, missionnaire espagnol du XVIe siècle, étaient si demandées qu'elles sont aujourd'hui dispersées aux quatre coins du monde. Ainsi, sa main gauche se trouve à Cochin, en Inde, et sa main droite à Malacca, en Malaisie.

BRAS D'HONNEUR
L'amiral britannique Horatio Nelson fut amputé du bras droit après qu'il eut été criblé par la mitraille durant le siège de Tenerife, en 1797. Ce membre gît depuis en la cathédrale de Las Palmas, capitale des Canaries.

FAUSSES DENTS

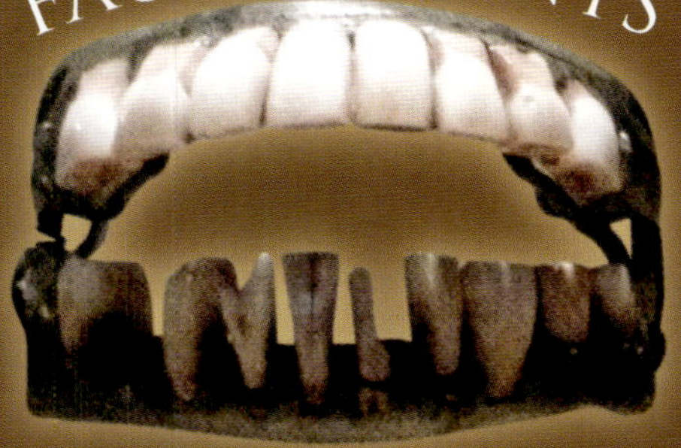

Le dentier de George Washington, équipé de ressorts et maintenu par des boulons, est le joyau du Musée odontologique de Baltimore. Un examen au laser, réalisé en 2005, a permis de démontrer que ses quenottes n'étaient pas en bois, comme on l'avait cru, mais en or, ivoire et plomb, et qu'elles se composaient même de dents humaines et animales – sans doute de singe et de cheval.

MEMBRE D'HONNEUR
Alors que sa jambe venait d'être emportée par un boulet durant la bataille de Gettysburg, on raconte que Dan Sickles fumait un cigare tandis qu'on le portait vers la tente médicale. Après amputation, il légua son membre au Musée de la médecine militaire, où il prit l'habitude d'emmener ses amis pour leur montrer sa bravoure.

TÊTE DE MORT
Oliver Cromwell était mort depuis trois ans et la monarchie rétablie lorsque, en 1661, le roi Charles II d'Angleterre ordonna que son corps fût exhumé et exécuté à titre posthume. On planta sa tête au bout d'un pieu à Westminster Hall. Elle y resta plus de 20 ans, en guise d'avertissement. Elle est aujourd'hui conservée dans une chapelle à Cambridge.

TROIS VERTÈBRES
Douze jours après qu'il eut assassiné le président Lincoln, John Wilkes Booth fut abattu d'une balle dans la nuque. Son corps fut enterré anonymement au cimetière de Baltimore, mais ses troisième, quatrième et cinquième vertèbres avaient été prélevées lors de l'autopsie afin d'extraire la balle. Elles sont aujourd'hui exposées au Musée de la santé et de la médecine de Washington.

VERRUE DU KING
Joni Mabe, *alias* « la poupée d'Elvis », conserve à Cornelia, en Georgie, la verrue du King dans un tube de formol, l'un des joyaux de sa collection de souvenirs de Presley. Elle a acheté ce trophée en 1990 au chirurgien de Memphis qui l'avait prélevée sur le poignet droit d'Elvis au moment de son incorporation.

BRIBES DE LINCOLN
Un fragment du crâne d'Abraham Lincoln est conservé au Musée de la santé et de la médecine de Washington, ainsi qu'une touffe de ses cheveux et la balle qui lui ôta la vie.

SELF-SERVICE
Après la mort de Catherine de Sienne en 1380, des pèlerins de toute l'Europe prirent la route pour toucher son corps, dans l'illusion que tous leurs maux seraient guéris. L'un de ces dévots poussa le zèle jusqu'à dérober un doigt de la sainte. Le pape Urbain VI fit mieux : il chaparda son crâne.

TU VIS, TUMEUR
Le Président américain Cleveland était atteint d'une tumeur au palais. Celle-ci est conservée dans un bocal au Mütter Museum de Philadelphie, en Pennsylvanie. Elle fut extraite par la bouche, nul ne sait trop comment

SUIVEZ CE DOIGT

Le savant italien Galilée (1564-1642) passe pour être le père des sciences modernes. En 1737, son corps fut exhumé pour être placé dans un mausolée de l'église Santa Croce à Florence. À cette occasion, le majeur de sa main droite fut prélevé. Depuis 1927, il fait partie des collections du Musée de l'histoire des sciences de Florence, où on peut aujourd'hui le voir. Ce doigt, dit-on, symbolise le progrès scientifique dont Galilée indiquait la direction.

Un talon fou !

Darlene Flynn a toujours trouvé chaussure à son pied. Et pour cause : depuis l'an 2000, cette Californienne collectionne souliers, bottines et autres escarpins. Elle possède environ 9 000 objets sur ce thème !

Darlene n'entasse pas seulement les chaussures, mais tout ce qui leur ressemble : meubles en forme de soulier, rideaux, papiers peints ou montres à motifs de chaussures, œuvres d'art, théières, savons, bourses, cuillères, bougies, dés à coudre, salières et poivrières, fournitures de bureau, téléphone à talon aiguille et même une brosse à dents électrique ! Chez elle, Darlene a aménagé des présentoirs de souliers miniatures. Elle en possède 7 000 en tout, mais sa plus belle pièce s'appelle Mme Vicky : un escarpin de 10 cm d'une valeur de 1 800 dollars.

Dehors, accrochée au mur, une cabane à oiseaux en forme de botte de cow-boy. Dans le jardin, des pots de fleurs en forme de souliers. Darlene est également très fière de son soulier de verre de Cendrillon, de ses flopées d'escarpins de Barbie, sans oublier une chaussure en cendres du mont St. Helens. Son rêve : une voiture-chaussure… et être invitée sur le plateau télé d'Oprah Winfrey !

Tout a commencé un soir d'Halloween. Invitée chez sa cousine, Darlene découvre sa collection de chaussures, héritage de leur grand-mère. « Immédiatement, j'ai su que je venais de trouver ma voie. Pourquoi des chaussures ? Parce que c'est le pied ! C'est vraiment plus fort que moi. »

Dans le placard à chaussures de Darlene, 200 paires « seulement », mais son modèle favori lui a été offert par son fils pour Noël 2006. Le gamin a passé 40 heures à réaliser une chaussure uniquement composée de pièces de monnaie – 15,07 $ en tout. C'est ce qu'on appelle avoir un coût de pompe !

« En 2006, j'ai organisé chez moi un banquet pour collectionneurs de chaussures. Il n'y avait que ça ! Les décapsuleurs étaient des souliers de Cendrillon, les porte-bouteilles, des escarpins en argent, et ainsi de suite. Et pour le dessert, non pas un chausson aux pommes, mais une crème glacée à talon aiguille qui m'a demandé entre 6 et 8 mois de creusement de cervelle : tout devait pouvoir se manger ! »

« Et voici quelques-uns de mes "souliers à coudre" ! Chacun mesure environ 2,5 cm. »

« Ce cabinet de curiosités n'est qu'un échantillon de mes modèles "Just the Right Shoe", une marque de souliers miniatures en résine par laquelle j'ai commencé ma collection. Chacune de ces petites merveilles est un condensé d'exactitude et de fantaisie. D'où leur succès. Cette année, ils s'apprêtent à sortir un modèle que j'ai créé et baptisé "Graffiti Gurl Black". J'en suis toute retournée ! »

« La plupart de ces souliers sont des modèles anciens ou "vintage". Certains m'ont été offerts, mais la plupart, je les ai achetés au cours de mes voyages en Europe et aux États-Unis. »

« Ma collection de broches-chaussures est, je crois, unique en son genre. J'en ai recouvert un mur de 1,5 sur 3 m. J'en possède environ 600. Mes préférées sont les modèles Hard Rock Café, prévention du cancer du sein et, bien sûr, toutes les bottines. »

ÇA ROULE ?

Michael Zarnock, de Deerfield (État de New York), possède quelque 8 128 modèles de voitures miniatures de marque Hot Wheels... encore n'est-ce que la partie émergée de sa collection, qui compte pas moins de 25 000 modèles réduits, la plupart exposés au Musée des Enfants d'Utica où ils occupent sept vitrines de 3,60 m. « Les gens savent quoi m'offrir pour mon anniversaire », philosophe ce passionné.

Pourquoi j'aime les petites autos

« Je me suis mis à collectionner les modèles Hot Wheels dès leur apparition, en 1968. Ma première acquisition fut une Silhouette, je crois. J'en avais vu une dans un épisode de *Mission impossible* et j'en étais tombé raide dingue !

Ma mère se souvient encore de ce soir de Noël où j'avais offert une Hot Wheels à tous les membres de la famille : j'avais pronostiqué qu'ils n'en voudraient pas et qu'ils me la donneraient. Pas si bête, à 10 ans ! Sauf que ça ne s'est pas passé comme ça : j'ai dû toutes les racheter !

Je collectionne aussi les emballages. Leur style a évolué, j'adore les comparer ! Ces autos, comme je dis toujours, c'est ma madeleine. Les admirer me détend et me rappelle quelle enfance merveilleuse j'ai vécue. Je n'ouvre même pas les emballages. Un peu comme si je voulais garder intact l'enfant que je fus.

Pas un jour ne passe sans que je cherche à agrandir ma collection. J'écume les magasins et les sites d'enchères sur Internet. Hélas, les modèles qui manquent à ma collection se comptent sur les doigts d'une main. Mais qui sait ? Il y en a peut-être dont je ne soupçonnais même pas l'existence...

Les Hot Wheels et leurs accessoires représentent 40 ans de ma vie passée. Et, je l'espère, 40 ans de ma vie future. »

DU MEILLEUR GOÛT

De Charles Manson aux plus légendaires cannibales, les pires criminels se donnent rendez-vous (en effigie) au Musée des *serial killers* de Florence. John W. Gacy, Ted Bundy et autres monstres américains sont de la partie. Il y a même des répliques de chambres à gaz et d'une chaise électrique.

MUSÉE DE PAPIER

Un Musée du papier peint ? Il y en a un en France, à Rixheim, qui raconte son histoire et comment on le fabrique, démonstration à l'appui.

AUPRÈS DE MON MARBRE

Le Musée du marbre d'Yreka, en Californie, retrace l'histoire de ce minéral et renferme de somptueux marbres peints de Chine, mais aussi une collection de tableaux sur ce sujet.

MUSÉE-POUBELLE

Un Musée des objets laissés pour compte : telle était l'idée de Rebecca Wolfram, artiste de Chicago. Comme promis, il présente au public des objets abandonnés dans la rue, tels que des poupées cassées, des T-shirts usés, des gants perdus, des poêles et des cafetières, sans oublier un cintre métallique en forme de requin.

VOUS AVEZ DIT BAZAR ?

Le Keswick Museum de Cumbria, en Angleterre, est un cabinet de curiosités riche d'un xylophone en ardoise de 4 m, d'une dépouille de chat du XIVe siècle, de la tasse à thé de Napoléon, des sabots du poète Robert Southey, d'une petite cuillère en tibia de mouton, et même d'un « piège à hommes »...

DRAIN-DRAIN QUOTIDIEN

L'Américain John Johnston fut un pionnier du drainage en terre cuite. Sa maison de Geneva, qui date de 1822, abrite aujourd'hui un musée consacré à cette technique d'évacuation des eaux. La collection fut entreprise en 1950 par Marion Weaver, un professionnel du drainage. Elle regroupe quelque 500 drains dont certains remontent au Ve siècle av. J.-C.

MÊME PAS VRAI

Le musée de Dannebrog, dans le Nebraska, est consacré aux mensonges. Tout y défie les apparences, telle cette boîte de balles de golf grosses comme des grêlons !

L'ÉGOÛT DES AUTRES

Un musée de Hambourg, en Allemagne, abrite des objets retrouvés dans les égouts de la ville.

BEAUTÉ DU LAIT

Le Musée de la laiterie et des crèmes glacées de Medina, dans l'Ohio, présente une série d'objets liés à la fabrication des glaces depuis l'Égypte antique. Très appréciée est la fontaine de limonade en forme de réverbère (1905).

TAMBOUR BATTANT

Alan Buckley, musicien anglais de 72 ans, a commencé à collectionner les tambours à l'âge de 8 ans. Il en possède aujourd'hui 110. Surnommé « Sir Alan » par ses amis, ce « noble chevalier » possède des tambours à timbre de 1809 et nombres de caisses des années 1920 et 1930. Sa collection renferme un tambour du théâtre Windmill de Londres, resté célèbre pour n'avoir jamais fermé guichet au cours de la Seconde Guerre mondiale.

VRAIS JETONS

On trouve à San Antonio, au Texas, un Musée historique du jeton en bois, qui renferme près d'un million de pièces anciennes. Le plus gros mesure 4 m de diamètre et pèse plus d'une tonne.

OBJETS VAUDOUS

Le Musée historique du vaudou, à La Nouvelle-Orléans, célèbre les pratiques anciennes et modernes de cette culture. Parmi les objets et poupées qu'il renferme, des souvenirs liés à Marie Laveau, la reine du vaudou, qui vécut au XIXe siècle.

ROULEZ PATINS

Le roller a son temple à Lincoln, dans le Nebraska : le Musée national du patin. On peut y admirer toute une collection de patins à roulettes anciens et de tenues de patinage.

PARADIS POUR PARASITES

Le musée Meguro de Tokyo, au Japon, est entièrement consacré à la parasitologie. Il abrite un bestiaire de quelque 300 parasites, au nombre desquels un ténia de 9 m extrait d'un corps humain !

DRÔLES DE TROLLS

Le Musée du troll, à New York, présente plus de 400 de ces créatures difformes et de toutes tailles, qui font la fierté de Jen Miller.

EST-CE TES TIQUES ?

Plus d'un million de tiques mortes reposent au Musée de la tique du Smithsonian Institute de Statesboro, en Georgie. Les chiens adorent.

L'ÉPATE D'AMANDE

Des dragons, des boucliers, des châteaux forts : autant de sculptures en pâte d'amande à dévorer du regard au Musée du massepain de Keszthely, en Hongrie.

VODKA RUSSE

Le Musée de la vodka, à Moscou, expose 50 000 bouteilles dont certaines ont 200 ans d'âge. À votre santé !

BRIQUES OU FRIC ?

Le règlement de l'Association internationale des collectionneurs de briques, basée dans l'Ohio, fait interdiction à ses quelque 1 000 membres de faire commerce de briques !

POPCORN STAR

Le Musée du popcorn de Wyandot, dans le Wyoming, abrite la plus importante collection de machines à popcorn et de grills à cacahuètes au monde. Certains de ces appareils datent des années 1890. Vous y admirerez une machine à popcorn ayant appartenu à Paul Newman, qui s'en servait dans les allées de Central Park à des fins caritatives.

MATIÈRE GRISE

Si vous allez à Lima, au Pérou, ne manquez pas le musée du cerveau humain, qui en renferme environ 3 000, tous endommagés. Partout ailleurs dans le monde, ce genre de collection ne se visite pas. Mais ici, vous verrez notamment le cerveau d'individus morts de la maladie de la « vache folle » ou de *trichinosis* (l'affection cervicale la plus commune au Pérou, causée par la consommation de viande insuffisamment cuite), ainsi que nombre de fœtus atteints de troubles neurologiques.

CRISTALLINE !

Ken et Annie Burkitt, un couple canadien de Niagara Falls, a incrusté en 2004 un million d'authentiques cristaux Swarovski sur la carrosserie d'une Mini Cooper. L'ensemble représente 11 symboles parmi les plus emblématiques du mythe américain.

Cette fresque scintillante comprend la statue de la Liberté, les sculptures géantes du mont Rushmore, le drapeau américain et la colline de Hollywood. Installer à la main, une par une, chacune des perles de cristal de cette « iconostase américaine » a demandé six mois de travail à quatre artisans. Les 50 teintes différentes des pierres utilisées, toutes de dimension égale, symbolisent les 50 États de l'Union. « Nous voulions rendre hommage à l'Amérique de la façon la plus éclatante possible, explique Ken Burkitt. Notre voiture change d'aspect selon l'éclairage et l'heure du jour. On dirait que sa parure de cristal s'anime d'une vie propre. » Cette éblouissante auto, en parfait état de marche, est à ce jour le chef-d'œuvre de ce couple remarquablement créatif, qui par le passé avait déjà habillé une limousine de 23 000 monnaies d'or et déguisé un bus à impériale londonien de quelque 100 000 pièces jaunes (des pennies anglais).

SUIVEZ LE GUIDE

Hayon : La Maison Blanche.

Toit : Le drapeau américain.

Côté gauche : La colline de Hollywood, la navette spatiale, le Capitole et l'obélisque de Washington, le Chrysler Building de New York.

Côté droit : Fort Alamo, le mont Rushmore.

Capot : La statue de la Liberté.

TURBO-WATERS

C'est la vision d'une cabine de W.-C. démontable emportée par un coup de vent sur une piste de dragster au Texas qui a donné à Paul Stender, de l'Indiana, l'idée de mettre au point des lieux d'aisance autopropulsés. Équipés d'un vieux moteur de Boeing de 340 kg, les petits coins à réaction de Stender peuvent atteindre la vitesse de 75 km/h et soufflent des jets de feu à près de 10 m. Le pilote, assis sur le trône d'origine, dispose d'un hublot. Le dévidoir, lui, a dû être supprimé car le moteur avalait le papier.

LIMO DE COURSE

Un ingénieur anglais de Manchester a mis au point une limousine capable de pointes à 275 km/h. Il s'agit d'une Ferrari 360 Modena que Dan Cawley a coupée en deux et rallongée de 3 m avec de la fibre de carbone « faite maison ». L'engin, qui mesure 6 m de long, passe de 0 à 100 km/h en moins de 6 secondes.

VOITURE À CROQUER

C'est pour fêter la Saint-Valentin qu'en 2007 un concessionnaire automobile de Qingdao, en Chine, a nappé de 200 kg de chocolat une Volkswagen Beetle préalablement enveloppée dans un film plastique.

À TOUTES PATTES

Lady Harley, originaire de Woodland Hills, en Californie, a couru plus de 320 000 km derrière la Harley-Davidson de Jeremiah Gerbracht. J'oubliais : c'est une femelle husky.

FÉLIN POUR L'AUTRE

La Subaru blanche customisée de Kelly Lyle, artiste américaine de Seattle, est vraiment immanquable : elle est tachetée comme un léopard. Kelly a peint une tête de panthère sur le capot et soudé des oreilles et une queue à la carrosserie, sur laquelle elle a collé des dizaines de figurines de félins. Les sièges sont recouverts de peaux de bête. Lyle elle-même n'y prend place que vêtue d'une combinaison panthère !

BOUTEILLES À LA MER

C'est en juin 2007 à Juneau, en Alaska, que le Californien Marcus Eriksen a mis à flot un drakkar constitué de 5 000 bouteilles en plastique recyclé, maintenues par des filets de pêche. Quant aux voiles, elles étaient faites de chemises usées. L'année précédente, Marcus avait navigué de Santa Barbara à San Diego (400 km) à bord d'une embarcation de 4 m en bouteilles plastiques.

PAPY SANS PAPIERS

Au cours d'un contrôle de routine en juin 2007, des policiers néerlandais ont arrêté un conducteur de 84 ans qui roulait sans permis depuis… 67 ans !

AUTO-REVERSE

Un Texan conduisant une auto, rien d'anormal. Mais un Texan conduisant deux autos ne peut être que Dennis Clay, qui a fixé une Beetle, à l'envers, sur le toit de la sienne. Il a baptisé le tout « Reflet ».

TRAIN À OXYGÈNE

Le train reliant Lhassa, capitale du Tibet, au réseau ferroviaire de la Chine populaire circule à une telle altitude que les passagers y bénéficient d'une alimentation en oxygène. Les voyageurs de plus de 60 ans ne sont acceptés que munis d'un certificat médical.

QUELLE PÊCHE !

Jackie Harris, de Houston, était propriétaire d'un break Ford de 1957. Ce Texan le recouvrit d'oranges, de pommes, d'ananas, de raisins et autres fruits en plastique. Puis il le rebaptisa « Fruitmobile ». Depuis, elle a plus de jus.

C'EST LA CHENILLE

Une ribambelle de 273 Mini Cooper, certaines venues du Connecticut et de l'Indiana, a défilé en juin 2007 à Virginia Beach, formant un ruban de plus de 8 km de long.

VÉLOS EN TÊTE

Un tricycle en forme de poisson : c'est à Didi Senft qu'on le doit. Cet Allemand de Storkow a vu grand : son engin mesure 3 m de haut, 9 m de long et se compose de 50 000 timbres de vélo soudés. Pour sa première sortie après six mois d'atelier, Didi a pris la direction d'un restaurant de fruits de mer, en mars 2007, revêtu d'un costume de diable, comme il se devait. En 2006, à l'occasion du Mondial de football, il avait conçu un vélo de 7,60 m dont les roues se composaient de 100 ballons en cuir.

AU PLUS HAUT D'ESSIEUX

13 tonnes, 4,70 m au garrot, 4 m de large : telles sont les mensurations de « Bigfoot 5 Truck », le monstrueux bébé de Bob Chandler, de Saint Louis, Missouri. Ce Frankenstein des casses auto l'a équipé de pneus géants de 3 m provenant d'un train militaire arctique en service dans l'Alaska dans les années 1950.

HEP, TAXI !
Kathleen Searles ne voulait pas prendre l'avion pour passer ses vacances en Grèce. Cette Anglaise de 89 ans a donc choisi le taxi ! Coût de cette course de 3 jours et 6 440 km : 4 000 $, alors qu'on trouve des billets d'avion à 120 $. Kathleen s'en fiche : elle a le sentiment d'avoir dépensé son argent à bon escient. C'est aussi l'avis du chauffeur, Julian Delefortrie : « Mme Searles m'a demandé si je voulais la conduire en Europe. J'étais ravi. Je ne me doutais pas qu'elle voulait la traverser ! »

PORC COMPRIS
C'est à la mémoire de Jeffrey Jerome, célèbre cochon apprivoisé, que le révérend Bryan Taylor de Houston, Texas, a dédié une voiture rose dotée d'un groin, d'oreilles et d'une queue en tire-bouchon.

VA DOUCEMENT !
6 heures : c'est le temps nécessaire à la Nasa pour véhiculer la navette spatiale de son hangar jusqu'à l'aire de lancement (5,5 km).

ATTERISSAGE FORCÉ
L'autoroute 41 du Wisconsin a servi de piste d'atterrissage en juillet 2007. William J. Leff, pilote de l'Ohio, a dû poser en catastrophe son T-6G, un appareil de 1946, à proximité de l'aérodrome du comté de Fond du Lac. Seule l'aile gauche a pâti de la manœuvre en percutant quelques panneaux de signalisation.

ROULE MABOUL
Des étudiants de Bay College, dans le Michigan, ont fabriqué un skate-board de 9,40 m sur 2,40 m, pesant 1 tonne et capable d'accueillir 28 personnes.

HOBBY : OVNI
Alfie Carrington a passé plus de 30 ans à fignoler une soucoupe volante dans le secret de son garage de Clinton, Michigan, en s'aidant de manuels d'aviation. Il y a englouti plus de 60 000 $ en tout. Et dire que ce fana de science-fiction est le premier à admettre qu'il n'y connaît rien du tout en informatique !

VAPEUR DE RIEN
Iqbal Ahmed a fabriqué une machine à vapeur pesant moins de 2 g. L'engin en cuivre de cet Indien de Nagpur ne mesure que 6,8 mm de haut et 16 mm de long. Son réservoir de 10 ml d'eau le propulse pendant 2 minutes environ !

LIVRE LUNAIRE
En 1969, Achille J. St. Onge de Worcester, Massachusetts, confia aux astronautes d'*Apollo 11*, première mission humaine à embarquer pour la Lune, un petit volume relié des mémoires de l'ingénieur Robert Goddard, concepteur des premières fusées à ergol. Ce livre, augmenté d'annotations de la main de Buzz Aldrin, fut évalué à son retour sur Terre entre 25 000 et 35 000 $.

VÉLO PERCHÉ
Le Canadien Brad Graham, de Thunder Bay, a fabriqué une bicyclette de 5,50 m de haut. Puis il l'a enfourchée et a parcouru 300 m.

SON GROS LAPIN
Larry Fuente, designer de Houston, a caparaçonné sa Volkswagen Beetle d'un monstrueux lapin blanc. Puis il a baptisé Rex Rabbit ce véhicule plutôt intimidant. Pas un coup d'essai : il avait déjà recouvert une Cadillac rose de flamants de même couleur.

MAL AIGUILLÉ
Tobi Gutt croyait avoir acheté un billet d'avion pour Sydney, en Australie. Cet Allemand s'est retrouvé à Sidney, dans le Montana. Un petit crochet de 12 875 km dû à une simple erreur de prononciation.

COURSE-POURSUITE
La police d'Orange Beach, dans l'Alabama, a poursuivi pendant 13 km un chauffard en état d'ivresse qui a fini par s'emplafonner en tentant d'échapper à ses poursuivants à plus de 160 km/h. Quelle fut leur surprise de découvrir que ce fuyard était… une fillette de 11 ans !

EN PLEIN AIR
Pourquoi 100 000 personnes se massent-elles chaque jour sur l'aéroport Suvarnabhumi de Bangkok ? Pour s'envoler ? Eh non ! Mais pour pique-niquer en plein air.

SEPT EN SELLE
Eric Staller a mis au point un vélo pour sept cyclistes. Ce Hollandais d'Amsterdam l'a baptisé CoBi, comme Conference Bike. Il est doté de trois roues de moto et, bien entendu, de sept selles. Chacun dispose de son pédalier, mais un seul du guidon. Ainsi propulsé, l'engin peut atteindre la vitesse de 24 km/h.

TÊTE EN BAS
Eelko Moorer est l'heureux concepteur d'une paire de bottes qui autorise ce Londonien à se suspendre la tête en bas aux barres de maintien des rames de métro, car elles sont équipées d'un talon à crochet.

LE DAUPHIN DU FIN

Ce vaisseau de 4,50 m ne se contente pas d'avoir l'air d'un dauphin : il bondit hors de l'eau tel un scombridé ! Le Néo-Zélandais Rob Innes et le Californien Dan Piazza l'ont équipé d'un moteur de 175 chevaux et d'une carrosserie en fibre de verre si légère que leur prototype peut jaillir à 3 m à seulement 24 km/h. Ce jet-ski d'un genre particulier est doté d'un cockpit semblable à ceux des avions de chasse.

Derrière cette modeste façade se cache un cockpit de Boeing 747.

ÇA PLANE POUR LUI

John Davis disposait d'une chambre inoccupée dans sa maison de Coventry. En 8 ans, cet Anglais y a installé la réplique exacte d'un cockpit de Boeing 747. Coût de ce simulateur de vol high-tech : 30 000 $. Pilote automatique, radar météo, bruit du moteur : il n'y manque rien, pas même l'écran sur lequel défilent des paysages du monde entier, chaîne des Alpes ou gratte-ciel de New York. John, qui s'est principalement fourni sur Internet, pousse l'illusion jusqu'à faire des annonces en cabine. Attachez vos ceintures !

John Davis a passé des heures sur le Web à étudier les photos d'un cockpit d'avion de ligne. L'exactitude avant tout, même pour voler dans sa tête !

cartoon-mobile

Robert Luczun, un enseignant en arts plastiques du New Jersey, a couvert chaque cm² de son pick-up Ford AR modèle 1928 de héros de *comics* ou de dessins animés.

Mariant ses deux passions, les voitures anciennes et les *cartoons*, il a passé plus de 2 800 heures sur quinze mois à peindre à l'aérographe un bestiaire de milliers de personnages, des *101 Dalmatiens* au *Monde de Nemo* en passant par *Rat Fink* et le *Dr Who*. Le résultat final constitue une véritable encyclopédie du genre, de 1896 à nos jours.

Après des mois de préparation, Luczun a patienté trois jours de plus pour débuter le 18 octobre 2004, 108e anniversaire de la première BD, *The Yellow Kid*, à laquelle il a réservé une place de choix sur son rétroviseur latéral.

Chaque élément a été dessiné à la main en deux étapes : une esquisse sur papier, puis le tracé définitif. Robert a dû désosser en grande partie le véhicule pour mener à bien son œuvre. Et sa volonté de le recouvrir entièrement l'a parfois obligé à travailler dans des conditions acrobatiques. Mais son incroyable pick-up est aujourd'hui une figure familière des festivals de BD et des salons de l'auto.

Sur le hayon arrière, des personnages empruntés au cartoon original de Robert Ripley, **Believe It or Not !**

Sur le réservoir, situé devant le pare-brise, se mélangent les héros de plusieurs séries : Harvey, Merrie Melodies, Warner Bros… Robert Luczun les a peints directement, suspendus au-dessus de son pick-up !

À l'intérieur, un Nemo en plastique trône au bout du levier de changement de vitesses… Et les portières elles aussi sont toutes deux décorées.

Luczun a compilé près de 600 études de Dalmatiens, choisissant les plus craquantes. Aucun des 101 Dalmatiens du film ne manque à l'appel, on peut lui faire confiance ! Quant au moteur, amovible sur le véhicule d'origine, il a été plutôt « facile » à peindre…

Le mot de l'artiste

« Les adeptes de la peinture à l'aérographe me prennent pour un deux dingue quand ils voient mon pick-up et ce que ça m'a demandé. Au moins, je suis sûr que personne n'essaiera de me copier.

Je me suis dit que chaque héros serait peut-être le préféré de quelqu'un, qui ne chercherait que celui-là, donc il fallait le réussir à la perfection. Une dame a dit à son mari, en repérant un personnage : « C'est de celui-là que je te parle depuis des années ! » Une fois, j'ai dû démonter la plaque d'immatriculation pour qu'un gars puisse prendre la photo d'un personnage… Il s'en est fait faire un tatouage.

Pour les « 101 Dalmatiens », j'ai accumulé des centaines d'études de chiots. Je voulais que chacun des 101 Dalmatiens apparaisse au moins une fois. Alors que j'avais presque fini, un morceau de papier est tombé par terre, avec deux chiots qui ne portaient pas de marque. J'ai tout recompté, il n'y en avait que 99… J'ai ajouté les deux manquants, et maintenant je suis sûr de les avoir tous !

Cette histoire de véhicule marrant qui puisse évoquer quelque chose à tout le monde a dépassé mon rêve de départ. Elle a sa propre vie. Certains artistes ont voulu participer et m'ont donné des planches originales au format 10 x 7,5, que j'ai fixées au plateau de mon pick-up.

Je crois que ce qui me fait le plus plaisir, c'est quand quelqu'un me dit : "Jamais je n'aurais cru revoir un jour ce personnage ! Merci de l'avoir fait revivre !" »

Comme dans un fauteuil

Une société de l'Indiana a mis au point un véhicule qui permet aux feignants de rouler sur la chaussée sans quitter le confort de leur fauteuil. Piloté par un joystick et doté d'un moteur à essence ou électrique, l'Armchair Cruiser peut atteindre 64 km/h et même faire marche arrière. Il comprend une glacière et peut pivoter à 360 degrés. Stéréo et design Harley-Davidson existent en option.

BÉBÉ BOLIDE

Stephanie Beane, de l'Ohio, fait du stock-car depuis l'âge de 10 ans. C'est en juin 2007, au Sandusky Speedway Motor-Sports Park, qu'elle a débuté ces compétitions automobiles où la vitesse peut atteindre 130 km/h. Elle a fini 5e face à 14 adultes. La première fois qu'elle est passée derrière le volant, elle avait 2 ans. Elle a débuté la compétition à 4 ans, apprenant à piloter un kart avant de savoir faire du vélo. Dès 6 ans, elle remportait des trophées plus grands qu'elle et signait des autographes… alors qu'elle ne savait pas encore écrire !

OISEAUX KAMIKAZES

En août 2006, au large de l'Alaska, un véritable essaim de puffins s'est jeté à l'attaque d'un bateau de pêche. Ils se sont écrasés par dizaines sur le navire.

PAS DU VOL

Zeng, collectionneur d'antiquités à Guangzhou, en Chine, achète des billets d'avion mais ne prend jamais aucun vol. Il passe juste au scanner de contrôle avec ses objets pour en vérifier l'authenticité.

PAS TOUT À FAIT DU VOL

Chaque samedi, à Dehli, en Inde, environ 40 personnes font la queue pour acheter des billets sur un vol qui ne partira pas. Contre 4 $, Chand Gupta offre aux gens qui n'ont pas les moyens de faire un vrai voyage aérien l'occasion d'en éprouver les sensations. Son Airbus 300 n'a qu'une aile et pas de feux de signalisation, mais les passagers attachent tout de même leur ceinture, pour un voyage virtuel. Ils assistent ainsi en toute sécurité à la démonstration du gilet de sauvetage et écoutent tranquillement les annonces des hôtesses et stewards.

RECALÉE AU CONTRÔLE TECHNIQUE

Une Norvégienne de 79 ans s'est vu refuser le renouvellement de son permis après une épreuve de bras de fer perdue contre son médecin.

ACCÉLÉRATION FULGURANTE

Une Ferrari Enzo rouge s'est vendue 1 million de dollars aux enchères sur eBay Royaume-Uni, en 2006. Mise à prix : 2 $.

MO-TI-VÉS !

En 2007, en Inde, un train de banlieue qui avait calé est reparti… grâce aux centaines de passagers descendus pousser.

COUVERTS À EMPORTER

Elmer Fleming, de Columbia, en Caroline du Sud, a transformé son pick-up Chevrolet en ustensile de cuisine. Il a rivé 1 480 cuillères à la carrosserie.

L'AVION EN TRAIN

Un passager clandestin russe de 11 ans a fait 1 300 km, par – 50 °C, dans le train d'atterrissage d'un Boeing 737. Andrei Lyssov, découvert à l'arrivée, a été conduit à l'hôpital pour soigner ses engelures. Ses vêtements avaient gelé sur lui !

FILLES DE L'AIR

Quelque 2 000 abeilles se sont dispersées près de Billings, dans le Montana, en septembre 2007, lorsque le camion qui transportait leurs ruches s'est renversé. Il convoyait 465 ruches peuplées de 13,7 millions d'abeilles vers la Californie. Heureusement, la plupart des abeilles n'ont pas bougé. Et comme le temps s'est gâté en fin de journée, les 2 000 fugitives sont retournées dans leurs ruches.

VÉLO PERCHÉ

Michael Mooney, d'Asheville, Caroline du Nord, collectionne les vélos format XXL. Il roule régulièrement sur des engins de 1,80 et 3,60 m de haut, mais en 2007, il a voulu se surpasser : il a décidé de grimper sur un vélo de 13,40 m, plus haut qu'une maison d'un étage, toit compris. Il y est parvenu, au Lexington Avenue Arts and Fun Festival, pédalant sur plusieurs mètres avant de chuter.

COCOTTE À ROUES

La plus vieille auto en état de marche, La Marquise, une De Dion-Bouton de 1884, s'est vendue en 2007 à Pebble Beach (Californie) pour 3,5 millions de dollars. Il faut 1 heure de chauffe à cette 4 places à vapeur, qui roule au charbon, au bois et au papier, pour démarrer.

À TOUTE BERZINGUE

En janvier 1862, John Ericsson, un ingénieur suédois, a produit un cuirassé pour la marine américaine l'USS *Monitor*, en seulement 118 jours.

UN DRAKKAR RENAÎT

Un navire viking du XIe siècle a été entièrement reconstitué, à partir du bois de 300 chênes. Avec ses 30 m de long, *L'Étalon des mers* tient grâce à 7 000 rivets et clous de fer. Le navire d'origine a coulé au sud de Copenhague vers 1072, où il est resté près de 900 ans avant d'être remonté.

ATTENTION DERRIÈRE !

Un conducteur a été arrêté par la police près de la ville de Kalgoorlie, dans la brousse australienne, après avoir roulé 20 km en marche arrière.

T'AS VU LA CAISSE ?

Cette Fiat « aplatie » (hauteur : 56 cm) a été bricolée en 3 jours par Andy Saunders. Problème : avec ses 1,90 m, il ne rentre pas à l'intérieur… On voit ici Jim Chalmers, l'un de ses amis, la piloter.

Andy Saunders a mis 6 mois à s'inventer une Citroën Picasso. Rien à voir avec le modèle de série : ici, phares et clignotants s'inspirent du portrait de Dora Maar par Picasso (1937). Malgré son allure déroutante, cette 2 CV est capable d'atteindre 105 km/h. Elle ne roule que le jour, bien sûr ! Et pour signaler qu'il va tourner, le conducteur doit passer le bras par la portière.

Andy Saunders aime les métamorphoses. Ce roi de la customisation, qui vit dans le Dorset, en Angleterre, a une préférence pour les voitures américaines des années 50, mais toutes l'inspirent. Mécanicien auto, il passe son temps à étudier la forme des pare-brise, des phares et autres accessoires qu'il trouve en particulier dans des casses automobiles. On lui doit de nombreuses créations bizarres, dont les deux ci-dessus et à gauche, ou encore une voiture qui ressemble à une navette spatiale.

ROLLER MAN

Le Français Jean-Yves Blondeau peut prendre les voies rapides et même dépasser les motos grâce à son invention, le Buggy Rollin, une armure de plastique garnie de roulettes aux articulations, sur le torse et dans le dos, qui lui permet de foncer dans n'importe quelle position, jusqu'à 100 km/h.

LE PAPE EN VEUT UNE

Rebecca Caldwell, d'Oakland, Californie, a conçu une voiture qui ressemble à une cathédrale gothique, arcs-boutants, vitraux et gargouilles compris. Elle est partie d'un corbillard Cadillac de 1971, sur lequel elle a greffé les morceaux d'une Coccinelle.

LIÈGE BIEN DÉCORÉ ?

Jan Elftmann, de Minneapolis, a décoré son pick-up Mazda de plus de 10 000 bouchons de bouteilles de vin et de champagne, collectés durant ses 13 années de serveuse dans un restaurant italien. Elle exhibe son œuvre lors de festivals, vêtue d'une robe de bal ornée elle aussi de bouchons de liège.

HEAVY METAL

Une moto géante de 5,30 m de long et 2,30 de haut, mue par un moteur de char d'assaut qui pèse près de 2 t, a été créée par une équipe de mécaniciens et de soudeurs à Zilly, en Allemagne. Ils ont mis 1 an à réaliser cet engin, baptisé *Led Zeppelin* par son créateur, Tilo Nieber.

À QUAND LA MÉDAILLE ?

Muriel Gladwin, une Anglaise de 94 ans, totalise 82 années de conduite et 965 600 km parcourus sans le moindre accident. Elle a appris seule, à l'âge de 12 ans, et n'a jamais été verbalisée pour excès de vitesse.

MACROSILLONS

Des ingénieurs japonais ont conçu un modèle de pneu « mélodique » dont les sculptures produisent, par frottement sur la chaussée, une vibration aiguë.

ÉCOLOMOBILE

Des étudiants de l'université de Warwick, en Angleterre, ont créé une voiture écologique, à la carcasse végétale et aux pneus fabriqués à partir de pommes de terre. La carrosserie d'Eco One est en colza et chanvre, les pédales de frein en noix de cajou. Du blé et de la betterave à sucre fermentés fournissent le carburant… Pas convaincus ? Pourtant, elle atteint 97 km/h en 6 secondes et peut monter jusqu'à 240 km/h !

DE BRIQUE ET DE BROC

Mark Monroe et ses étudiants texans de l'Austin College ont créé un break donnant l'impression d'être fait de briques. La Brickmobile est en fait une Ford Country de 1968 à laquelle sont fixés 839 carreaux de céramique imitant la brique.

MERCEDOS

Une Américaine a passé 4 ans à recouvrir sa voiture de plus 1 000 os d'animaux. B. J. Zander a décoré sa « Mercedes Bonz » (en fait une Volvo) d'os de bœuf et de poulet que lui ont gentiment fournis ses amis, son boucher et son chien.

EXCÈS DE CHAISE

Un Allemand en fauteuil roulant a été arrêté par la police pour excès de vitesse : il roulait à 64 km/h, soit 2 fois la limite autorisée. Günther Eichmann, de Geseke, avait « débridé » le moteur électrique de son fauteuil pour rouler plus vite.

VITE, AU BAR !

Quand Tim Arfons a envie de boire un verre fissa, il saute sur son tabouret à réaction. Propulsé par une turbine à gaz, Tim et son tabouret ont fait une pointe à 64 km/h sur le circuit auto de Norwalk, dans l'Ohio.

TRICYCLE ÉLECTRIQUE

Pour le tracter quand il fait du roller, le célèbre skater suisse Stephan Soder a conçu un modèle de tricycle capable d'aller à 19 km/h. L'Easyglider X6, tricycle électrique à traction avant, est équipé d'un frein à main, d'un phare et d'un dérailleur 3 vitesses.

POT DE YAOURT À HÉLICE

En quête d'un véhicule qu'il pourrait exhiber dans les salons automobiles comme dans les meetings aériens, Dave Major, du Kansas, a créé l'Aerocar, croisement entre une petite BMW 600 de 1959 et un avion. Cette voiture capable de faire de la route possède une hélice en bois actionnée par un moteur électrique, la queue d'un avion et des pneus de jet. Elle dispose également d'un tableau de bord avec altimètre et indicateur de vitesse du vent. Elle n'a jamais décollé.

ARAIGNÉE MÉCANIQUE

Deux Canadiens de Vancouver ont mis au point une énorme araignée mécanique qui se chevauche et se pilote : la Mondo Spider, 1,5 m de haut, 2,4 m de large, moteur Honda et 8 pattes actionnées par des pompes hydrauliques. Se mouvant comme une araignée, elle peut avancer à la vitesse d'un homme qui presse le pas.

MA TOYOTA EST EN PLASTIQUE

Ephraim Eusebio, de Minneapolis, conduit une Toyota Previa modèle 1991 couverte de plaques de gazon artificiel trouvées dans les poubelles d'un théâtre.

JET LUGE

Allongé sur le dos à quelques centimètres de l'asphalte, l'Anglais Joel King, du Sussex, a atteint 180 km/h sur sa luge à béton en août 2007. D'après lui, le plus dur est de s'arrêter : « Lorsqu'on a fini, il faut couper le moteur et freiner avec les pieds, ce qui à cette vitesse-là est assez intéressant... »

Pas froid aux yeux

Miles Hilton-Barber durant son incroyable trek à travers les neiges de l'Antarctique.

En avril 2007, Miles Hilton-Barber a piloté un minuscule ULM sur 21 500 km, de Londres à Sydney. Ce voyage exceptionnel en 118 étapes lui a pris 55 jours. Mais le plus remarquable, c'est que Miles est aveugle.

Cet Anglais de 59 ans originaire du Derbyshire n'en est pas à sa première aventure. Au cours de la dernière décennie, il a fait le tour du monde en bateau, escaladé les plus hautes montagnes, traversé le Sahara à pied, tiré un traîneau sur 400 km en Antarctique et effectué plus de 40 sauts en parachute.

Miles s'est inspiré de l'exemple de son frère Geoff, aveugle lui aussi, qui a relié l'Afrique du Sud à l'Australie, seul, dans son voilier en 1999. « C'est ce qui m'a fait réaliser que le problème dans ma vie n'était pas ma cécité, mais mon attitude par rapport à ça », explique-t-il.

Accompagné par une personne valide, son ami Jon Cook, Miles, qui est aveugle depuis 25 ans, a gravi l'Himalaya, jusqu'à l'altitude de 5 335 m, puis le Kilimandjaro et le mont Blanc, plus hautes montagnes d'Afrique et d'Europe, respectivement.

En 2001, Miles a couru l'Ultra-Marathon de 11 jours organisé en Chine, et l'année suivante, il a participé au Marathon des glaces, en Sibérie, la course du froid extrême. Quelques semaines plus tard, il faisait la traversée du désert du Qatar en 78 heures non-stop, sans dormir.

Accompagné par deux amis handicapés, il s'est lancé en 2003 dans une expédition de 61 155 km autour du monde, en relevant un défi : faire appel à plus de 80 formes de locomotion originales. Il fit entre autres un passage en ballon au-dessus du désert du Nevada, un trajet à dos d'éléphant et un autre à bord d'une voiture de course fonçant à 200 km/h.

Quatre ans plus tard, accompagné par un copilote valide, Richard Meredith-Hardy, Miles a relié en ULM la Grande-Bretagne à l'Australie, survolant 21 pays. Il a dû affronter la chute du thermomètre en altitude et les tempêtes tropicales. « Les seules limites sont celles que nous nous imposons », affirme-t-il avec philosophie.

Miles (à gauche) et son compagnon Jon Cook ont chaussé les skis pour traverser l'Antarctique.

Miles (à gauche) chevauchant une autruche en Afrique du Sud, lors de son périple autour du monde.

Son incroyable vol en ULM de Londres à Sydney a permis à Miles de réaliser une autre de ses ambitions : “Quand j'étais gamin, explique t-il, je voulais être pilote. Et puis je suis devenu aveugle, et on m'a dit que je ne pourrais jamais...”

Avec sa canne blanche, Miles guide un ami paraplégique, Mike Mackenzie, sur le fond de la mer Rouge.

L'escalade au piolet des crêtes enneigées des Cairngorms, en Écosse : l'un des défis relevés par Miles (à droite) et son compagnon Jon Cook.

Miles descend en rappel la montagne de la Table, au Cap, en Afrique du Sud. Il fut le premier aveugle à accomplir cet exploit.

PROFESSEUR PLOUF

Darren Taylor, un Américain du Colorado, plonge d'une plate-forme située à 10 m de haut… dans une piscine gonflable dont la profondeur n'excède pas 30 cm ! Taylor, qui se fait appeler « Professeur Plouf », a commencé à l'âge de 4 ans et s'est spécialisé depuis 2000 dans les plongeons en eau (très) peu profonde. « Il n'y a pas vraiment de méthode, c'est très dangereux », explique-t-il, ajoutant que sa technique consiste à « glisser sur l'eau ». Ne cherchez pas à l'imiter, les enfants !

Avec une cible aussi petite, il sait que le moindre faux mouvement serait fatal.

Taylor cherche à faire un « plouf » maximal : plus ça éclabousse, mieux sa chute est amortie !

Taylor assure que lorsqu'il se tient prêt, sur la plate-forme, il prend soin de ne jamais regarder la petite piscine qui l'attend en bas !

L'INTERVIEW

« Comment faites-vous pour réussir vos plongeons ? Je saute et me relève d'un bond pour disperser l'énergie de l'impact.

Que ressentez-vous ? Le choc est violent, j'ai des bleus pendant plusieurs semaines – et ça, c'est quand j'ai réussi.

Comment vous préparez-vous mentalement ? Je me remémore tous mes sauts et je reste concentré sur les aspects essentiels du processus.

Vous ne vous blessez pas ? Si. L'impact a des effets étranges sur mon corps, à l'intérieur et à l'extérieur. Le bas de ma cage thoracique encaisse l'essentiel du choc : après ça, difficile de rire sans avoir mal.

Pourquoi faites-vous ça ? Pour me prouver que j'en suis capable. Il n'y a rien de mal à être le meilleur au monde dans sa spécialité… »

TÊTE ENREGISTREUSE

Nischal Narayanam, 11 ans, de Hyderabad, en Inde, est capable de mémoriser 225 objets, quels qu'ils soient, dans l'ordre exact où on les lui a présentés.

MINIPAPARAZZI

À 14 ans, Austin Visschedyk a déjà un métier : paparazzi. Réalisant qu'ils pouvaient gagner de l'argent en prenant des photos des gens célèbres qui vivent près de chez eux (West Hollywood), Austin et son copain Blaine Hewison-Jones (15 ans) hantent le soir les lieux fréquentés par les célébrités. Les paparazzis en herbe doivent rentrer chez eux à 22 h 30 et travaillent leurs photos avant d'aller se coucher. Austin a déjà vendu 500 dollars un cliché de l'acteur Adam Sandler sortant de sa salle de gym !

GARÇON, UN VERRE !

Chris Hardacre, de Doncaster, en Angleterre, est barman. Il n'a pourtant que 12 ans… Son père David, qui tient un pub, l'a dûment formé à tenir le bar sous la supervision d'un adulte.

AU PIF

À l'âge de 13 ans, Pat Marquis, de Glendale, savait jouer au ping-pong, au billard, conduire, lire, reconnaître des cartes à jouer, faire de l'escrime… tout ça, les yeux complètement bandés.

FLIQUETTE VOLANTE

En avril 2007, dans l'Indiana, une tornade a soulevé une voiture de police à 35 m dans les airs. La conductrice, Shayna Mireles, s'en est tirée indemne.

DISTRAIT

Il a fallu qu'un train lui passe dessus pour qu'Alexander Fischer, qui s'était endormi sur les rails, se réveille. Couché dans le bon sens, il n'a pas été blessé.

ATTENTION EN BAS !

Lors de son premier saut en parachute, Benno Jacobs, de Bloemfontein, en Afrique du Sud, a eu la désagréable surprise de ne pas voir s'ouvrir complètement son parachute. Après une chute de 1 000 m, il a atterri sans égratignures.

SENS DESSUS DESSOUS

En 2007, Antonio Montagno a passé 3 jours sans boire ni manger, la tête en bas, coincé dans un arbre après un accident de parapente, près de Florence.

PRIÈRE DE NE PAS DÉRANGER

En Virginie-Occidentale, un homme endormi a reçu une balle dans la tête et ne s'est pas réveillé… du moins, pas tout de suite. Michael Lusher ne s'est rendu compte de rien. Il a continué à dormir et s'est réveillé 4 heures plus tard, la tête en sang.

POUR MÉMOIRE

À 73 ans, Lowell Davis, de Savannah, Missouri, s'est mis à noter le nom de tous les gens qu'il se rappelait avoir rencontrés depuis l'âge de 3 ans. À 83 ans, en 1983, il en était à la page 59 de son carnet, y inscrivant le 3 487e nom.

JI TE LÈVE D'UN DOIGT !

Ji Fengshan, un Chinois de 56 ans, est capable de soulever des poids incroyables avec son seul majeur. Le voici en train de faire des tractions, suspendu par le doigt à un fil, tout en levant 45 kg de briques du majeur de l'autre main. Ji, qui muscle ses doigts depuis 40 ans, a tiré un jour avec le majeur une file de 4 taxis, sur 1 mètre.

Le crayon dans l'œil

Enfant, Stephen Wiltshire ne parlait pas et ne communiquait avec personne. Autiste, il avait des crises de rage incontrôlées et vivait entièrement dans son monde. Il fut incapable d'apprendre à parler correctement jusqu'à l'âge de 9 ans. Cependant, il possédait déjà un talent incroyable pour dessiner, de mémoire, des sites entrevus une seule fois.

Il suffit à Stephen de jeter un seul regard à un édifice pour être ensuite capable de le reproduire fidèlement sur papier. À 12 ans, il fit un brillant croquis de la gare Saint-Pancras de Londres, qu'il venait de découvrir brièvement quelques heures plus tôt. Il dessina même l'horloge et ses aiguilles marquant 11 h 20, moment précis de son passage.

En 2001, après un vol en hélicoptère au-dessus de Londres, il traça en moins de 3 heures une vue cavalière du centre-ville, comprenant 12 grands monuments et plus de 200 bâtiments, en respectant l'échelle et la perspective. En 2005, après un court survol de Tokyo, il en dessina sur une toile de 10 m de long un spectaculaire panorama. Depuis, il a répété cet exploit à Rome, Hong Kong et Francfort.

Stephen dessine aussi des vues imaginaires. À l'âge de 8 ans, après avoir découvert dans un livre les photos d'un tremblement de terre, il se mit à créer des paysages fantastiques sur le même sujet. Ses œuvres sont aujourd'hui si recherchées qu'il a sa propre galerie, à Londres, où elles sont exposées en permanence.

Le Royal Albert Hall, à Londres.

Le centre de Manhattan, à New York.

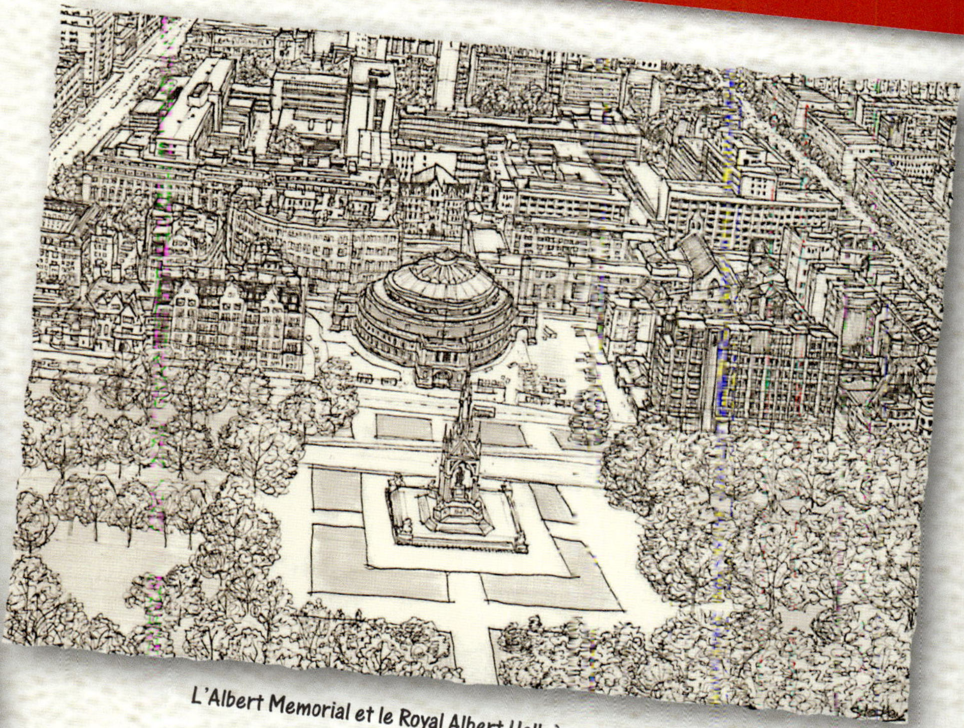

L'Albert Memorial et le Royal Albert Hall, à Londres.

DRÔLES DE GÉNIES

- Kim Peek, de Salt Lake City (Utah), lit jusqu'à 8 livres par jour. Il le fait à une vitesse phénoménale, scannant la page de gauche avec son œil gauche, tandis que son œil droit déchiffre la page de droite ; de cette manière, il retient 98 % des informations. Là où un adulte ordinaire a besoin de 3 minutes pour lire, Kim le fait en 10 secondes.
- Tony DeBlois, du Massachusetts, est né aveugle mais a commencé le piano dès l'âge de 2 ans. Il sait aujourd'hui jouer de 20 instruments différents et connaît 8 000 morceaux par cœur.
- David Kidd est à peine capable de donner le résultat d'une opération arithmétique simple ; néanmoins, si on lui indique une date, il peut immédiatement dire à quel jour de la semaine elle correspond.
- Derek Paravicini, du Surrey, en Angleterre, est malvoyant et apprend très difficilement, mais il est capable de jouer n'importe quel morceau de musique après l'avoir écouté une fois.
- Daniel Tammet calcule à une vitesse stupéfiante. Il réalise plus vite qu'un ordinateur des opérations complexes, comme le calcul d'une racine cubique, et il connaît 22 514 décimales du nombre Pi. Mais il est autiste et incapable de différencier sa droite de sa gauche.
- Quoique né aveugle et atteint de lésions au cerveau, Leslie Lemke, sans avoir pris la moindre leçon de piano, a su interpréter le Concerto pour piano n° 1 de Tchaïkovski après l'avoir entendu à la télévision.

Le Chrysler Building, à New York.

L'AVALEUR DE FORETS

À Cologne, en 2007, le Britannique Thomas Blackthorne s'est introduit dans la gorge les 25 cm d'une monstrueuse mèche de marteau-piqueur qui sert habituellement à défoncer le macadam. Ensuite, il l'a enclenchée, la faisant tourner pendant 5 secondes. Oui, il a survécu ! Sa grande peur, a-t-il déclaré, était que le méga-foret reste coincé ou qu'il lui fasse sauter toutes les dents.

DANS L'ŒIL DU CYCLONE

Prise dans une tornade en Australie, dans l'État de Nouvelle-Galles du Sud, Ewa Wisnierska, une parapentiste allemande, s'est retrouvée aspirée par le tourbillon et projetée à près de 10 000 m, soit plus haut que l'Everest. Elle s'est élevée à 20 m par seconde, ce qui lui a fait perdre connaissance, et a dû subir pendant 80 minutes la foudre, des grêlons gros comme des balles de tennis, des températures de – 45 °C et la raréfaction de l'oxygène. Elle a repris conscience 45 minutes plus tard et est parvenue finalement à se poser, à demi-asphyxiée et couverte de glace, à 64 km de son point d'envol.

UN PEU EN AVANCE

En août 2007, l'Université baptiste de Hong Kong a accepté comme étudiant Tian Boedihardjo, un jeune prodige des maths âgé de… 9 ans.

MÉCANICIEN AVEUGLE

Bien qu'ayant perdu la vue dans un accident de voiture, Larry Woody n'a pas lâché son job de mécanicien auto à Cottage Grove, dans l'Oregon. Et pour prouver qu'un handicap n'est pas une entrave, il a engagé un assistant sourd.

MARY POPPINS

Arrachée par le vent du 6ᵉ étage d'un immeuble au mois de mai 2007, Zhang Haijing, une écolière, a atterri sans encombre, grâce a son parapluie ouvert.

ACCIDENT HEUREUX

Bryan Rocco, de Vineland, dans le New Jersey, a été sauvé en s'écrasant en voiture contre un arbre ! Il avait avalé de travers une rondelle d'oignon et s'étouffait au volant quand il a percuté un arbre, ce qui a eu pour effet de déloger le morceau d'oignon de sa trachée.

EXPERT EN COULEURS

Un jeune Hindou de 3 ans sait identifier 167 pays grâce à leur drapeau. Aazer Hussain, de Bangalore, a appris en 11 jours à les retenir, après que ses parents lui ont offert un poster les représentant tous.

LE DRAPEAU HUMAIN

Dominic Lacasse, gymnaste et acrobate canadien, peut maintenir son corps 39 secondes à l'horizontale, accroché par les bras à un mât, ce qui demande une certaine force !

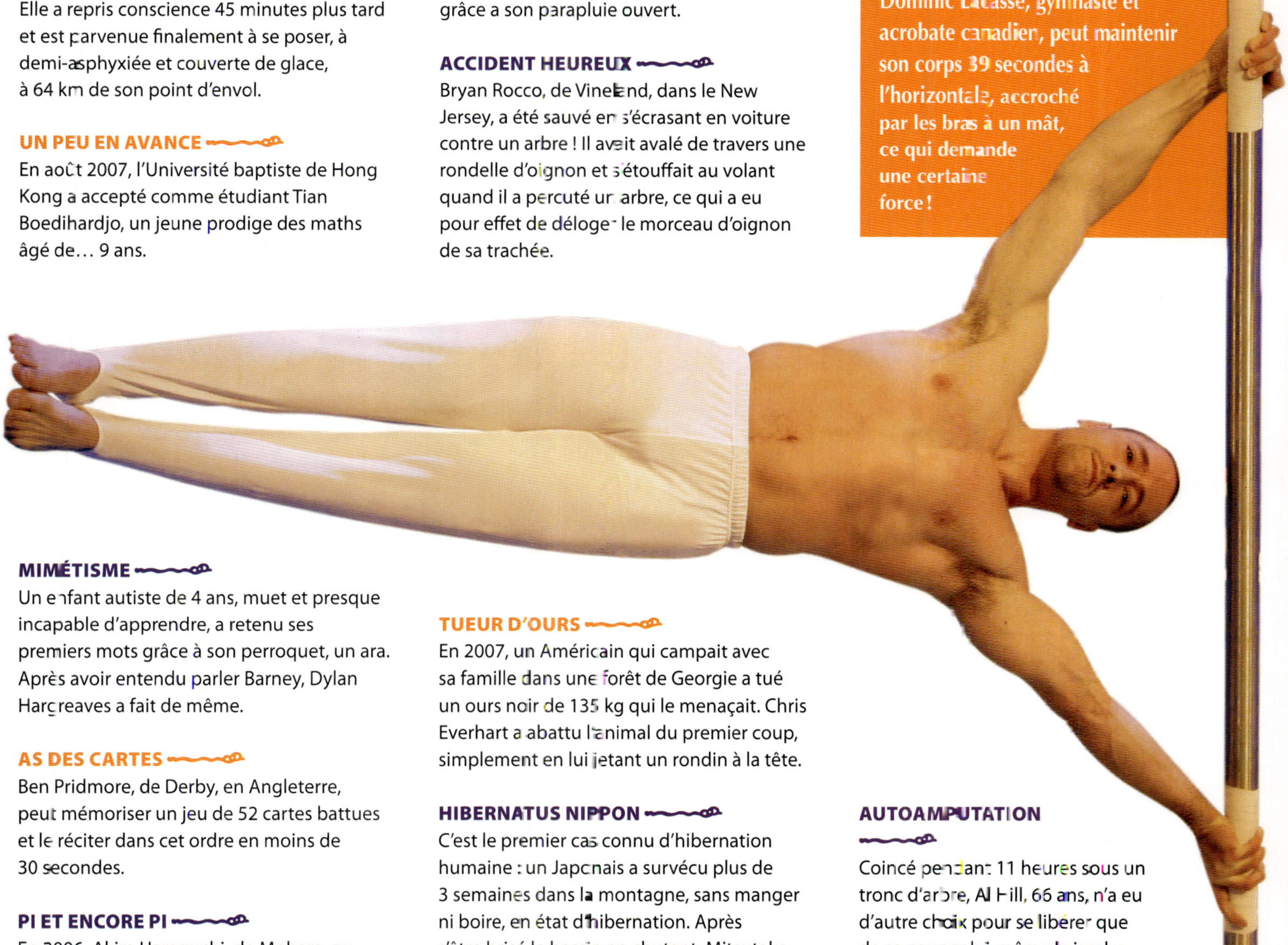

MIMÉTISME

Un enfant autiste de 4 ans, muet et presque incapable d'apprendre, a retenu ses premiers mots grâce à son perroquet, un ara. Après avoir entendu parler Barney, Dylan Hargreaves a fait de même.

AS DES CARTES

Ben Pridmore, de Derby, en Angleterre, peut mémoriser un jeu de 52 cartes battues et le réciter dans cet ordre en moins de 30 secondes.

PI ET ENCORE PI

En 2006, Akira Haraguchi, de Mobara, au Japon, a récité 100 000 décimales du nombre Pi, de mémoire. Cela lui a pris 16 heures.

LE GAZOUILLEUR

Gautam Sapkota, du Népal, parle aux corbeaux, qui lui obéissent au doigt et à l'œil. Il sait reproduire 13 de leurs cris et prétend qu'ils lui répondent. Observateur passionné des oiseaux, il imite à la perfection le cri de 115 espèces.

TUEUR D'OURS

En 2007, un Américain qui campait avec sa famille dans une forêt de Georgie a tué un ours noir de 135 kg qui le menaçait. Chris Everhart a abattu l'animal du premier coup, simplement en lui jetant un rondin à la tête.

HIBERNATUS NIPPON

C'est le premier cas connu d'hibernation humaine : un Japonais a survécu plus de 3 semaines dans la montagne, sans manger ni boire, en état d'hibernation. Après s'être brisé le bassin en chutant, Mitsutaka Uchikoshi a plongé dans le sommeil. Il a été retrouvé 24 jours plus tard. Sa température interne était tombée à 22 °C. Plusieurs de ses organes étaient à l'arrêt et son pouls était à peine perceptible. Les médecins estiment qu'après avoir perdu connaissance, l'instinct naturel l'a placé en état d'hibernation, entraînant le ralentissement de ses fonctions vitales. Il s'est parfaitement rétabli.

AUTOAMPUTATION

Coincé pendant 11 heures sous un tronc d'arbre, Al Hill, 66 ans, n'a eu d'autre choix pour se libérer que de se couper lui-même la jambe. Avec son canif.

COMME SUR DES ROSES

Une Chinoise de Nanjing a survécu à sa chute du 6ᵉ étage, en avril 2007, en atterrissant sur un gros tas d'excréments humains. Elle a glissé d'un balcon et s'est retrouvée plus bas, enfoncée de 20 cm dans le purin qu'on venait de retirer de la fosse septique de l'immeuble.

ÇA CARTONNE !

Voitures, vélos, scooters… L'Anglais Chris Gilmour en fait des répliques grandeur nature. En carton, s'il vous plaît !

Cet artiste armé de simple carton et de colle crée d'étonnants modèles, sans utiliser aucune structure de bois ou de métal. La voiture qu'il a exposée à New York en 2006 reproduit fidèlement l'Aston Martin des films de James Bond, gadgets compris : déchiqueteurs de pneus, mitrailleuses, lance-roquettes… Son prix : 30 000 dollars.

Gilmour se sert de carton parce que c'est un matériau facile à trouver, qu'il puise dans les décharges près d'Udine, où il vit. Il lui arrive de mettre en évidence la face imprimée de ses trouvailles pour montrer que ses créations, si prisées, ne dérivent que de simples rebuts.

Il a commencé, à l'époque de la maladie de la vache folle, par fabriquer une vache en carton, « pour que les pâturages aient l'air moins vides » ; puis il a créé un piano, des guitares, un service à café, une chaise roulante, une machine à écrire en carton…

Il a aussi réalisé une série de mini-églises. « J'ai eu besoin de plein d'emballages différents, explique-t-il, alors on a acheté des tas de trucs uniquement pour le paquet… On s'est retrouvés avec des provisions dont on ne savait que faire, et parfois on n'était même plus capables de dire ce que c'était sans l'ouvrir : on avait retiré tout l'emballage ! »

La réplique de cette Fiat 500 ne se limite pas à la carrosserie : le volant, le tableau de bord et même le moteur sont reproduits dans les moindres détails.

La machine à écrire réalisée par Gilmour est si réaliste que les visiteurs de l'exposition sont tentés d'appuyer sur les touches.

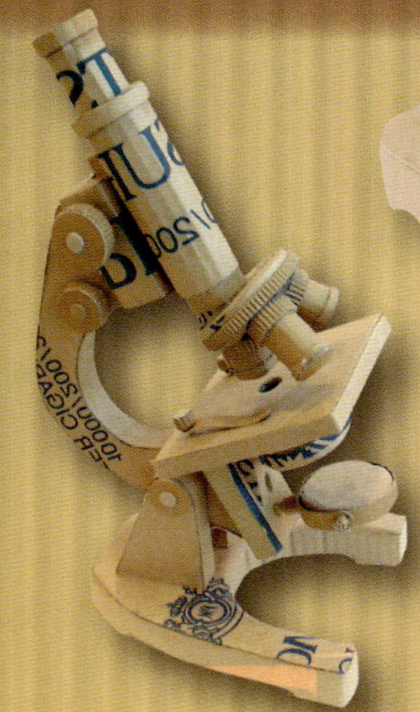

Difficile d'admettre que ces merveilleux vélos 12-vitesses ont été fabriqués à partir de détritus d'emballage. Gilmour aime reproduire en particulier des objets pourvus normalement d'éléments mobiles… « On a envie d'ouvrir la portière de la voiture ou de faire tourner la roue du vélo, ce qui est bien sûr impossible. »

Gilmour a choisi de recréer le prototype de la fameuse Aston Martin de James Bond parce que, dit-il, « je voulais me servir de l'idée d'un James Bond glamour, un super-héros invincible, en contraste avec cet objet entièrement issu de déchets ».

DÉCOLLAGE IMMÉDIAT
Un pick-up Ford Ranger blanc volé à Miami, en Floride, a été retrouvé cinq jours plus tard. Petit problème : il manquait les 700 autocollants qui décoraient sa carrosserie.

GARDEZ LA MONNAIE
La police de Pittsburgh, en Pennsylvanie, a arrêté un homme qui réclamait la monnaie d'un faux chèque d'un million de dollars à la caisse d'un supermarché et qui commençait à s'énerver parce qu'on n'obtempérait pas.

SACRÉE TACHE
Une tache de goudron qui ressemblait au visage du Christ a trouvé preneur à 1 500 $ sur un site d'enchères en ligne. L'image se trouvait dans le garage de la famille Serio, habitant Forest, en Virginie.

TROU DE MÉMOIRE
Une Anglaise du Devon a gagné 2,6 millions de dollars au Loto parce qu'elle avait oublié l'âge de son fils. Janet Baddick, qui avait l'habitude de jouer les âges de ses proches, croyait que son fils Darren avait encore 26 ans, alors qu'il venait de fêter son 27e anniversaire quelques semaines auparavant !

... ET POUR LE PIRE
Charlotte Moore, directrice adjointe d'une prison du Nevada, a été arrêtée alors qu'elle conduisait sa Pontiac en état d'ivresse en dehors des heures de travail. C'est son mari Mike, sheriff adjoint du comté d'Elko, qui lui a passé les menottes !

BASTON EN CARTON
Partie de Melbourne, en Australie, la mode a gagné le Canada, les États-Unis et la Grande-Bretagne. Elle consiste en affrontements médiévaux où les combattants sont revêtus d'armures en carton, seules autorisées, fixées avec des adhésifs et décorées à la bombe. Ces « batailles en carton » durent en général 15 minutes et s'achèvent quand tous les combattants ont perdu leur armure.

MOBILE AMOUREUX
La police d'Inglewood, en Californie, a arrêté en avril 2007 un homme qui avait volé 26 voitures pour rendre visite à sa chérie.

DOUBLE GAIN
Un certain Derek Ladner, des Cornouailles, avait acheté par hasard deux tickets de Loto qui portaient par erreur le même numéro. Lequel sortit : et notre Anglais de se retrouver deux fois détenteur de la somme faramineuse d'un million de dollars.

PAS SI MANCHOT
Michael Wiley a semé pendant 8 minutes la police du comté de Pasco, en Floride, en 2007. Et pourtant cet homme de 40 ans est cul-de-jatte et n'a qu'un bras ! Quoique privé de permis de conduire depuis sa triple amputation, l'infirme n'en a pas moins appris à conduire avec ses moignons. En 1998, déjà, il avait été impliqué dans une course-poursuite sur autoroute à plus de 190 km/h !

RENDEZ CE PONT
En août 2007, la police de Riazan a procédé à l'arrestation d'un homme qui s'était rendu coupable du vol d'un pont en acier de 5 m.

COLLÉ AU TOIT
En mars 2007, la police de Magdebourg a dû venir en aide à un Allemand de 91 ans qui, ayant entrepris d'enduire son toit de goudron, y était resté collé après avoir glissé.

JUSTICE AVEUGLE
En Belgique, nombre d'affaires criminelles sont résolues grâce à l'action d'une brigade composée de six non-voyants. La spécialité de cette équipe de choc ? La transcription et l'analyse d'écoutes légales. Entraînés à l'identification des voix et des bruits de fond, il leur arrive souvent de mettre en évidence des indices inaudibles aux autres enquêteurs.

AUTO GOTHIQUE

Rien n'arrête William Burge, embellisseur d'autos. Ce Texan de Houston a relooké une Coccinelle de 1968 façon cathédrale gothique. Baptisé « Fantômes », ce véhicule a semé l'effroi lors de la Foire automobile d'Essen, en Allemagne, en décembre 2007.

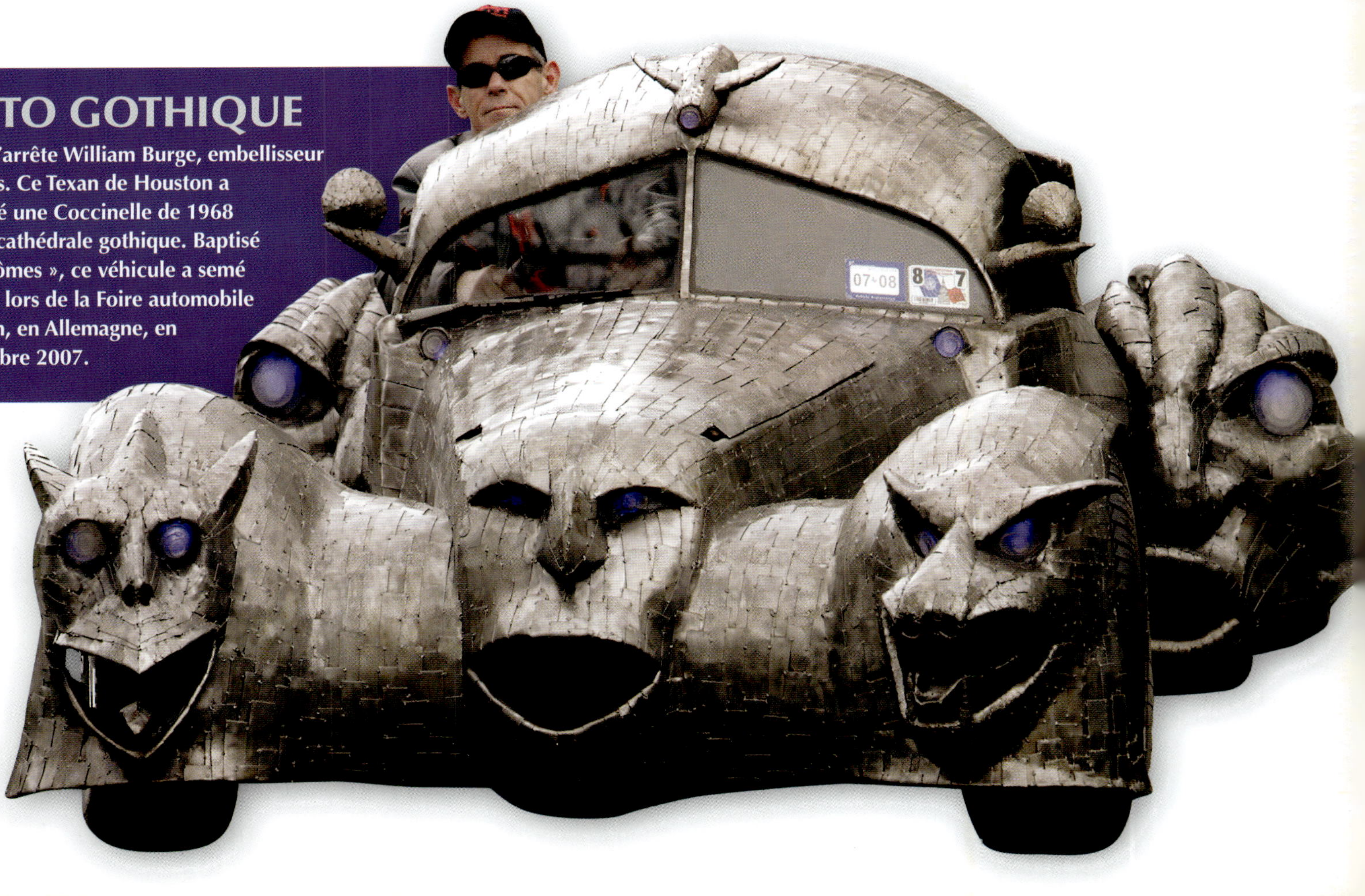

GROS BEIGNET

C'est pour saluer la sortie en DVD du film des Simpsons que l'équipe australienne de Donut King a fait serment d'élever un beignet de près de 4 tonnes, soit le poids de deux rhinocéros. Lui-même composé de 90 000 beignets normaux, ce beignet fractal nappé d'1/2 t de glaçage rose et de 30 kg de paillettes chocolatées mesurait 6 m de diamètre et mobilisa pendant 9 heures les efforts de 40 fanatiques.

UN VRAI PORC !

△
Joey Chestnut, Californien de San Jose, âgé de 23 ans, a réussi l'exploit d'ingurgiter 103 hamburgers en 8 minutes lors du championnat de cette répugnante discipline, organisé par la marque Krystal à Chattanooga, dans le Tennessee, en octobre 2007. Autant dire que Joey s'est alourdi de 13 sandwichs par minute, soit un toutes les 4,6 secondes !

Premier vœu de Joey après l'exploit : faire une sieste et digérer. Et peut-être bien couler un bronze ?

△
Joey tentait ainsi de franchir la barre mythique des 100 hamburgers en 8 minutes. Mission accomplie : ce brave Yankee demeure le leader mondial de la discipline. Vomi soit qui mal y pense !

PORTE-MAILLOT

David Witthoft, jeune supporter des Green Bay Packers, l'équipe de football de Ridgefield, Connecticut, avait reçu pour son anniversaire en 2003 un maillot du n° 4. Fou de joie, il l'a porté pendant quatre ans sans discontinuer. Fin 2007, âgé de 11 ans, il l'avait endossé plus de 1 450 fois.

SAOUL DE SOULIERS

Un Japonais de Nagoya a été inculpé en 2005 du vol de quelque 5 000 paires de chaussures, dans le seul dessein de les renifler.

TRAVERSÉE SUICIDE

Il s'est trouvé en mars 2007 un casse-cou pour traverser les rapides du Niagara sur un matelas pneumatique. Des vigiles de la centrale hydroélectrique de l'Ontario, à Chippawa, ont entendu ses cris de détresse et l'ont repêché au moment où il allait être happé par les chutes. Cramponné à son matelas, il avait été emporté par un bloc de glace !

PAL À PAPIER

Anne Cohen, artiste anglaise de Newcastle, a réalisé une sculpture de jardin avec la masse de prospectus qu'elle avait reçus en une année. Elle l'a empalé sur une grande pique, devant sa porte d'entrée. Fin 2007, la brochette de papier mesurait 1,80 m.

BACHOT NI FROID

Une mémé de l'Utah a obtenu son baccalauréat en 2007 à l'âge de 94 ans. Leah Moore Harris Fullmer avait manqué la cérémonie en 1931 pour cause de maladie. C'est son fils qui a convaincu l'école de retrouver le précieux certificat pour lui en faire cadeau à la veille de son 95e anniversaire.

BALLE MASQUÉE

En octobre 2007, un mois après qu'il eut reçu un tir de revolver dans la bouche, Austin Askins a simplement recraché la balle en toussant, alors qu'aucun chirurgien n'était parvenu à l'extraire.

VOTE DE 7 LIEUES

Il y eut tellement de candidats aux élections locales bulgares en 2007 que les listes mesuraient 2 m de long.

ATOUT CHŒURS

Un couple de Finlandais a mis sur pied un ensemble de quatuors vocaux pour chanter ses doléances, qu'il s'agisse de protester contre les rendez-vous foirés ou les masticateurs de chewing-gum. Oliver Kochta-Kalleinen et Tellervo Kalleinen ont ainsi lancé plus de 20 chœurs *a cappella* à travers le monde, de Melbourne à Chicago. À Birmingham, en Grande-Bretagne, on a pesté en musique contre le prix excessif de la bière. À Helsinki, en Finlande, on a conspué les rêves idiots. À Budapest, en Hongrie, on a vilipendé un voisin du dessus adepte des claquettes. Aucune formation musicale n'est exigée des choristes, mais tous doivent pouvoir exprimer au moins une exaspération au cours de la performance.

MANÈGE FONDU

Quatre couples ont passé sept jours sur un manège de chevaux de bois à Xiamen, en Chine. Ils ont dû manger, boire et dormir sur leurs montures, n'en descendant que pour vider leurs entrailles. Afin de ne pas choir en dormant, ils étaient pourvus de ceintures de sécurité ! Le gros lot de ce concours d'endurance était une maison.

GAZON MAUDIT

Un homme recherché pour conduite en état d'ébriété a tenté d'échapper à la police en prenant la fuite sur une tondeuse à gazon à Bunker Hill, en Virginie-Occidentale. Il était occupé à tondre sa pelouse quand a surgi un shérif venu l'arrêter. Il a aussitôt mis les gaz, mais le représentant de l'ordre l'a aisément rattrapé… à pied !

RÊVE PRÉMONITOIRE

C'est un rêve qui a poussé Jamie Lynn Cunningham, de Gift Lake, à prendre la route pour un lieu inconnu, où elle a retrouvé un ami indien dont elle n'avait plus aucune nouvelle. Cette Canadienne venait d'examiner un polo, un poster et une carte d'identité appartenant à Michael Nahachick, disparu depuis un mois. Elle a ensuite rêvé qu'il était tombé d'un pont à High Prairie, à 40 km de là. Le lendemain, accompagnée de bénévoles, elle le retrouvait à cet endroit…

DRÔLE D'ADRESSE

En 2007, Khumi Burton a reçu une carte postale de Pologne ainsi libellée : « Khumi, porte jaune, Wilmslow, Grande-Bretagne. »

TOUS SUSPECTS

Miguel Grima, maire du village espagnol de Fago, fut retrouvé mort en janvier 2007. Les 37 habitants furent tous déclarés suspects par les enquêteurs.

SWING DE FEU

C'est en exécutant un swing qu'un golfeur percuta en juin 2007 un objet métallique sur le parcours de Reno, dans le Nevada. L'étincelle qui en résulta mit le feu à 8 hectares de champs avant de s'éteindre.

CHAPEAU ROUGE

Le Club du Chapeau rouge revendique plus de 40 000 sections dans 30 pays. Ses membres, de sexe féminin, ne sont tenus d'observer que deux règles : porter un chapeau rouge et une robe violette.

FAMILLE GONFLÉE

Et voici la famille Simpsons comme vous ne l'aviez jamais vue : en baudruche ! C'est Adam Lee, de l'État de Washington, qui l'a gonflée. Pas un coup d'essai : par le passé, cet artiste avait déjà ballonné Jay Leno, Austin Powers, Bill Gates et la statue de la Liberté.

GARE AUX CITROUILLES

Il y a des citrouilles qui se transforment en carrosses ; il y en a d'autres qui préfèrent les défoncer, chaque année près de Canby, dans l'Oregon, à l'occasion de l'annuel et insolite lâcher de cucurbitacée géante. À 10 heures précises, sous les regards ébahis d'environ 4 000 curieux, une courge gargantuesque (celle de 2007 pesait 575 kg) est hissée à l'aide d'une grue à 30 m de hauteur, puis lâchée sur un véhicule hors service légué pour l'occasion. La bombe végétale s'écrase alors de tout son poids sur la tôle du minibus (inoccupé) et explose en morceaux... sous vos applaudissements !

VOL D'EAU

Des voleurs se sont emparés d'une piscine gonflable de 4 550 litres dans le jardin de Daisy Valdivia, dans le New Jersey. Mais le plus fort, c'est qu'elle était pleine !

PARTIR, REVENIR

À peine Ron Carter était-il sorti de l'hôpital Elliot du New Hampshire qui venait de le licencier qu'il y a été admis en urgence : sa mère Lilian, âgée de 84 ans, venue le chercher en voiture, venait de le percuter juste devant l'établissement !

POIL AUX YEUX

Il s'appelle Summitt et vit à Owensboro, dans le Kentucky. Depuis son plus jeune âge, des poils poussent sur la cornée de l'œil droit de ce chien.

LE CRI QUI TUE

Un petit Chinois de 4 ans, effrayé par un chien, a poussé un cri si strident que 4 000 poulets d'élevage ont péri dans la panique qu'il a provoquée.

HOMME-TRONC

Une banque de Manchester, dans le New Hampshire, a été braquée en 2007 par un gangster déguisé en arbre. Les branches et les feuilles étaient fixées avec de l'adhésif renforcé. Le premier hold-up vert !

6 SEMAINES EN BALLON

Le petit Xie Yu Fei, 13 ans, a retrouvé à Guangzhou, en Chine, un ballon porteur d'un billet sur lequel la petite Alice Maines, 4 ans, indiquait l'avoir lâché à Manchester, en Angleterre, six semaines auparavant, en septembre 2007.

TROP AIMABLE

Il faisait bon passer au coin de la 14e Rue de Washington en 2007 : l'artiste Tom Greaves y avait installé une machine à distribuer des compliments. L'appareil avait le choix parmi 150 formules enregistrées, du type : « Jolis yeux ! » ou : « Quelle pêche ! »

POISSON MÉCHANT

Un pêcheur nommé Josh Landin a été admis à l'hôpital de Melbourne, en Floride, après qu'un maquereau géant de 26 kg, ayant bondi dans sa barque, l'eut estourbi et mordu à la jambe !

CRIN DE BEAUTÉ

Wes Pemberton, étudiant en médecine à Tyler, au Texas, est doté d'un poil de 13 cm à la cuisse gauche, apparu un jour de l'été 2007. Attendri par ce crin pas comme les autres, Wes n'a de cesse de le shampouiner et de le nourrir avec des crèmes.

CHIEN CHASSEUR

Un chasseur de l'Iowa a reçu à la jambe une décharge tirée par son propre chien. James Harris chassait le faisan en octobre 2007 quand son chien a posé la patte sur son fusil et actionné la détente. Bilan : 100 plombs dans le mollet.

CHEDDAR À VIE

Atteint de phobie alimentaire, l'infortuné Dave Nunley, du Cambridgeshire, s'est exclusivement nourri de fromage depuis plus de 25 ans. Cet Anglais n'a jamais mangé chaud – même pas du gruyère fondu – et se maintient en vie en avalant 108 kg de cheddar râpé par an.

MINCE ALORS !

Artez Kenyetta Knox s'est échappée de la prison de Gary, dans l'Indiana, en se faufilant nue par le passe-plat percé dans la porte de sa cellule.

BASSE-COUR DE JUSTICE

Au lieu de les enfermer 30 jours en prison, le juge Michael Cicconetti a condamné trois prévenus à s'exhiber devant le palais de justice de Painesville, dans l'Ohio, vêtus de panoplies de poulet.

PARI STUPIDE

Scott Wiese, supporter des Chicago Bears, avait parié que si son équipe favorite ne remportait pas le Super Bowl 2007, il changerait son nom pour celui d'un joueur de l'équipe adverse. Après la victoire des Indianapolis Colts, Scott a tenu parole et s'appelle désormais Peyton Manning.

MOUTONS VERTS

Un matin au réveil, des villageois roumains ont eu la surprise de découvrir que leur troupeau de 250 moutons était devenu vert, à cause d'une solution de calcaire que leur avait fait boire le berger Cristinel Florea, afin de guérir une maladie ovine de peau.

BOUCHE COUSUE

Le petit Ben Grocock, 3 ans, avait juré de ne plus parler. Il n'a délié la langue pour la première fois qu'en 2007, après dix années de mutisme. Ce gamin anglais des Cornouailles était si terrifié à l'idée d'être opéré des amygdales qu'il avait menacé de ne plus parler si on les lui ôtait. On les lui ôta. Fidèle à sa parole, il ne communiquait plus que par écrit ou par gestes.

GROS LOTS

Il n'y avait qu'une chance sur 22,5 millions de remporter le jackpot du Loto de New York. Adeline et Eugene Angelo l'ont gagné deux fois : la première en 1996 (10 millions de dollars, partagés avec 3 autres parieurs), et la seconde en 2007, en remportant 10 millions pour eux tout seuls.

CENDRIER HUMAIN

En 2007, un fossoyeur de Fitchburg, Massachusetts, fut inculpé d'avoir dérobé dans un cercueil fracturé des ossements humains – un crâne et un fémur, notamment – et de les avoir emportés chez lui pour en faire un cendrier.

CHANCE AU GRATTAGE

Une entreprise de marketing basée à Roswell, Nouveau-Mexique, a imprimé et distribué par erreur 50 000 billets de tombola à gratter, tous gagnants d'un gros lot de 1 000 dollars ! Une coquille typographique serait en cause.

JUGE À TOUT FAIRE

À peine David Kite, justiciable de Belleville, Illinois, venait-il d'être condamné à 4 ans de prison pour vol, qu'il se maria civilement devant le même magistrat qui venait de l'envoyer au trou.

TAILLE UNIQUE

En mars 2007, à l'occasion de la semaine de la mode à Mumbai, en Inde, Shazneen Chiniwala, une styliste indienne de 26 ans, a créé une robe de 21 m de long. Le vêtement était assez grand pour habiller plus d'une douzaine de femmes de taille moyenne. La jeune modiste a mis 2 mois à réaliser la robe faite de plastique et de jute de couleur.

Un dessin de la robe par Shazneen. Comme l'immeuble est face à la mer, il y avait beaucoup de vent et Shazneen a dû embaucher 3 personnes pour maintenir le tissu pendant qu'elle le cousait.

Pour réaliser cette robe, Shazneen a monté sa machine à coudre sur la terrasse de l'immeuble où elle a dû installer une tente pour se protéger de la forte chaleur.

Il a fallu 12 heures aux ouvriers pour monter un échafaudage et y fixer solidement le vêtement.

La robe de Shazneen a été pendue à un cintre géant devant le Sunder Mashal sur Marine Drive, à Mumbai.

BONNE MÉNAGÈRE

Mme Xu, de Wuhan, en Chine, lave souvent le linge de sa famille au milieu de la nuit… alors qu'elle est endormie : elle est somnambule depuis plus de 10 ans. Son mari doit verrouiller les portes pour qu'elle n'aille pas laver le linge de ses voisins !

T'AS PAS UN TUYAU ?

En 1959, 4 jours avant le derby du Kentucky, Spencer Thornton, un voyant de Nashville, Tennessee, a écrit sur un papier quel serait le tiercé gagnant. Sans avoir été lu par personne, le papier a été mis dans une enveloppe qui a été cachetée et placée dans la chambre forte d'une banque. Le coffre ne pouvait être ouvert que grâce à une combinaison de 3 clés, conservées par les deux vice-présidents et le gardien. Et ce n'est que 2 jours après la course que les 3 hommes ont ouvert le coffre et l'enveloppe : la prédiction de Thornton était tout à fait exacte !

OBLIGATION

L'université de Xiamen, à Fujian, en Chine, exige de ses étudiants en commerce, droit, économie et informatique qu'ils prennent des leçons de golf.

LA VACHE !

Charles et Linda Everson ont miraculeusement survécu à la chute d'une vache de 270 kg sur leur camping-car. Ils traversaient l'État de Washington quand une vache est tombée du haut d'une falaise. Originaire du Michigan, le jeune couple est ressorti indemne de l'accident, mais on ne peut pas en dire autant de leur véhicule dont le pare-brise a volé en éclats. Encore sous le choc, Mr Everson a déclaré : « On n'a pas eu le temps de réaliser ; on a juste vu quelque chose tomber et percuter le capot. »

LOST IN TRANSLATION

Charlene Williams, une jeune mère de 19 ans, a déchanté quand elle a compris que le mot en chinois tatoué sur son dos ne signifiait pas « maman » mais « ami d'enfer ». La jeune Anglaise n'avait pas réalisé que les lettres chinoises, une fois associées, changeaient de signification. Depuis, elle a fait recouvrir son tatouage d'un autre dessin.

TRICHOPHILE

Coiffeur pendant plus de 50 ans, Henry Coffer, de Charleston, Missouri, a conservé les cheveux de ses clients et en a fait une énorme boule de 73 kg.

BONNE AFFAIRE

En 2005, Ed Lee, de Merrimack, New Hampshire, a vendu une pièce en nickel de 1913 pour 4,15 millions de dollars, soit 83 millions de fois sa valeur originale !

MISSION HAMBURGER

Jay Barr, de Cape Coral, Floride, parcourt 10 fois par an en avion les 240 km qui le séparent de Kissimmee… juste pour acheter des hamburgers. Il se les procure par packs de 24 dans le fast-food Krystal le plus proche de chez lui. En guise de remerciement, Krystal a créé une boîte de hamburger et un gobelet sur lesquels sont reproduits le visage de Barr et un avion.

MARIAGE DE RÊVE

Le Londonien David Brown a envoyé un SMS sur un téléphone dont il avait vu le numéro en rêve. Intriguée, Michelle Kitson, la jeune femme destinataire du message, a répondu. Et 5 ans après, David et Michelle se marient !

PENSE-BÊTE

Vanda Jones, de Penygroes, au pays de Galles, s'est fait tatouer la date de naissance de chacun de ses 5 enfants sur le bras. Ainsi, elle est sûre de ne jamais les oublier !

FRUIT SEC

En 2007, un musée du Staffordshire, Angleterre, a exposé une orange vieille de 116 ans. Le fruit, noirci et desséché, venait de la gamelle de Joseph Roberts, un mineur mort lors d'une explosion souterraine en 1891. Il n'avait pas eu le temps de manger son dessert avant de mourir !

CANDY MAN

Ce bonhomme de neige exposé au musée Pez de Burlingame, en Californie, pèse 38,5 kg et mesure 2,4 m de haut, c'est-à-dire 20 fois la taille d'un distributeur Pez normal. Il contient 6 480 bonbons.

PUB FLOTTANT

En 2007, un véritable pub a parcouru les 24 000 km qui séparent la Nouvelle-Zélande de l'Angleterre. Tim Ellingham, un Néo-Zélandais installé à Londres, a demandé à ses compatriotes de lui envoyer de la Speight, sa bière préférée. Consciente du drame que vivait cet expatrié, la brasserie a raccordé deux conteneurs de 12 m pour y installer un pub. Agrémenté d'un bar, d'un salon, d'air conditionné, d'un écran plasma et rempli de bière, le pub a été expédié en Angleterre à bord d'un navire.

VAMPIRE CHINOIS

Li Man-Yiu, de Hong Kong, a été arrêté en septembre 2007 pour avoir bu deux fioles de sang volées dans un hôpital.

DONNEUR DE REIN

Jamie Howard a frappé à la porte de Paul Sucher, à Twin Falls, Idaho, pour lui vendre un aspirateur, et il lui a finalement donné un rein ! Quand le voyageur de commerce a découvert que Sucher ne pouvait pas se payer un nouvel aspirateur à cause d'une défaillance rénale, et qu'ils avaient le même groupe sanguin, il a généreusement offert son rein.

ARRIVÉE TARDIVE

Une carte postale envoyée de Birmanie en 1943 par un soldat japonais a atteint sa destination… 64 ans plus tard. La carte est arrivée chez Shizuo Nagano, à Kochi, dans le sud-ouest du Japon, via Nagasaki, l'Arizona et Hawaï.

MAUVAISE DESTINATION

À la suite d'une erreur, Frank et Ludivine Larmande, de Cascade, Michigan, ont reçu par la poste un foie humain et une tête, tous les deux destinés à un laboratoire.

TROISIÈME OREILLE

Stelios Arcadiou, un Australien connu sous le nom de Stelarc, a une oreille supplémentaire greffée sur le bras gauche… au nom de l'art. Il prévoit d'installer un micro dans cette oreille, faite de cartilage humain, et de la connecter à Internet afin que les gens puissent entendre les sons qu'il capte.

COMME UN CRAPAUD…

Parmi les animaux talentueux, Oui la grenouille est unique : elle fait de la moto et prédit les numéros gagnants de la loterie. Le propriétaire du batracien, Tongsai Bamnungthai, de Pattaya, en Thaïlande, explique que les gens du quartier viennent lire sur le ventre de l'animal les numéros gagnants. Oui aime aussi s'amuser avec les jouets des enfants et poser pour des photos.

À VIE

À Brandebourg, en Allemagne, un prisonnier de 59 ans pourrait être libre depuis 1992, mais il refuse de quitter le pénitencier qu'il considère comme sa maison. L'homme a été condamné à la prison à perpétuité pour meurtre en 1972, et selon la loi allemande, on ne peut l'obliger à quitter la prison tant que la peine n'est pas purgée intégralement.

C'EST MA PART !

En instance de divorce, un Allemand de 43 ans a coupé sa maison en deux avec une tronçonneuse et a utilisé un chariot élévateur pour emporter sa moitié.

IMAGES SPATIALES

Nathalie Meilinger, de Chicago, Illinois, n'a pas besoin d'allumer sa télé pour avoir les dernières nouvelles de la navette spatiale *Atlantis*. Elle n'a qu'à mettre en marche le babyphone de son bébé : l'appareil capte les images vidéo de l'intérieur de la navette.

PERTE DE MÉMOIRE

Le musicien anglais Clive Wearing se souvient des événements avant 1985, mais il n'a aucun souvenir de ce qui s'est passé depuis à cause d'une infection au cerveau.

PRÉMONITION

Le 22 mai 1979, après avoir rêvé 10 nuits de suite qu'un DC-10 de la compagnie American Airlines s'écrasait, David Booth, un chef de bureau de 23 ans, originaire de Cincinnati, Ohio, a contacté les autorités. Sa prémonition se réalisa 3 jours plus tard, à l'aéroport international O'Hare de Chicago, faisant 273 morts.

BATEAU FANTÔME

En avril 2007, un yacht a été retrouvé au large des côtes de l'Australie. L'équipement d'urgence était intact, la table dressée, mais les 3 membres d'équipage avaient disparu sans laisser la moindre trace.

EXPLOSION DE CRAPAUDS

La population de crapauds de Hambourg, en Allemagne, a été décimée en 2005 quand plusieurs milliers de ces animaux ont mystérieusement explosé, projetant à des kilomètres à la ronde des débris de corps. Les témoins ont rapporté que les batraciens ont gonflé jusqu'à faire trois fois et demie leur taille normale avant d'éclater.

HÉCATOMBE

Des millions d'anchois ont mystérieusement été rejetés sur le rivage près de Colunga, en Espagne, en septembre 2006, laissant la plage couverte de 3 t de poissons morts.

ÉTAT D'ÉBRIÉTÉ

Un Allemand est allé cuver avec son cheval dans le sas d'une banque. Lors d'une balade à cheval, Wolfgang Heinrich, de Wiesenberg, s'est arrêté pour boire quelques verres. Trop saoul pour rentrer chez lui, il a utilisé sa carte bancaire pour pénétrer dans la banque la plus proche et a passé la nuit là avec Sammy, sa monture.

JONGLEUR AUDACIEUX

Nathan Zorchak, un Américain installé à Brighton, en Angleterre, jongle avec des faux et des boules de bowling, mais aussi avec 3 tronçonneuses en marche.

GROS GOURMAND

De retour d'une balade à Vernon, New Jersey, un homme a retrouvé son camping-car 12 m plus bas. Un ours, attiré par des bonbons, se serait engouffré dans le véhicule par la fenêtre. En essayant d'atteindre les friandises, l'animal aurait débloqué le frein à main, laissant le véhicule dévaler la colline.

SELF-PORTRAITS

En mai 2007, l'artiste américain Karl Baden a exposé les planches-contacts des 7 305 photos qu'il a prises de lui-même depuis le 23 février 1987, soit une photo par jour. Le seul jour qu'il n'a pas immortalisé au cours de ces 20 années est le 15 octobre 1991. En retard pour un cours qu'il donnait à l'école de design de Rhode Island, Bader s'est dit qu'il prendrait la photo plus tard, mais il a oublié.

CROCODILE DUNDEE

Pour 100 dollars, vous pouvez vous payer un cours de lutte contre un alligator. Colorado Gators, près d'Alamosa, est une ferme de crocodiles où on peut apprendre à se battre contre des reptiles de 3,4 m de long, qui pèsent 270 kg. La clé du succès : s'approcher furtivement. Mais même ainsi, le lutteur confirmé Jay Young se fait mordre au moins une fois par an. « Il n'y a pas d'animal doux, explique-t-il, et s'ils respirent bruyamment, c'est qu'ils sont de mauvaise humeur. »

TOUR DE CARTES

Sans scotch ni colle, Bryan Berg a construit un château de cartes de 7,6 m de haut, lors de la Texas State Fair à Dallas. La tour, qui a nécessité 5 semaines de travail, est constituée de 1 800 jeux de cartes. Si Berg n'avait pas été limité par la hauteur sous plafond, elle aurait été bien plus grande !

LENTEMENT MAIS SÛREMENT

Au musée du palais Obizzi, à Vienne, on peut voir une horloge astronomique dont une des aiguilles met 20 904 années pour faire un tour complet.

À NOTRE CHÈRE MÈRE

À Londres, Josephine et Valmai Lamas ont gardé le corps de leur mère dans le congélateur d'un entrepreneur de pompes funèbres pendant 10 ans. Plutôt que de l'enterrer, elles ont dépensé plus de 17 000 livres sterling pour la conserver dans une chambre froide et lui rendre visite tous les week-ends.

STAKHANOVISTE

Eric Weyman a pris sa retraite à 60 ans, après avoir travaillé 40 années comme laitier. Durant toute sa carrière, il a livré 10 millions de bouteilles de lait et pris seulement une semaine de vacances.

VOLEUR DE JARDIN

En mai 2006, un cambrioleur a volé le jardin complet d'une maison d'Adelanto, Californie. Il a emporté la pelouse, les plantes, et même le système d'arrosage.

DE JUSTESSE

Debbie Bingham, de Saint Petersburg, Floride, a reçu une balle perdue pendant les festivités du jour de l'an. Mais elle a échappé au pire grâce à la bretelle de son soutien-gorge.

DRÔLE DE PRISONNIER

Un crocodile marin de 2,4 m de long a été capturé par la police australienne et mis en cellule toute une nuit après qu'il eut attaqué des pêcheurs. Les officiers de Nhulunbuy, dans le Territoire du Nord, ont placé l'animal dans une cellule vide et l'ont arrosé toute la nuit avant de l'emporter dans une ferme le lendemain matin.

HORS DE PRIX

Denis Dixon, du Dorset, en Angleterre, a été bien surpris quand il a reçu la facture de gaz du trois-pièces qu'il loue : elle était de 11 millions de livres sterling !

GOLF ON ICE

Charlie Gandy a construit un golf de 18 trous dans la neige, à Twin Lakes, Colorado. Il a dû s'équiper de balles avec des puces intégrées et d'un radar pour les retrouver.

JOUEUR COMPLET

Le 29 juin 2007, pendant un match du championnat junior de baseball, Brad Turney, d'Alexandrie, Louisiane, a joué à chacune des 9 positions.

DREAM TEAM

Un Australien fan de football américain a quitté son travail, vendu sa maison et déménagé aux États-Unis avec sa femme et ses deux enfants… pour pouvoir suivre les Packers de Green Bay. La passion de Wayne Scullino a débuté alors qu'il avait 15 ans, quand un ami lui a donné la cassette vidéo d'un match entre les Packers et les Vikings du Minnesota.

PHÉNAKISTISCOPE

Gisela Leibold, de Munich, en Allemagne, ne voit pas les mouvements, mais une série d'images immobiles.

DRÔLES D'ÉPAVES

Des centaines d'écrans d'ordinateur, venus d'on ne sait où, se sont échoués en septembre et octobre 2006 sur la plage de Tai Long Wan, à Sai Kung, Hong Kong.

À PROFUSION

Quand Frank Van Buren, un comptable de Manhattan, a demandé le remplacement de deux cartes de crédit, il en a reçu 2 000, toutes à ses nom et numéro de compte. Il a mis des heures à détruire les cartes en trop.

GROSSE FORTUNE

Quand John Feigenbaum, un numismate de Virginia Beach, en Virginie, a pris l'avion pour New York, en 2007, il avait dans sa poche une des 9 pièces de 10 cents de 1894 connues au monde. Sa valeur ? 1,9 million de dollars.

POLYGLOTTE

Un garçon de 10 ans originaire de West Midlands, en Angleterre, parle 11 langues. En plus de ses langues maternelles, l'anglais et l'hindi, Arpan Sharma a appris tout seul le français, l'italien, l'allemand, l'espagnol, le polonais, le thaï, le mandarin, le swahili et le luganda, un dialecte ougandais.

BONS CLIENTS

Après s'être arrêté dans un hôtel en 1985, un couple y a élu domicile. David et Jean Davidson ont été si impressionnés par l'hôtel Travelodge de Newark, dans le Nottinghamshire, en Angleterre, qu'ils ont quitté leur appartement de Sheffield pour s'y installer. Ils ont déménagé 12 ans plus tard, pour un autre hôtel Travelodge, près de Grantham, où la chambre n° 1 a été baptisée la suite Davidson.

NATIONS UNIES

En 2006, l'équipe de football de la Lee High School, à Baton Rouge, Louisiane, était composée de joueurs venant de 10 pays différents : Afghanistan, Chine, Congo, Croatie, Honduras, Mexique, Palestine, Soudan, Togo et États-Unis.

LEPRECHAUNS

Mill Ends Park, un parc de Portland, Oregon, mesure seulement 60 cm. Il a été construit en 1948 pour des lutins.

DANS LE NEZ

En 2007, des docteurs de Mumbai, en Inde, ont trouvé une brosse à dents dans le nez d'une femme. Elle se lavait les dents quand sa brosse s'est cassée en deux. Un morceau de 7,5 cm lui est alors entré dans la narine. Le nez de la jeune femme s'est mis à saigner et à sécréter des substances nauséabondes. Après un scanner, on a pu lui retirer la brosse.

TOUPIE HUMAINE

Aichi Ono, un Japonais de 18 ans, peut faire plus de 100 tours en une minute… sur la tête. Cette véritable toupie humaine, qui se produit ici dans un centre commercial de Hong Kong en décembre 2007, utilise ses bras pour prendre de la vitesse.

GORE !

Un fabricant de jouets britannique a lancé une gamme d'animaux écrasés ! Soubresaut le raton laveur a la langue pendante, un œil exorbité et les organes hors du corps. Il est livré avec un sac mortuaire pour le protéger des asticots, et une étiquette fixée à son orteil décrit en détail son horrible mort. Parmi les autres victimes de la route, on trouve Splunch le hérisson et Boum la belette.

PAS SI BIEN CACHÉS

En 2007, un homme de Los Angeles, Californie, nommé Jereme James, a été accusé d'avoir introduit sur le territoire américain 3 iguanes rares en les cachant dans sa jambe artificielle. Il a creusé un compartiment secret dans sa prothèse et y a dissimulé les iguanes de Fidji. Il espérait les vendre plus de 10 000 $ chacun.

À DOS DE MULET

À la recherche d'un job, Rod Maday, de Boy River, Minnesota, a parcouru les 2 415 km qui le séparaient de Gillette, Wyoming, sur son mulet âgé de 4 ans et prénommé Henry. Maday, qui avait perdu son permis de conduire 10 ans auparavant, avançait à raison de 112 km par jour. Il a passé les 6 semaines de son voyage en tenue de cow-boy.

INVASION DE NAINS

Le commissariat de Springfield, Oregon, a été envahi par des nains de jardin en 2007. Les 75 lutins de plastique et de porcelaine ont été saisis par la police sur la pelouse d'une maison. Ils y avaient été installés après avoir été volés dans le voisinage.

MOUTONS DE COMPAGNIE

À Apex, Caroline du Nord, un homme partage sa maison avec 80 moutons, qu'il considère comme des animaux de compagnie. David Watts vit à l'étage, tandis que le troupeau vit au rez-de-chaussée. Parfois, il va faire un tour avec quelques-uns de ses moutons tenus en laisse.

LA LOI EST UN ÂNE

Le principal témoin d'un procès qui s'est tenu en 2007 à Dallas, Texas, était un âne. Buddy a été conduit dans la salle d'audience pour aider à résoudre un conflit entre deux voisins.

HELLO KITTY

Les chefs de la police thaïlandaise ont trouvé une méthode révolutionnaire afin de punir les officiers qui enfreignent les règles : ils leur imposent de mettre un brassard Hello Kitty. Porter ce brassard rose orné de l'idole des enfants et de cœurs brodés est le summum de la honte !

OBÈSE

Un hérisson trouvé dans le Surrey, en Angleterre, était quatre fois plus gros que la normale : la balance affichait l'impressionnant poids de 2,2 kg. George était si énorme qu'il a dû suivre un régime sévère dans un centre pour animaux.

FÉLICITATIONS !

En 2006, au Bengale occidental, en Inde, deux arbres qui ont poussé enlacés l'un autour de l'autre ont été mariés pour éloigner les mauvais esprits. Plus de 250 villageois ont assisté à la cérémonie pendant laquelle des prêtres ont chanté des cantiques et habillé les époux de vêtements de couleurs.

PLUIE DE CHAT

En 2007, à Chongqing, en Chine, une femme a été emmenée à l'hôpital après avoir été assommée par un chat tombé d'un immeuble. L'animal a percuté la tête de Tang Meirong alors qu'elle marchait le long du trottoir. Tang a survécu à ses blessures, mais le chat est mort sur le coup.

COCO

En 2007, une famille de Muncie, en Inde, a pu s'enfuir d'une maison en flammes grâce à un perroquet. Shannon Conwell et son fils dormaient quand l'incendie s'est déclaré. Ils n'ont pas entendu l'alarme mais ont été réveillés par les cris perçants du perroquet Peanut qui l'imitait.

CEINTURE EN CROCO

Une femme a tenté de passer la frontière entre l'Égypte et Gaza avec 3 crocodiles de 20 cm attachés à sa ceinture. La mâchoire des animaux était maintenue fermée par des ficelles et les reptiles étaient dissimulés sous une large robe. Mais l'apparence « bizarrement grosse » de la femme a alerté les douaniers palestiniens.

Le paradis !

Un sanglier sauvage de 115 kg nommé Babe vit dans le grand luxe sur son île privée des Bahamas. Babe réside sur son petit paradis avec pour seule compagnie Luke Abbott et Mona Wiethuchter, qui le nourrissent de hot dogs, de pommes et de pâtes. Il occupe le temps en se promenant sur la plage et en se baignant. Pour se détendre, il aime boire une bière, mais seulement une par jour, sinon il serait trop turbulent !

MUSÉE Saint-Augustin

LE PREMIER MUSÉE RIPLEY'S a ouvert ses portes le 9 décembre 1950, dans un bâtiment datant de 1887 où Ripley avait séjourné à plusieurs reprises au cours des années 1940 (c'était alors un hôtel). Saint-Augustin – c'est son nom – est le plus grand de tous les musées Ripley's. On peut y voir notamment une grande roue de taille réelle construite en Meccano.

MASQUE DE SERPENT
À Ceylan, ce masque très coloré permettait d'exorciser les esprits diaboliques.

VIERGE DE FER
Cet instrument de torture allemand était utilisé au Moyen Âge pour faire mourir les hérétiques de façon lente et douloureuse.

CHAT MOMIFIÉ
Ce chat a vécu il y a plus de 2 000 ans dans la ville de Bubastis, en Égypte ancienne.

MECCANO
Construit vers 1940, ce train est constitué de centaines de pièces de Meccano.

TOUT EN ARGENT
Cette sculpture de George Washington est faite de billets de banque recyclés.

BOL EN FORME DE CRÂNE
Les moines tibétains buvaient sang et vin dans ce bol fait à partir d'un crâne humain.

ROBERT EARL HUGUES
À 20 ans, Robert faisait déjà 2,70 mètres de tour de taille. À sa mort, à 32 ans, il pesait 485 kg.

TÊTE DE BOIS
Ce visage n'a pas nécessité beaucoup de travail à son sculpteur : celui-ci n'a eu qu'à donner quelques coups de ciseaux dans un morceau de bois aux lignes et formes étranges pour atteindre ce résultat.

À NE PAS MANQUER !

- La vache à six pattes
- La sirène de Fidji
- Le cabinet oriental de Ripley
- La poupée vaudoue de Duvalier « Papa Doc »
- Un bateau de jade
- Un os de chameau ciselé
- La chope de bière de Ripley
- Le crâne d'un T-Rex
- La pendule en pinces à linge

MUSÉE Mexico

ARTS DE LA TABLE
Cette statuette est constituée de couteaux, fourchettes et cuillères.

LE MUSÉE RIPLEY'S DE MEXICO, l'un des plus grands du monde, se trouve dans une impressionnante réplique de château médiéval. Ouvert en 1992, il contient un authentique squelette de baleine à bosse, ainsi qu'un bouddha géant à 1 000 mains en jade massif.

MASQUE THÉÂTRAL
Ce masque de topèng indonésien très rare représente un démon aux yeux globuleux.

PAIN PEINT
La Joconde créée dans un grille-pain avec 64 tranches de pain de mie.

À NE PAS MANQUER !

- La peinture sur un grain de riz
- Le drapeau transporté dans l'espace à bord d'*Apollo 7*
- Les visages peints sur un cheveu
- Le col à pointes utilisé comme instrument de torture
- L'œuvres de junk-art de Leo Sewell
- La collection d'objets métalliques sortis d'un estomac humain
- La tête momifiée égyptienne
- Le plus petit appareil photo en état de marche

CROCOCOLLIER
Ce collier de Nouvelle-Guinée constitué de dents de crocodile était censé porter chance.

CABANE DE LINCOLN
Cette réplique de la maison natale d'Abraham Lincoln, composée de 18 000 pièces de 1 cent à l'effigie de l'ancien président américain, pèse 90 kg.

AGILITÉ LINGUALE
Une personne sur 1 000 peut enrouler et replier la langue. Cette exposition interactive permet aux visiteurs de vérifier s'ils en sont capables.

MASQUE GARDIEN
Ce masque indien s'accroche sur les portes et les portails pour repousser les esprits maléfiques.

SQUELETTE DE BALEINE
Cette baleine à bosse a été la première exposée publiquement à New York dans les années 1840.

SCULPTURE SUR RACINE
Cette sculpture chinoise traditionnelle est fabriquée avec une racine d'arbre.

MUSÉE La Nouvelle-Orléans

FEUILLE DE TABAC
Cette calèche est gravée sur le squelette d'une feuille de tabac.

AYANT SURVÉCU aux affronts de l'ouragan Katrina sans subir trop de dégâts, ce musée situé dans le quartier historique de La Nouvelle-Orléans vient de rouvrir ses portes. À l'affiche : une expo sur Lee Harvey Oswald, l'assassin de JFK, qui comprend une mèche de ses cheveux et l'étiquette mortuaire de son orteil.

COUPE AU BOL
Ce crâne de moine tibétain servait de coupe dans un monastère.

CERCUEIL DU LION
L'homme pour qui ce cercueil a été créé au Ghana était très fier de ses talents de chasseur.

LOUIS ARMSTRONG
Ce portrait de l'artiste de jazz comporte 21 000 cristaux taillés.

À NE PAS MANQUER !

- Squelette humain gravé
- Étiquette mortuaire et mèche de cheveux de Lee Harvey Oswald
- Sculpture en os de chameau
- Pont de la Tour de Londres en allumettes
- Tête momifiée du cannibale américain Alferd Packard
- Pneu géant
- Robot soldat en pièces de voiture

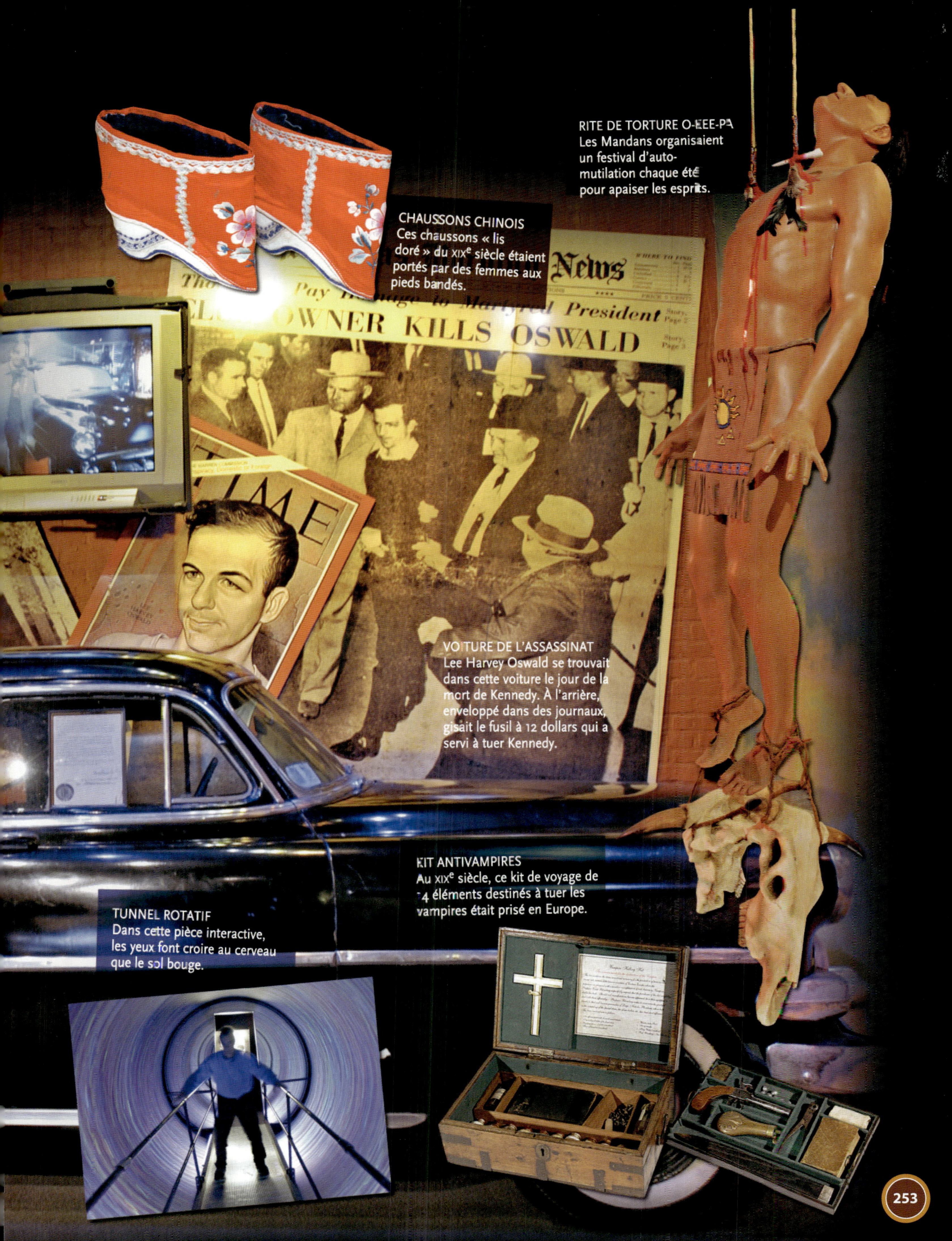

RITE DE TORTURE O-KEE-PA
Les Mandans organisaient un festival d'auto-mutilation chaque été pour apaiser les esprits.

CHAUSSONS CHINOIS
Ces chaussons « lis doré » du XIXe siècle étaient portés par des femmes aux pieds bandés.

VOITURE DE L'ASSASSINAT
Lee Harvey Oswald se trouvait dans cette voiture le jour de la mort de Kennedy. À l'arrière, enveloppé dans des journaux, gisait le fusil à 12 dollars qui a servi à tuer Kennedy.

KIT ANTIVAMPIRES
Au XIXe siècle, ce kit de voyage de 14 éléments destinés à tuer les vampires était prisé en Europe.

TUNNEL ROTATIF
Dans cette pièce interactive, les yeux font croire au cerveau que le sol bouge.

MUSÉE Key West

OUVERT EN 2003, le musée Ripley's de Key West abrite dans son incroyable collection un torse réduit d'un Indien Jivaro qui appartenait autrefois à Ernest Hemingway et un portrait de Vincent van Gogh fait avec des ailes de papillons.

POIGNARD PHURBU
Les moines tibétains utilisent ces dagues pour exorciser les esprits maléfiques.

À NE PAS MANQUER !

- Une collection de trèfles multifeuilles
- Un crabe géant qui grimpe aux cocotiers
- Une chaise de tortures munie de pointes
- Un chapelet d'ossements humains
- Une réplique d'une œuvre de Michel-Ange en pain de mie
- Un boléro tissé avec des cheveux humains
- Une culotte en lamé doré dédicacée par Madonna
- Un poulet à 3 pattes

STATUE RAMA
Cette statue thaï de Rama, un dieu hindou, était placée au milieu des rizières pour que la récolte soit fertile.

CRÂNE DE MASTODONTE
Les défenses de cet animal préhistorique proche de l'éléphant pouvaient mesurer jusqu'à 3 mètres de long.

HÉLICO EN BOIS
Une maquette en allumettes faite par un prisonnier anglais condamné à perpétuité depuis 1979.

CERCUEIL FANTAISIE
Au Ghana, les cercueils reflètent le prestige du mort. Paa Joe a sculpté ce cercueil en forme de homard.

PORTRAIT EN BOULES DE CHEWING-GUM
En mâchant une boule de chewing-gum par jour, il faudrait 27 ans pour mastiquer les 10 000 boules qui composent ce portrait de Robert Ripley.

SABRE D'EXÉCUTION
Ripley l'a ramené de Chine où il servait à décapiter les condamnés.

CRÂNE DE CANNIBALE
Maintenant extrêmement rares, ces crânes de cannibales servaient d'amulettes aux guerriers de Nouvelle-Guinée.

CRÉDITS PHOTOS

Couverture et page d'ouverture Zhang Xiuke/ChinaPhotoPress/Photocome/PA Photos, Roland Berry, Alex Pang ; **4** (h/g) Zhang Xiuke/ChinaPhotoPress/Photocome/PA Photos, (h/d) Gary Roberts/Rex Features, (m) Rex Features, (b/g) ChinaFotoPress/Photocome/PA Photos, (b/d) NBCUPhotoBank/Rex Features ; **5** (h/g) Reuters/Sukree Sukplang, (h/d) Scott Cummins, (m) Bigfoot 4x4 Inc, (b) ChinaFotoPress/Wang Zi/Photocome/PA Photos ; **8** (f) Alex Pang, (b) CNImaging/Photoshot, (m) Zhang Xiuke/ChinaPhotoPress/Photocome/PA Photos ; **9** (sp) Zhang Xiuke/ChinaPhotoPress/Photocome/PA Photos ; **10** (m) SWNS.com ; **11** Reuters/Victor Kintanar ; **12** SWNS.com ; **13** AP/PA Photos ; **14** Reuters/Lucas Jackson ; **15** KNS News ; **16–17** Aroon Thaewchatturat ; **18** Daimler AG ; **19** ChinaFotoPress/Photocome/PA Photos ; **20** Peter Lawson/Rex Features ; **21** (h) Steven R Kutcher, (b) AP/PA Photos ; **22–23** Fredrik Fransson ; **23** (b/g) NASA ; **24** (g) AFP/Getty Images, (d) Yang Fan/ChinaFotoPress/Photocome/PA Photos ; **25** (h) ChinaFotoPress/Zhang Yanlin/Photocome/PA Photos, (b) Bournemouth News & Pic Service/Rex Features ; **26** (d) © 2007 Tony Rath Photography www.trphoto.com ; **27** Javier Trueba/MSF/Science Photo Library ; **28** Mike Stanford WSDOT ; **29** (h) Reuters/Darrin Zammit Lupi, (b) Reuters/Finbarr O'Reilly ; **30** (h) Steve Chen/AP/PA Photos, (b) Reuters/Frank Lin ; **31** Reuters/Frank Lin ; **32** Richard Austin/Rex Features ; **33** (h) Ben Margot/AP/PA Photos, (d) Reuters/Yuriko Nakao ; **34** (b/g, b/m) Cathal McNaughton/PA Archive/PA Photos, (h/d, m/d, b/d) Rick Murphy, Six Flags Discovery Kingdom ; **35** (sp) Robyn Beck/AFP/Getty Images, (h/d) CNImaging/Photoshot ; **36** (h) Piers Morgan/Rex Features, (m) Simon Czapp/Rex Features, (b) Chris Balcombe/Rex Features ; **37** (h) S Chalker/Newspix/Rex Features, (b) ChinaFotoPress/Zhong Zhibing/Photocome/PA Photos ; **38** Frogwatch (North)/Getty Images ; **39** (h) Reuters/Alessandro Garofalo, (b) Colin Shepherd/Rex Features ; **40** Mr.Lee/J.Perthold ; **41** (h, m) Julie Peasley, (b) Mr.Lee/J.Perthold ; **42** (h) Mike Stone, (b) Inaldo Perez/AP/PA Photos ; **43** Camera Press/ChinaFotoPress ; **44** (h, m) Newspix/Rex Features, (b) Matt Rourke/AP/PA Photos ; **45** Reuters/Ho New ; **46–47** Sherron Bridges ; **48** (h) Douglas Fretz, (b) Jean Farley/AP/PA Photos ; **49** (h) Reuters/Ali Jarekji, (b) Gary Roberts/Rex Features ; **50** (h, b) www.vipfibers.com, (m) Ashne Lalin ; **51** (h) Denis Poroy/AP/PA Photos, (b) Mitsuhiko Imamori/Minden/FLPA ; **54** Rex Features ; **55** (h) Patrick de Noirmont, (b) Barry Batchelor/PA Archive/PA Photos ; **56** (b) Caters News Agency Ltd/Rex Features ; **57** (h) Albanpix Ltd/Rex Features, (b) Phil Yeomans/Rex Features ; **58** (h) Photocome/Photocome/PA Photos, (b) Eric Gay/AP/PA Photos ; **59** Michael Steve Bean ; **60** Tommy LaVergne, Rice University ; **61** Wenger N.A. ; **62** (h) Barcroft Media, (b) ChinaFotoPress/Photocome/PA Photos ; **63** (h) Allan Bovill/Strathclyde Police/PA Wire/PA Photos, (b) Rex Features ; **64** (h) Katsumi Kasahara/AP/PA Photos, (b) Reuters/Jason Lee ; **65** Brandi Simons/Getty Images ; **66** Choi Byung-kil/AP/PA Photos ; **67** (h) John Steiner, (b) Masayuki Sumida/AP/PA Photos ; **68–69** Chadwick and Spector www.chadwickandspector.com ; **68** (frames) (h) Studio-54/Fotolia.com ; **69** (h/g) Philip Hunton/Fotolia.com, (h/d) Aleksander Yurovskikh/Fotolia.com, (b/g) catnap/Fotolia.com, (b/d) Kirill Zdorov/Fotolia.com ; **70** (h) Amia Fore, (b) AFP/Getty Images ; **71** ChinaFotoPress/Wang Zi/Photocome/PA Photos ; **72–73** www.anilgupta.com ; **74–75** (m) Reuters/Stringer Australia ; **74** (h) Newscom ; **75** (h/g) Stephen Krasemann/NHPA/Photoshot, (h/d) Kelley Cox/AP/PA Photos ; **76** (h) Reuters/Jason Lee, (b) AP/PA Photos ; **77** Wojtek Laski/Rex Features ; **78–79** (b) Manichi Rafi ; **78** (h) Reuters/Kim Kyung Hoon, (m) Reuters/Marcos Brindicci ; **79** (h) Joe Imel/AP/PA Photos ; **82–83** (b) Peter Byrne/PA Archive/PA Photos ; **82** (h) Reuters/Shaun Best ; **84** Yann Arthus-Bertrand/Corbis ; **85** (h) Yann Arthus-Bertrand/Corbis, (b) Rykoff Collection/Corbis ; **86** (h) ChinaFotoPress/Photocome/PA Photos, (b) AP/PA Photos ; **87** Don and Laura Caldwell www.AcmeBalloon.com ; **88–89** Jasper Juinen/Getty Images ; **90** Koichi Kamoshida/Getty Images ; **91** (h) Kazuhiro Nogi/AFP/Getty Images, (b) Denis Doyle/Getty Images ; **92–93** (f) Pete Erickson/AP/PA Photos, Kent Couch www.couchballoons.com ; **94** UPPA/Photoshot ; **95** (h) CNImaging/Photoshot, (b) UPPA/Photoshot ; **98** (d) Dusty Bastian, (b) Brad Meyer ; **99** (h) Reuters/Claro Cortes ; **100–101** (h) Jin Siliu/ChinaFotoPress/Photocome/PA Photos ; **101** ChinaFotoPress/Photocome/PA Photos ; **102** (sp) Volker Hartmann/AFP/Getty Images, (b/g) Axel Schmidt/AFP/Getty Images, (b/d) Reinhold Kringel Münster/Germany ; **103** (h) Reinhold Kringel Münster/Germany, (b) Oliver Krato/DPA/PA Photos ; **104–105** Scott Ableman ; **106** ChinaFotoPress/Photocome/PA Photos ; **107** AFP/Getty Images ; **108–109** © Veniamin's Human Slinky Author ; Ioan ®Veniamin Oprea President of ®Veniamin Shows, Inc. ; **110** (f) Courtesy of Pleasure Beach, Blackpool, (h) Martin Rickett/PA Wire/PA Photos, (b) Courtesy of Pleasure Beach, Blackpool ; **111** Phil Mesibar www.mesibar.com/Paul Blair www.DizzyHips.com ; **112** Babineau Photography ; **113** (h) ChinaFotoPress/Photocome/PA Photos, (b) Reuters/POOL New ; **114–115** Simon de Trey-White/Barcroft Media ; **116** (h) AP/PA Photos, (b) Aijaz Rahi/AP/PA Photos ; **117** (h) AP/PA Photos, (b) Reuters/STR New ; **118** NBCUPhotoBank/Rex Features ; **119** (h) Gary Roberts/Rex Features, (b) Reuters/Ho New ; **120** (h) Reuters/Stringer Shanghai, (b) Reuters/Stringer India ; **121** Reuters/China Daily China Daily Information Corp – CDIC ; **122** (h) Reuters/Apichart Weerawong, (b) Reuters/Stringer Shanghai ; **123** Reuters/China Daily China Daily Information Corp – CDIC ; **124–125** Liz Hickok ; **126–127** (h) Alex Macnaughton/Rex Features ; **126** (b) AFP/Getty Images ; **127** (b) Reuters/Amit Dave ; **128** www.brickartist.com ; **129** Camille Allen www.camilleallen.com ; **130–131** Althea Crome Merback ; **130** (h/g) Yara Clüver ; **132–133** Timothy O'Rouke/Rex Features ; **134** Courtesy of Pete Goldlust/Amy Mac Williamson ; **135** SWNS.com ; **136** (h) Gavin Bernard/Barcroft Media, (b) Mark Beekman ; **137** Gavin Bernard/Barcroft Media ; **138–139** Jeff Gagliardi, The Etch A Sketch ® product name and configuration of the Etch A Sketch ® product are registered trademarks owned by The Ohio Art Company ; **142–143** (b) Hu Xuebai/ChinaFotoPress/Photocome/PA Photos ; **142** (h) Photocome/PA Photos ; **143** (h) Caters News Agency Ltd/Rex Features ; **144–145** (b) Wang Bin/ChinaFotoPress/Photocome/PA Photos ; **144** (h) Barcroft Media ; **145** (h) Reuters/Danilo Krstanovic ; **146–147** Scott Cummins ; **148** (h) Peter Macdiarmid/Getty Images, (b) ChinaFotoPress/Photocome/PA Photos ; **149** Chris Jackson/Getty Images ; **150–151** Tortilla Paintings © 2007 Joe Bravo ; **152** (th) Reuters/Yuriko Nakao, (g) Reuters/Kiyoshi Ota, (d) Reuters/Jacob Silberberg ; **153** (h) Reuters/Chip East, (b) Reuters/China Photos ; **154** (h) Joe Giblin/AP/PA Photos, (b) Lindsey Parnaby/Empics Entertainment/PA Photos ; **155** Srdjan Ilic/AP/PA Photos ; **156** Reuters/China Photos ; **157** (h/g) Daniel R. Patmore/AP/PA Photos, (h/d) Reuters/David Mercado, (b) Toru Yamanaka/AFP/Getty Images ; **158** (h/g) David George Gordon, (m) ChinaFotoPress/Photocome/PA Photos, (d) Reuters/Staff Photographer ; **159** (h) Tang Chhin Sothy/AFP/Getty Images, (b) Jorge Sanchez/AFP/Getty Images ; **162–163** (b) Winter ; **162** (h) N Connolly/Newspix/Rex Features ; **163** (h) Reuters/Richard Chung ; **164–165** www.carlwarner.com ; **166–167** (b) Berkson Photography ; **167** (h) Paul Cooper/Rex Features ; **168** (h) Reuters/Chaiwat Subprasom, (b) Reuters/Sukree Sukplang ; **169** (h) Reuters/Mariana Bazo, (b) AFP/Getty Images ; **170** Reuters/Sergei Karpukhin ; **171** (h) Ron Wurzer/Getty Images, (b) Jerome Favre/AP/PA Photos ; **172–173** www.amazonswim.com ; **174** Steve Colligan ; **175** Antonia Bolingbroke-Kent and Jo Huxster www.tuktotheroad.com ; **178–179** www.timcopejourneys.com ; **180** Keith Sharples/Rex Features ; **181** Gabriel Bouys/AFP/Getty Images ; **182** (g, d) Juan Rivera Just Film Media, LLC, (m) Jon Ross ; **183** (h) Quinn Joseph Baumberger, (b) Dr. Gregory W. Frazier www.horizonsunlimited.com/gregfrazier ; **184–185** Heath and Doug, The Tuxedo Travellers ; **186–187** www.crossingtheditch.com.au ; **188–189** Robert Burns of Brighton ; **190** Richard Wilson Turning the Place Over 2007 Courtesy Richard Wilson and Liverpool Biennial ; **191** (b) Cheng Xuliang/ChinaFotoPress/Getty Images, (b/d) Reuters/Reinhard Krause ; **192** Sipa Press/Rex Features ; **193** Rex Features ; **194–195** Richard Barnes www.jasonmecier.com ; **196** Borys Czonkow/Rex Features ; **197** (h) Reuters/Ho New, (b) Peter Foerster/DPA/PA Photos ; **200** Ryan Froerer ; **201** Victoria Simpson/Rex Features ; **202–203** Angie & Jimmy Taylor ; **204** (h) Phoebe Syms, (b) Ben Cawthra/Rex Features ; **205** (h) Simon Jones/Rex Features, (d) Masatoshi Okauchi/Rex Features ; **206** (b/g) Peter Macdiarmid/Rex Features, (b) Steve Pyke/Getty Images ; **207** (g) Keith Srakocic/AP/PA Photos, (d) Institute and Museum of the History of Science, Italy ; **208–209** www.darsshoeheaven.com/www.justtherightshoeheavenworldwide.com ; **210** Michael Zarnock www.MikeZarnock.com ; **211** (h) Daniel Graves/Rex Features, (b) Reuters/Pilar Olivares ; **214–215** (dp) Bigfoot 4x4 Inc ; **214** (h) Michael.J.Gallagher ; **216** Dan Piazza ; **217** David Burner/Rex Features ; **218–219** Robert Luczun ; **220** www.Armchaircruisers.com ; **221** Phil Yeomans/Rex Features ; **222** ChinaFotoPress/Cheng Jiang/Photocome/PA Photos ; **223** (h) Tim Arfons, (b) Joel King/Wrigley's Airwaves® ; **224–225** Jon Cook and Miles Hilton-Barber ; **226** (sp, h/g) Eric Land, (b/g) Stefan Menne ; **227** Reuters/China Daily China Daily Information Corp – CDIC ; **228** (m, b/g) Gary Bishop/Rex Features, (b/d) Steve Geer/iStockphoto ; **229** Gary Bishop/Rex Features ; **230–231** Hermann J. Knippertz/AP/PA Photos ; **232–233** Courtesy Perugi artecontemporanea Italy ; **234** Martin Meissner/AP/PA Photos ; **235** Newspix/Rex Features ; **236** The Krystal Company ; **237** Adam Lee www.adamlee.net ; **238–239** Your Country Escape, LLC ; **241** Robert George Clegg Industries ; **242** Reuters/Sukree Sukplang ; **243** (h) Roger Bamber/Rex Features, (b) www.coloradogators.com ; **244** Courtesy of Bryan Berg ; **245** Mike Clarke/AFP/Getty Images ; **246** (h) Rex Features, (b) Solent News/Rex Features ; **247** Gary Roberts/Rex Features.

Toutes les autres photos proviennent de MKP Archives et de Ripley's Entertainment Inc.

Légendes : b = bas, m = milieu, h = haut, d = droite, g = gauche, sp = simple page, dp = double page, f = fond.